Khalil Gibran
Sämtliche Werke in 5 Bänden

Band 4

Khalil Gibran

Sämtliche Werke in 5 Bänden

Übersetzt, mit Nachwort versehen
und herausgegeben
von Ursula und S. Yussuf Assaf

Band 4

Patmos

Für die Schwabenverlag AG ist Nachhaltigkeit ein wichtiger Maßstab ihres Handelns. Wir achten daher auf den Einsatz umweltschonender Ressourcen und Materialien. Dieses Buch wurde auf FSC®-zertifiziertem Papier gedruckt. FSC (Forest Stewardship Council®) ist eine nicht staatliche, gemeinnützige Organisation, die sich für eine ökologische und sozial verantwortliche Nutzung der Wälder unserer Erde einsetzt.

2. Auflage 2014
Alle Rechte vorbehalten
© 2012 Patmos Verlag der Schwabenverlag AG, Ostfildern
www.patmos.de

Umschlaggestaltung: Finken & Bumiller, Stuttgart
Druck: CPI – Ebner & Spiegel, Ulm
Hergestellt in Deutschland

ISBN 978-3-8436-0239-6

Inhalt

Der Vorbote 7

Der Prophet 55

Jesus Menschensohn 115

Die Götter der Erde 281

Der Unsichtbare 327

Die Rückkehr des Propheten 345

Bibliografie 383

Gesamtverzeichnis *Sämtliche Werke* 384

Der Vorbote

Inhalt

Gottes Narr
11

Liebe
14

Der königliche Einsiedler
15

Die Tochter des Löwen
18

Tyrannei
21

Der Heilige
22

Der Kapitalist
24

Das größere Ich
25

Der Krieg und die kleinen Nationen
27

Lästerer
28

Dichter
29

Der Wetterhahn
30

Der König von Aradus
31

Aus der Tiefe meines Herzens
32

Dynastien
33

Wissen und Halbwissen
35

Ein schneeweißes Blatt Papier sagte …
37

Der Gelehrte und der Dichter
38

Werte
40

Andere Meere
41

Reue
42

Der Sterbende und der Geier
43

Jenseits meiner Einsamkeit
45

Die letzte Wache
46

Gottes Narr

Einst kam ein Mann aus der Wüste in die große Stadt Scharia; er war ein Träumer und trug nichts anderes bei sich als sein Gewand und einen Stab.
Als er durch die Straßen der Stadt schlenderte, blickte er voll Staunen und Bewunderung auf die Tempel, Türme und Paläste von Scharia, deren Pracht unübertroffen war. Oft sprach er die Vorübergehenden an und erkundigte sich nach ihrer Stadt, aber sie verstanden weder seine Sprache, noch verstand er die ihre.
Um die Mittagszeit blieb er vor einem großen Gasthaus stehen, das aus gelbem Marmor erbaut war; hier gingen die Leute unbehelligt ein und aus. »Das wird wohl ein Heiligtum sein«, dachte der Träumer und trat ein. Doch wie überrascht war er, als er sich in einem riesigen Saal von unermesslicher Pracht wieder fand, in dem zahlreiche Männer und Frauen um eine große Zahl von Tischen saßen. Und sie aßen und tranken, während sie den Musikanten lauschten.
»Nein«, sagte sich der Träumer, »das ist kein Gottesdienst. Es wird wohl ein Fest sein, das der Prinz für sein Volk veranstaltet zum Gedenken an ein wichtiges Ereignis.«
In diesem Augenblick näherte sich ihm ein Mann, den er für einen Diener des Prinzen hielt, und er lud ihn ein, sich zu setzen. Sogleich wurden ihm Fleisch und Wein und köstliche Süßigkeiten aufgetischt.
Als er gesättigt war, stand der Träumer auf, um seinen Weg fortzusetzen. An der Tür hielt ihn ein Mann von stattlicher Größe an, der prächtig gekleidet war.
»Das ist gewiss der Prinz persönlich«, dachte der Träumer,

verbeugte sich vor ihm und dankte ihm. Da sagte der große Mann in der landesüblichen Sprache: »Gnädiger Herr, Sie haben für Ihr Essen noch nicht bezahlt!« Doch der Träumer verstand ihn nicht und bedankte sich nochmals überschwänglich. Da betrachtete der große Mann ihn genauer. Er stellte fest, dass er ein Fremder war, der ein bescheidenes Gewand trug und wohl nichts besaß, um sein Mahl zu bezahlen. Er rief etwas, indem er in die Hände schlug. Darauf erschienen vier Wächter der Stadt. Nachdem sie dem großen Mann zugehört hatten, nahmen sie den Träumer in ihre Mitte – zwei Wachleute auf jeder Seite von ihm. Der Träumer bemerkte ihre festliche Kleidung und ihr zeremonielles Verhalten. Er fühlte sich geehrt und dachte: »Dies sind vornehme Männer!«

Die Wachleute führten ihn zum Gerichtsgebäude und betraten es.

Im Innern sah der Träumer auf einem Thron sitzend einen ehrwürdigen Mann mit wallendem Bart und prunkvoller Robe. Er glaubte, es sei der König persönlich, und er war stolz, dass man ihm die Ehre erwies, vor den König zu treten.

Die Wachleute berichteten nun dem Richter – um den es sich bei dem ehrenwerten Mann handelte –, was im Gasthaus vorgefallen war und klagten ihn des Betrugs an; der Richter bestimmte zwei Rechtsgelehrte, einen, der die Anklage vorbringen sollte und einen anderen, der den Fremden verteidigen sollte. Die beiden Rechtsgelehrten erhoben sich und trugen ihre Argumente vor. Der Träumer glaubte, dass es sich dabei um Willkommensgrüße handele, und sein Herz war erfüllt von Dankbarkeit gegenüber dem König und dem Prinzen, die ihm so große Ehre erwiesen hatten.

Dann wurde der Urteilsspruch gefällt, und seine Bestrafung bestand darin, dass ihm eine Tafel um den Hals gehängt wurde, auf der sein Vergehen geschrieben stand; auf diese Weise sollte er auf einem ungesattelten Pferd durch die Stadt reiten, begleitet von einem Trompeter und einem Trommler, die vor ihm hergehen sollten. Das Urteil wurde sogleich vollstreckt.

Als nun der Träumer auf dem ungesattelten Pferd durch die Stadt zog hinter dem Trompeter und dem Trommler, die zu Fuß vor ihm herzogen, rannten die Bewohner der Stadt hinzu, angelockt von der Musik und dem Lärm; als sie den Fremden sahen, lachten sie, und die Kinder folgten ihm von Straße zu Straße. Der Träumer war begeistert von diesem Empfang, und er blickte alle glückstrahlend an, denn er glaubte, dass die Tafel um seinen Hals ein königlicher Huldbeweis sei und dass der Umzug ihm zu Ehren veranstaltet würde.

Während er so ritt, sah er plötzlich in der Menge einen Mann, der wie er aus der Wüste kam. Voll Freude rief er ihm zu:

»Freund, Freund, wo sind wir hier? Welche Stadt ist dies, die so ganz den Wünschen des Herzens entspricht? Was für großzügige, ja verschwenderische Gastgeber sind diese Menschen, die den zufälligen Gast in ihren Palästen beköstigen, deren Prinzen ihn zum König geleiten und deren König ihm einen Huldbeweis anheften lässt, so dass ihm die Gastfreundschaft einer ganzen Stadt zuteil wird, einer Stadt, die vom Himmel herabgestiegen zu sein scheint!«

Der Mann, der auch aus der Wüste kam, antwortete nicht. Er lächelte nur und schüttelte kaum wahrnehmbar den Kopf. Und die Prozession zog weiter.

Der Träumer hielt seinen Kopf hoch erhoben, sein Gesicht spiegelte Stolz und Entzücken, und seine Augen leuchteten.

Liebe

Schakal und Maulwurf
– so sagt man –
trinken vom gleichen Strom,
an dem auch der Löwe
seinen Durst stillt.

Schakal und Geier
– so sagt man –
bohren ihren Schnabel
in den gleichen Kadaver,
und sie vertragen sich
in der Gegenwart des Todes.

O Liebe, die mit gebieterischer Hand
mein Sehnen stets im Zaume hielt,
die meinen Hunger und meinen Durst
auf Tugend und Ehrgefühl richtete,
lass niemals zu,
dass das Starke und Beständige in mir
das Brot essen und den Wein trinken wird,
nach dem mein schwaches Ich verlangt!
Lass lieber mein Herz verschmachten,
lass mich lieber vor Hunger sterben,
bevor ich meine Hand ausstrecke
nach einem Glas,
das du nicht gefüllt hast,
und nach einer Schüssel,
die du nicht gesegnet hast.

Der königliche Einsiedler

Man erzählte mir, dass inmitten eines von Bergen umgebenen Waldes ein junger Mann allein und zurückgezogen lebte, der einst der Herrscher eines großen Landes hinter den beiden Flüssen war. Ich erfuhr auch, dass er seinen Thron und sein Land aus eigenem Entschluss verlassen hatte und dass er an diesen Ort gekommen war, um als Einsiedler in der Wildnis zu leben.
Da dachte ich mir: »Ich muss diesen Mann suchen, um sein Geheimnis zu erfahren, denn wer auf ein Königreich verzichtet, tut es gewiss für etwas, das in seinen Augen noch größeren Wert hat.«
Noch am gleichen Tag brach ich auf in den Wald, wo der ehemalige König lebte. Ich sah ihn unter einer weißen Zypresse sitzen; in seiner Hand hatte er ein Rohr, und es sah aus, als ob er ein Zepter hielte. Ich grüßte ihn, wie man einen König grüßt. Er wandte sich mir zu und sagte freundlich: »Was führt dich in diesen entlegenen Wald der heiteren Ruhe? Suchst du in seinen grünen Schatten ein verlorenes Ich, oder kehrst du heim in seine Dämmerung?«
»Das Ziel meines Suchens bist du«, antwortete ich, »denn ich möchte gern wissen, was dich dazu bewogen hat, ein Königreich gegen diesen Wald einzutauschen.«
»Meine Geschichte ist so kurz wie das Zerplatzen einer Seifenblase«, sagte er. »Es geschah so: eines Tages, als ich an einem Fenster meines Palastes saß, spazierte mein Kämmerer mit dem Gesandten eines anderen Landes durch den Park. Als sie sich meinem Fenster näherten, sprach der Kämmerer gerade von sich selbst, und er sagte: ›Ich bin wie

der König, ich mag guten Wein und Glücksspiele! Und wie mein Herr, der König, habe ich ein stürmisches Temperament.‹ Darauf entfernten sich der Kämmerer und der Botschafter hinter den Bäumen. Nach einigen Minuten kamen sie wieder an meinem Fenster vorbei; dieses Mal war die Rede von mir, und ich hörte den Kämmerer sagen: ›Mein Herr, der König, ist wie ich ein guter Meisterschütze und Musikliebhaber, und wie ich nimmt er drei Mal täglich ein Bad.‹«

Nach einer kurzen Pause fuhr der König fort: »Noch am gleichen Abend verließ ich meinen Palast, ich nahm nichts mit außer meiner Kleidung, denn ich wollte nicht länger über Menschen herrschen, die meine Laster auf sich nehmen und mir ihre Tugenden zuschreiben.«

»Das ist wirklich eine merkwürdige und wundersame Geschichte«, sagte ich.

Er entgegnete: »Mein Freund, du hast an das Tor meines Schweigens geklopft, und bisher hast du nur einen Splitter von der Wahrheit erfahren. Wer wollte nicht ein Königreich eintauschen gegen einen Wald, in dem die Jahreszeiten unaufhörlich singen und tanzen? Viele gaben ihr Königreich her, und sie erhielten dafür viel weniger als Alleinsein und die köstliche Gesellschaft der Einsamkeit. Zahlreich sind die Adler, die aus hoher Luft hinabsteigen und mit den Maulwürfen leben, um die Geheimnisse der Erde zu erfahren. Und zahllos sind diejenigen, die auf das Königreich der Träume verzichten, um sich denjenigen anzugleichen, die ohne Träume sind. Und da sind diejenigen, die das Königreich der Nacktheit verlassen und ihre Seelen verhüllen, damit die anderen nicht beschämt werden, wenn sie die unverhüllte Wahrheit und die unverschleierte Schönheit vor Augen haben. Und größer als all jene ist derjenige, der das Königreich der Sorgen verlässt, um nicht stolz und anmaßend zu erscheinen.« Dann erhob er sich, auf sein Rohr gestützt, und sagte: »Geh nun in die große Stadt zurück, setz dich an eines ihrer Tore, und beobachte alle diejenigen, die dort ein- und ausgehen! Versuche, darunter denjenigen zu finden, der ohne Königreich ist, obgleich er zum König geboren wurde, oder denjenigen, der im Geiste regiert, obwohl er im Fleisch regiert, selbst wenn sich weder er noch seine Untertanen dessen bewusst sind, und schließlich denjenigen, der zu herrschen glaubt, obwohl er in Wirklichkeit nur der Sklave seiner Sklaven ist.«

Nachdem er dies gesagt hatte, lächelte er mich an, und tausend Morgenröten erschienen auf seinen Lippen. Dann drehte er sich um und entfernte sich ins Innere des Waldes. Ich kehrte in die Stadt zurück, und wie der König mir geraten hatte, setzte ich mich ans Tor, um die Vorübergehenden zu beobachten. Und von diesem Tag an bis heute sind die Könige zahlreich, deren Schatten an mir vorüber zog, aber gering ist die Zahl der Untertanen, an denen mein Schatten vorüber zog.

Die Tochter des Löwen

Vier Sklaven standen um einen Thron und fächelten einer alten Königin, die auf dem Thron eingeschlafen war, Kühlung zu. Die Königin schnarchte entsetzlich, während sie schlief. Auf ihrem Schoß lag eine schnurrende Katze, die träge auf die Sklaven blickte.

Da sagte der erste Sklave: »Wie hässlich diese alte Frau doch im Schlaf aussieht! Seht die tiefen Falten um ihren Mund! Und dann ringt sie nach Luft, als ob der Teufel sie würgt.«

Die Katze schnurrte: »Sie sieht im Schlaf nicht halb so hässlich aus wie du wachend in deiner Knechtschaft.«

Der zweite Sklave sprach: »Man sollte annehmen, dass der Schlaf ihre Gesichtsfalten glättet, statt sie zu vertiefen. Sie muss wohl etwas Schreckliches träumen.«

Die Katze schnurrte: »Könntest du doch nur schlafen und von deiner Freiheit träumen!«

Der dritte Sklave sagte: »Vielleicht sieht sie im Traum die Scharen all derer, die sie töten ließ.«

Die Katze schnurrte: »Oder sie sieht die Scharen deiner Vorfahren und deiner Nachfahren.«

Der vierte Sklave sprach: »Es ist ganz schön und gut, über sie zu reden, aber es macht mich nicht weniger überdrüssig, die ganze Zeit hier zu stehen und zu fächeln.«

Die Katze schnurrte: »*Du wirst in alle Ewigkeit nicht aufhören zu fächeln, denn wie es auf Erden ist, so wird es auch im Himmel sein.*«

In diesem Augenblick nickte die Königin im Schlaf, und ihre Krone fiel zu Boden.
Da sagte einer der Sklaven: »Das ist ein schlechtes Omen!«

Die Katze schnurrte: »*Was für den einen ein schlechtes Omen ist, ist für den anderen ein gutes.*«

Der zweite Sklave sagte: »Wenn sie nun aufwacht und sieht, dass ihre Krone auf dem Boden liegt, wird sie uns sicher töten lassen.«

Die Katze schnurrte: »*Merkst du nicht, dass sie dich seit deiner Geburt jeden Tag umbringt?*«

Der dritte Sklave sprach: »Ja, sie wird uns töten lassen, und sie wird unseren Tod als ein Opfer für die Götter ausgeben.«

Die Katze schnurrte: »*Nur Schwächlinge werden den Göttern zum Opfer dargebracht.*«

Der vierte Sklave aber brachte die anderen zum Schweigen, indem er die Krone vorsichtig aufhob und sie auf den Kopf der alten Königin setzte, ohne sie dabei zu wecken.

Die Katze schnurrte: »*Nur ein Sklave setzt eine Krone wieder auf, die schon gefallen ist.*«

Nach einer Weile erwachte die alte Königin. Sie schaute sich gähnend um und sagte: »Mir scheint, ich habe ge-

träumt; ich sah vier Raupen, die von einem Skorpion verfolgt wurden; der Skorpion hetzte sie um den Stamm einer alten Eiche. Ich mag diesen Traum nicht!«
Dann schloss sie ihre Augen wieder und schlief weiter. Im Schlaf schnarchte sie. Und die vier Sklaven fuhren fort, zu fächeln.

Die Katze schnurrte: »Nur zu, nur zu! Fächelt weiter, ihr Toren! Ihr facht das Feuer an, das euch verbrennen wird.«

Tyrannei

So singt die Drachenbraut, welche die sieben Höhlen am Meer bewacht:
»Mein Gefährte wird kommen, auf Wellen reitend. Sein Ohren betäubendes Gebrüll wird der Erde Furcht einjagen, und die Funken aus seinen Nüstern werden den Himmel in Flammen setzen. Während der Mondfinsternis werden wir uns vereinen, und in der Sonnenfinsternis werde ich einen Heiligen Georg zur Welt bringen, der mich erschlagen wird.«
So singt die Drachenbraut, welche die sieben Höhlen am Meer bewacht.

Der Heilige

In meiner Jugend besuchte ich einmal einen Heiligen in seinem stillen Hain hinter den Hügeln. Als wir uns gerade über das Wesen der Tugend unterhielten, sahen wir einen Räuber, der schwerfällig und erschöpft die Anhöhe hinaufstieg.

Als der Räuber den Hain endlich erreicht hatte, kniete er vor dem Heiligen nieder und sagte:
»O heiliger Mann, ich suche Trost bei dir, denn meine Sünden bedrücken mich sehr!«
Der Heilige antwortete: »Auch meine Sünden bedrücken mich!«
Der Räuber sprach: »Aber ich bin ein Dieb und Plünderer.«
Der Heilige entgegnete ihm: »Auch ich bin ein Dieb und Plünderer.«
Der Räuber fuhr fort: »Ich bin sogar ein Mörder, und das vergossene Blut vieler Menschen schreit in meinen Ohren.«
Der Heilige antwortete: »Auch ich bin ein Mörder, und auch in meinen Ohren schreit das Blut vieler Menschen.«
Der Räuber sprach: »Ich habe zahllose Verbrechen begangen.«
»Auch ich beging Verbrechen ohne Zahl«, erwiderte der Heilige.
Da stand der Räuber von seinen Knien auf und starrte den Heiligen fassungslos und mit einem sonderbaren Blick an. Nachdem er uns verlassen hatte, hüpfte er leichtfüßig den Hügel hinunter.

Ich fragte den Heiligen: »Warum hast du dich all der Verbrechen bezichtigt, die du nie begangen hast? Hast du nicht bemerkt, dass dieser Mann nicht mehr an dich glaubte, als er dich verließ?«

Der Heilige entgegnete mir: »Es stimmt, dass er nicht mehr an mich glaubte, als er mich verließ. Aber er ging getröstet hinweg.«

In diesem Augenblick hörten wir den Räuber von weitem singen, und das Echo seines Liedes erfüllte das Tal mit Freude.

Der Kapitalist

Auf meinen Streifzügen kam ich einmal auf eine Insel, auf der ein Monstrum lebte, das einen menschlichen Kopf und eiserne Hufe hatte. Ununterbrochen sah ich es von der Erde essen und vom Meer trinken. Nachdem ich es eine ganze Weile beobachtet hatte, näherte ich mich ihm und sagte:
»Bekommst du denn nie genug davon? Wird dein Hunger nie gesättigt und dein Durst nie gestillt werden?«
Das Monstrum antwortete: »Doch, ich bin gesättigt; ich bin sogar des Essens und Trinkens überdrüssig! Aber ich habe Angst, dass es morgen keine Erde mehr geben wird, von der ich essen kann, und kein Meer, von dem ich trinken kann.«

Das größere Ich

Es geschah einmal Folgendes: Nach der Krönung von Nufsibaäl, dem König von Byblos, zog sich der neue König in sein Schlafgemach zurück – es war der Raum, den die drei als Einsiedler lebenden Zauberer des Gebirges für ihn gebaut hatten. Er nahm die Krone vom Kopf und legte seine königlichen Gewänder ab. In der Mitte des Raumes blieb er stehen und dachte mit Stolz daran, dass er jetzt der allmächtige Herrscher von Byblos war. Plötzlich drehte er sich um und sah, wie aus dem silbernen Spiegel, den seine Mutter ihm geschenkt hatte, ein nackter Mann heraustrat.
Der König erschrak und schrie den Mann an: »Was willst du von mir?«
»Nichts«, antwortete der nackte Mann, »ich will nur wissen, warum sie dich zum König gekrönt haben.«
Der König sprach: »Weil ich der edelste Mann im Lande bin, krönten sie mich.«
»Wenn du noch edler wärest, wärest du kein König«, entgegnete der nackte Mann.
Darauf sagte der König: »Weil ich der mächtigste Mann im Lande bin, krönten sie mich.«
»Wenn du noch mächtiger wärest, wärest du kein König«, entgegnete der nackte Mann.
Der König fuhr fort: »Weil ich der weiseste Mann im Lande bin, krönten sie mich.«
»Wenn du noch weiser wärest, hättest du es abgelehnt, König zu werden«, entgegnete der nackte Mann.
Da fiel der König zu Boden und weinte bitterlich. Der nackte Mann schaute auf ihn hinab, nahm die Krone und setzte sie behutsam auf den gesenkten Kopf.

Dann blickte der nackte Mann voller Mitleid auf den König und trat in den Spiegel zurück.
Der König erhob sich und schaute unverzüglich zum Spiegel. Doch er sah darin nur sich selber – mit der Krone auf seinem Kopf.

Der Krieg und die kleinen Nationen

Hoch in der Luft, über einer Wiese, auf der ein Schaf und ein Lamm weideten, kreiste ein Adler und warf begierige Blicke auf das Lamm. Als er sich gerade auf seine Beute stürzen wollte, erschien ein anderer Adler und schwebte mit der gleichen begehrlichen Absicht über dem Schaf und seinem Jungen. Schließlich begannen die beiden Rivalen, sich gegenseitig zu bekämpfen, und sie füllten den Himmel mit ihrem grimmigen Geschrei.
Das Schaf schaute verwundert empor und sagte zu dem Lamm: »Wie seltsam, mein Kind, dass diese beiden edlen Vögel sich miteinander streiten! Ist der weite Himmel nicht groß genug für sie beide? Bete mein Kind, bete in deinem Herzen, dass Gott deine gefiederten Brüder miteinander versöhnen möge!«
Und das Lamm betete inständig.

Lästerer

Bei Einbruch der Nacht erreichte ein Mann, der zur Küste ritt, ein Gasthaus. Er saß von seinem Pferd ab, und da er – wie alle, die ans Meer reiten – zu den Menschen und zu der Nacht Vertrauen hatte, band er sein Pferd kurzerhand an einem Baumstamm neben der Tür an und betrat das Gasthaus.
Um Mitternacht, als alle schliefen, kam ein Dieb und stahl das Pferd.
In der Frühe des anderen Morgens erwachte der Mann, und als er hinaustrat, bemerkte er, dass sein Pferd gestohlen worden war. Er trauerte seinem Pferd nach und konnte nicht verstehen, wie es jemand übers Herz gebracht hatte, sein Reittier zu stehlen.
Da kamen auch die anderen Gäste, die hier übernachtet hatten, aus dem Gasthaus. Sie umstanden den Reisenden und besprachen den Vorfall.
Der Erste sagte: »Wie dumm von dir, dein Pferd draußen anzubinden, statt es in den Stall zu bringen!«
Der Zweite fügte hinzu: »Wie töricht von dir, es nicht einmal anzupflocken!«
Der Dritte bemerkte: »Nur ein Dummkopf reitet auf seinem Pferd ans Meer!«
Und der Vierte sagte: »Nur Faule und Fußlahme besitzen Pferde!«
Der Reisende war sehr befremdet. Schließlich sagte er: »Meine Freunde, weil mein Pferd gestohlen wurde, habt ihr euch alle überschlagen, mir meine Fehler und Versäumnisse vorzuhalten. Doch kein einziger Vorwurf von euch galt dem Dieb.«

Dichter

Vier Dichter saßen um einen Punsch, der mitten auf dem Tisch stand.
Der erste Dichter sprach: »Mich dünkt, dass ich mit meinem dritten Auge das Aroma dieses Weines sehe; es schwebt in der Luft wie eine Wolke aus Vögeln in einem verzauberten Wald.«
Der zweite Dichter hob seinen Kopf und sprach: »Und ich höre mit meinem inneren Ohr diese Nebel-Vögel singen; ihr Gesang umfängt mein Herz, so wie die Blütenblätter einer weißen Rose eine Biene umrahmen.«
Der dritte Dichter schloss seine Augen und sagte: »Mir ist, als berührte ich diese Nebel-Vögel mit meiner Hand. Ich kann ihre Flügel ertasten; sie sind dem Atem einer schlafenden Fee gleich, der meine Finger streift.«
Da erhob sich der vierte Dichter, nahm den Becher und sprach: »Meine Freunde, leider sind meine Sinne zu stumpf und schwerfällig. Ich kann weder den Duft dieses Weines sehen, noch den Gesang der Nebel-Vögel hören, und ich kann ihren Flügelschlag nicht fühlen. Ich nehme nichts anderes wahr als den Wein. Darum muss ich ihn trinken, damit er meine Sinne schärft und mich in eure hohen Sphären erhebt.«
Er hielt den Becher an seine Lippen und trank den Punsch bis zum letzten Tropfen aus.
Die drei Dichter schauten ihn sprachlos und mit offenem Mund an, und in ihren Blicken lag ein neidvoller, unpoetischer Hass.

Der Wetterhahn

»Wie langweilig und phantasielos bist du doch!« schalt der Wetterhahn den Wind. »Kannst du nicht in eine andere Richtung blasen als immer in mein Gesicht? Du bringst mich aus meinem gottgegebenen Gleichgewicht!«
Der Wind antwortete nicht. Er lachte nur in den Weltraum.

Der König von Aradus

Die Ältesten der Stadt Aradus fanden sich einmal bei ihrem König ein. Sie ersuchten ihn dringend, eine Vorschrift zu erlassen, die allen Bewohnern der Stadt den Genuss von Wein und anderen berauschenden Getränken verbieten sollte.
Als der König ihre Bitte hörte, kehrte er ihnen den Rücken zu und entfernte sich laut lachend.
Entrüstet verließen die Ältesten den Palast.
Am Tor begegneten sie dem Oberhofmeister, der ihnen ansah, dass sie verstimmt waren. Er erkundigte sich nach dem Grund und hörte sich ihren Bericht an.
»Es tut mir Leid, meine Freunde«, sagte er darauf, »wäre der König betrunken gewesen, als ihr bei ihm wart, dann hätte er eurer Bitte gewiss entsprochen!«

Aus der Tiefe meines Herzens

Aus der Tiefe meines Herzens erhob sich ein Vogel und flog himmelwärts.
Höher und höher schwang er sich empor und wurde dabei zusehends größer.
Zuerst war er so groß wie eine Schwalbe, dann wie eine Lerche, später hatte er die Größe eines Adlers, dann die einer Frühlingswolke, und schließlich füllte er den gesamten gestirnten Himmel.
Aus der Tiefe meines Herzens flog ein Vogel himmelwärts; je höher er flog, um so größer wurde er. Doch er verließ mein Herz nicht.

O mein Glaube, mein ungebändigtes Wissen, wie kann ich mich zu deinen Höhen emporschwingen und mit dir des Menschen größeres Ich entdecken, das in den Himmel geschrieben ist?
Wie kann ich das Meer in mir in Nebel verwandeln, um auf diese Weise mit dir aufzusteigen – in unbegrenzte Räume?
Wie kann jemand, der im Tempel eingeschlossen ist, seine goldenen Türme und Kuppeln sehen?
Wie kann der Kern einer Frucht die ganze Frucht umschließen?
O mein Glaube, ich bin angekettet hinter diesen Stäben aus Silber und Ebenholz, und ich kann nicht mit dir fliegen.
Aber es ist mein Herz, aus dem du kommst und zum Himmel emporsteigst, es ist mein Herz, das dich hält. Und das soll mir genügen.

Dynastien

Die Königin von Ishana war dabei, ein Kind zur Welt zu bringen. Der König und die mächtigen Männer seines Hofes waren versammelt und warteten gespannt und ängstlich in der großen Halle der Geflügelten Bullen.
Am Abend eilte plötzlich ein Bote in die Halle, warf sich vor dem König nieder und meldete: »Ich bringe meinem Herrn, dem König, dem ganzen Königreich und den Sklaven des Königs eine gute Nachricht: Mihrab der Grausame, der König von Bethroun, dein lebenslanger Feind, ist tot.«
Als der König und die mächtigen Männer die Nachricht hörten, erhoben sich alle und stimmten Freudenrufe an, denn wenn der machtgierige Mihrab länger gelebt hätte, hätte er sicher irgendwann Ishana besiegt und seine Einwohner zu Gefangenen gemacht.
Kurz darauf betrat auch der Hofarzt die Halle der Geflügelten Bullen und mit ihm die königlichen Hebammen. Der Arzt warf sich vor dem König nieder und sagte: »Möge der König, mein Herr, ewig leben, und möge er über zahlreiche Generationen des Volkes Ishana herrschen, denn dir, o König, wurde in dieser Stunde ein Sohn geboren, der dein Erbe sein wird.«
Da war des Königs Herz von Freude erfüllt, dass zur gleichen Zeit sein Erzfeind gestorben war und ihm ein Sohn geboren wurde, der die königliche Nachfolge sicherte.
In Ishana lebte ein bewährter Prophet. Er war jung und verfügte über hervorragende Geisteskräfte. Noch in derselben Nacht befahl der König, ihn in den Palast zu holen. Als der Prophet vor ihm stand, sagte der König: »Prophezeie

uns nun die Zukunft meines Sohnes, der heute dem Königreich geboren wurde!«

Der Prophet zögerte keinen Augenblick und sprach: »Hör, o König, ich will dir die Zukunft deines Sohnes prophezeien, der heute geboren wurde: die Seele deines Feindes, des Königs Mihrab, der gestern Abend starb, trieb nur einen Tag lang auf den Wellen des Windes auf der Suche nach einem Körper, in den sie einziehen könne. Der Körper, den sie schließlich fand und in den sie einzog, ist der Körper deines Sohnes, der dir heute geboren wurde.«

Diese Prophezeiung erzürnte den König, und er erschlug den Propheten auf der Stelle mit seinem Schwert.

Von diesem Tag an bis jetzt fragen sich die weisen Männer von Ishana oft insgeheim:

»Ist es nicht bekannt und wurde es nicht vor langer Zeit prophezeit, dass Ishana von einem Feind regiert wird?«

Wissen und Halbwissen

Vier Frösche saßen auf einer Holzplanke, die am Rande eines Flusses dümpelte. Plötzlich wurde das Holz von der Strömung erfasst und trieb den Fluss hinunter. Die Frösche waren erfreut und aufgeregt, denn nie zuvor hatten sie eine Schifffahrt gemacht. Nach einer Weile sagte der erste Frosch: »Das ist eine großartige Planke! Sie bewegt sich, als ob sie lebendig wäre! Nie habe ich eine solche Holzplanke gesehen!«

Der zweite Frosch entgegnete ihm: »Du irrst, mein Freund! Das Holz ist wie alle anderen, es ist nicht beweglich! Was sich bewegt, ist der Fluss, der zum Meer treibt, und er trägt uns und die Planke mit sich.«

Der dritte Frosch behauptete: »Weder das Brett noch der Fluss bewegen sich, meine Freunde! Die Bewegung liegt ausschließlich in unserem Denken. Denn ohne das Denken bewegt sich nichts.« Die drei Frösche gerieten darüber in heftigen Streit, was es wirklich sei, was sich bewege. Der Streit wurde immer erregter und immer lauter, ohne dass sie sich einigen konnten.

Da wandten sie sich an den vierten Frosch, der bisher geschwiegen hatte, und sie erkundigten sich nach seiner Meinung.

Der vierte Frosch sprach: »Jeder von euch hat Recht, und keiner von euch hat völlig Unrecht. Die Bewegung ist im Brett, im Wasser und auch in unserem Denken.«

Diese Antwort verärgerte die drei Frösche sehr, denn keiner von ihnen wollte wahr haben, dass er nur zum Teil Recht hatte, und dass die beiden anderen nicht ganz Unrecht hatten.

Da geschah etwas Unerwartetes: die drei Frösche taten sich zusammen und stießen den vierten Frosch von der Holzplanke ins Wasser.

Ein schneeweißes Blatt Papier sagte ...

Ein schneeweißes Blatt Papier sagte: »Rein wurde ich geschaffen, und rein will ich stets bleiben! Lieber will ich mich verbrennen lassen und zu weißer Asche werden, als dass ich es zuließe, dass etwas Dunkles mich berührt oder etwas Unreines mir naht!«
Der Tintentopf hörte die Worte, die das Blatt Papier sprach. Er lachte in seinem dunklen Herzen, aber er wagte es nicht, sich dem Papier zu nähern. Auch die Buntstifte hatten diese Worte gehört, und auch sie kamen dem Papier nie zu nahe.
Und das schneeweiße Blatt Papier blieb rein und unberührt – aber leer.

Der Gelehrte und der Dichter

Eine Schlange sagte zu einer Lerche:
»Es ist wahr, du fliegst hoch oben in den Lüften, aber dafür bist du nicht im Stande, ins Herz der Erde einzudringen, wo in tiefem Schweigen der Saft des Lebens quillt.«
Die Lerche antwortete: »Wenn du auch viel weißt und sicher klüger bist als die meisten, so ist es aber bedauerlich, dass du nicht fliegen kannst!«
Als ob sie die Antwort nicht gehört hätte, fuhr die Schlange fort: »Dir ist es versagt, die Geheimnisse der Erde zu erfahren und die Schätze ihres verborgenen Reiches zu entdecken. Erst gestern lag ich in einer Höhle aus Rubinen. Es leuchtete darin wie im Herzen eines reifen Granatapfels, und noch der matteste Lichtstrahl verwandelte alles in rosenfarbene Flammen. Wer außer mir kann solche Wunder erleben?«
»Niemand«, entgegnete die Lerche, »niemand außer dir kann zwischen kristallenen Ablagerungen längst vergangener Zeiten liegen, aber dafür kannst du auch nicht singen!«
Die Schlange sagte: »Ich kenne eine Pflanze, deren Wurzeln bis ins Innerste der Erde reichen. Wer von dieser Wurzel isst, wird schöner als Astarte.«
Und die Lerche erwiderte: »Wer außer dir könnte uns die Mysterien der Erde enthüllen! Um so betrüblicher ist es, dass du nicht fliegen kannst!«
Die Schlange gab nicht auf und fuhr fort: »Im Erdinnern gibt es einen purpurfarbenen Strom. Wer daraus trinkt, wird unsterblich wie die Götter. Soviel ist sicher, es wird kein Vogel sein, der aus diesem purpurfarbenen Strom trinken wird.«

Die Lerche bemerkte unbeeindruckt: »Selbst wenn du unsterblich wirst wie die Götter, so ist es bedauernswert, dass du nicht singen kannst!«

Die Schlange sprach: »Ich kenne einen verschütteten Tempel, den ich einmal im Monat aufsuche; er wurde von einer längst vergessenen Rasse von Riesen erbaut, und auf den Wänden haben sie das gesamte Wissen aus Zeit und Raum eingraviert. Wer das liest, versteht, was alles Begreifen übersteigt.«

Darauf entgegnete die Lerche lakonisch: »Dann kannst du also mit deinem geschmeidigen Körper das Wissen von Raum und Zeit einkreisen – doch wie schade, dass du nicht fliegen kannst!«

Die Schlange war mit ihrer Kunst am Ende. Wütend zog sie sich in ihre Höhle zurück und schimpfte: »Hohlköpfige Sänger!«

Die Lerche schwang sich hoch empor und sang: »Schade, du Klugrednerin, dass du nicht singen kannst, schade, schade, du Besserwisserin, dass du nicht fliegen kannst!«

Werte

Einst grub ein Mann auf seinem Feld eine Statue von großer Schönheit aus. Er brachte sie einem Sammler, von dem er wusste, dass er sich an schönen Dingen erfreute und diese von überall zusammentrug. Er bot ihm die Statue zum Kauf an, und der Sammler kaufte sie ihm für einen hohen Preis ab.

Auf dem Heimweg dachte der Mann daran, wie viel Leben das Geld bedeutete, das er in seiner Tasche trug, und er wunderte sich darüber, wie jemand einen so hohen Betrag für einen leblosen, gemeißelten Stein ausgibt, der tausend Jahre lang unbeachtet in der Erde vergraben war.

Zur gleichen Zeit bewunderte der Sammler seine neu erworbene Statue und sagte sich: »Was für eine Schönheit! Was für ein Leben! Und so taufrisch nach einem Schlaf von tausend Jahren! Welche Seele hat dies erträumt!« Und er dachte: »Wie kann jemand all dies eintauschen gegen Geld, gegen gewöhnliches, lebloses Geld!«

Andere Meere

Ein Fisch sagte zu einem anderen: »Über unserem Meer liegt sicher ein anderes Meer mit schwimmenden Wesen, die genauso leben, wie wir hier leben.«
Der andere Fisch antwortete ihm: »Das ist reine Einbildung, reine Phantasie! Weißt du nicht, dass alle, die das Meer auch nur einen Zoll weit verlassen und draußen verweilen, sterben müssen? Welchen Beweis hast du also für ein anderes Leben in anderen Meeren?«

Reue

In einer mondlosen Nacht betrat ein Mann den Garten seines Nachbarn; er stahl die größte Melone, die er finden konnte, und nahm sie mit nach Hause.
Da öffnete er sie und stellte fest, dass sie noch unreif war.
Und siehe, ein Wunder geschah!
Das Gewissen des Mannes rührte sich. Seine Schuld wurde ihm bewusst, und er bereute es, die Melone gestohlen zu haben.

Der Sterbende und der Geier

Warte, warte noch eine Weile,
mein begieriger Freund!
Ich werde noch früh genug
diese schwindende Hülle abwerfen,
dessen übermäßige Agonie
deine Geduld erschöpft.
Ich will deinen redlichen Hunger
nicht zu lange harren lassen
auf das Zerrinnen dieser Augenblicke.

Doch die Kette aus Atemzügen
ist schwer zu zerbrechen,
und der Wille zu sterben,
der stärker ist als alles Starke,
wird noch zurückgehalten
vom Willen zum Leben,
der schwächer ist als alles Schwache.
Verzeih Gefährte, ich säume zu lange!
Es ist die Erinnerung,
die meinen Geist noch aufhält.

Ein Reigen aus fernen, entfernten Tagen,
die Vision einer im Traum erlebten Jugend,
ein Antlitz, das mir zulächelt,
eine Stimme, die in meinen Ohren nachhallt,
eine Hand, die meine Hand berührt ...
Verzeih, dass ich dich so lange warten ließ!

Es ist nun vorbei, und alles ist entflohen,
das Antlitz, die Stimme, die Hand
und der Durst, der sie erstehen ließ.
Der Knoten ist aufgeknüpft,
und das Band ist zerschnitten.
Komm, nähre dich,
mein hungriger Freund!
Die Tafel ist bereitet!
Wohl ist das Mahl kärglich,
doch wird es mit Liebe dargeboten.

Komm, und stoße deinen Schnabel
hier in die linke Seite!
Befreie aus seinem Käfig
diesen kleinen Vogel,
dessen Flügel sich kaum mehr bewegen.
Ich will, dass er mit dir zusammen
sich in den Himmel erhebt.
Komm, in dieser Nacht
bin ich dein Gastgeber
und du mein willkommener Gast.

Jenseits meiner Einsamkeit

Jenseits meiner Einsamkeit liegt eine andere Einsamkeit, und wer sie bewohnt, dem erscheint meine Einsamkeit wie ein bevölkerter Marktplatz und mein Schweigen wie lautes Stimmengewirr.
Zu jung bin ich und zu ruhelos, um nach der Einsamkeit jenseits meiner Einsamkeit zu suchen. Die Stimmen des Tales drüben halten meine Ohren in Bann, und seine Schatten versperren meinen Weg dorthin.
Hinter diesen Hügeln liegt ein friedlicher Hain. Wer ihn bewohnt, dem erscheint mein Friede wie ein Wirbelwind und mein Glück wie eine Illusion. Zu jung bin ich und zu ausgelassen, um nach diesem friedlichen Hain zu streben. Der Geschmack von Blut haftet noch an meinen Lippen, Pfeil und Bogen meiner Väter sind noch in meinen Händen, und ich kann nicht dorthin aufbrechen.
Hinter diesem Ich, das von schweren Lasten niedergedrückt ist, liegt mein freieres Ich; ihm erscheinen meine Träume wie Kampfhandlungen, die in der Dämmerung ausgetragen werden, und meine Wünsche wie das Geklapper eines Skeletts. Zu jung bin ich und zu maßlos, um mein freieres Ich zu sein.
Und wie könnte ich auch mein freieres Ich werden, ohne mein beladenes Ich zu beseitigen und ohne dass alle Menschen befreit werden?
Wie sollen meine Blätter fliegen und mit dem Wind singen, ohne dass meine Wurzeln im Dunkel verdorren?
Und wie soll sich der Adler in mir zur Sonne erheben, solange meine Jungen nicht das Nest verlassen haben, das ich mit meinem Schnabel für sie baute?

Die letzte Wache

Als die Nacht am weitesten fortgeschritten war und der erste Hauch der Morgendämmerung sich schon in den Wind mischte, verließ der Vorbote, der sich selbst als das Echo einer noch nicht vernommenen Stimme bezeichnet, seinen Schlafraum und stieg auf das flache Dach seines Hauses. Lange stand er dort und schaute auf die schlafende Stadt. Dann hob er seinen Kopf, und als hätten sich die schlaflosen Geister der schlummernden Bewohner um ihn versammelt, sprach er zu ihnen:
»Meine Freunde, meine Nachbarn und du, der du jeden Tag an meinem Gartentor vorüber kommst, lasst mich zu euch sprechen, während ihr noch schlaft! Ich möchte unverhüllt und ungehindert im Tal eurer Träume umher gehen, denn unaufmerksam und achtlos sind die Stunden eures Wachens und taub eure lärmbelasteten Ohren.
Lange und übermäßig habe ich euch geliebt!
Jeden Einzelnen von euch liebe ich, als ob er alle zusammen wäre, und euch alle liebe ich, als ob ihr einer wäret. Im Frühling meines Lebens sang ich in euren Gärten, und im Sommer meines Herzens hütete ich eure Tennen.
Ja, ich liebte euch alle, den Riesen ebenso wie den Zwerg, den Aussätzigen nicht weniger als den Gesalbten und den, der im Dunkeln seinen Weg ertastet ebenso wie denjenigen, der auf den Berggipfeln tanzt.
Dich, den Starken, liebte ich, obgleich man noch die Narben in meinem Fleisch sieht, die von deinen Eisenhufen herrühren, und dich, den Schwächling, liebte ich, obwohl du meinen Glauben oft auf die Probe gestellt und meine Geduld überbeansprucht hast.

Dich, den Reichen, habe ich geliebt, wenn auch dein Honig meinem Mund bitter schmeckte, und dich, den Armen, obwohl du meine Scham angesichts meiner leeren Hände kennst.

Dich, den Sänger mit der geborgten Laute und den ungeübten Fingern, dich liebte ich in meiner Nachsicht ebenso wie den Gelehrten, der die Friedhöfe nach vermoderten Leichentüchern absucht.

Dich, den Priester, liebte ich, der im Schweigen von Gestern wohnt und das Schicksal des Morgen befragt.

Euch alle liebte ich, die ihr Götter verehrt, die das Spiegelbild eurer Wünsche und Sehnsüchte sind.

Dich, die dürstende Frau, deren Becher immer voll ist, liebte ich im Einverständnis, und dich, die Frau schlafloser Nächte, habe ich voll Mitleid geliebt.

Dich, den Redseligen, liebte ich, indem ich mir sagte: »Das Leben hat viel zu erzählen!« Und dich, den Schweigsamen, habe ich geliebt, indem ich dachte: »Drückt er nicht durch sein Schweigen aus, was ich gerne in Worten hören würde?«

Sogar dich, den Richter und Kunstkritiker, liebte ich, wenn ich auch nie vergesse, was du sagtest, als du mich gekreuzigt sahst, nämlich: »Sein Blut tropft im Takt, und das Muster, das sein vergossenes Blut auf seine Haut zeichnet, ist schön anzusehen!« Ja, ich habe euch alle geliebt, die Jungen und die Alten, das zitternde Rohr und die Eiche.

Doch das Übermaß meiner Liebe bewirkte, dass ihr euch von mir abwandtet. Ihr wolltet die Liebe schluckweise aus einem Becher trinken und nicht von der sprudelnden Quelle. Ihr wolltet das sanfte Geflüster der Liebe hören, wenn sie aber schreit, dann haltet ihr euch die Ohren zu.

Weil ich euch alle ohne Ausnahme und ohne Unterschied liebte, habt ihr gesagt: »Sein Herz ist zu willfährig und seine Pfade zu unentschieden. Seine Liebe ist die eines

Anspruchslosen, der sich mit Brosamen zufrieden gibt, selbst wenn er an einer königlichen Tafel sitzt. Es ist die Liebe eines Schwächlings, denn die Starken lieben nur ihresgleichen.«

Weil ich euch so übermäßig liebte, sagtet ihr euch: »Seine Liebe ist die Liebe eines Blinden, der nicht unterscheiden kann zwischen der Schönheit des Einen und der Hässlichkeit des Anderen. Es ist die Liebe eines Menschen, der keinen Geschmack hat und der Essig für Wein hält. Auch ist es die Liebe eines aufdringlichen und anmaßenden Menschen, denn welcher Fremde sollte uns wie Mutter oder Vater, wie Schwester oder Bruder lieben?«

Dies sagtet ihr und noch mehr! Oft zeigtet ihr auf dem Marktplatz mit den Fingern auf mich und spottetet:

»Da geht er, der kein Alter kennt, der Mann ohne Jahreszeiten, der um die Mittagszeit mit unseren Kindern spielt und abends mit den Ältesten zusammensitzt und Weisheit und Verständnis vorgibt.«

Da sagte ich mir: »Ich will sie mehr lieben, ja noch mehr lieben! – Aber ich will meiner Liebe den Anschein des Hasses geben und meine Zärtlichkeit hinter Strenge verbergen; ich werde mir eine eiserne Maske anlegen, und ich werde sie nur noch in dieser Tarnung aufsuchen!«

Von da an lenkte ich euch mit fester Hand, und wie nächtlicher Sturm dröhnte meine Stimme in euren Ohren.

In aller Öffentlichkeit schimpfte ich euch Heuchler und Schwindler.

Die Kurzsichtigen unter euch bezeichnete ich als blinde Fledermäuse, und diejenigen, welche die Erde liebten, als geistlose Maulwürfe.

Die Redegewandten nannte ich doppelzüngig, die Schweigsamen mundfaul und die Einfältigen schimpfte ich Todgeweihte, die sich gegen den Tod nicht wehren.

Den Weltklugen warf ich vor, den Heiligen Geist zu beleidigen, und die Frommen bezeichnete ich als Schattenfänger, die ihre Netze in trübes Wasser auswerfen und nichts als ihr eigenes Bild einfangen.

Auf diese Weise verurteilte ich euch alle mit meinen Lippen, während mein Herz blutete und euch mit zärtlichen Namen rief.

Es war meine von euch verspottete und verhöhnte Liebe, die so sprach. Es war der halb erschlagene Stolz, der noch im Staub zuckte. Es war mein Hunger nach eurer Liebe, der euch in aller Öffentlichkeit verurteilte, während meine Liebe zu euch schweigend auf den Knien lag und euch um Verzeihung bat.

Und siehe da, ein Wunder geschah!

Meine Maskierung öffnete eure Augen und mein zur Schau gestellter Hass weckte die Liebe in euren Herzen.

Und nun liebt ihr mich!

Denn ihr liebt die Schwerter, die euer Fleisch durchbohren, und die Pfeile, die in eure Brust dringen. Es gelüstet euch danach, verwundet zu werden, und ihr seid erst berauscht, wenn ihr von eurem eigenen Blut trinkt.

Wie Motten, die die Vernichtung in den Flammen suchen, so versammelt ihr euch täglich in meinem Garten. Mit erhobenen Gesichtern und begeisterten Blicken seht ihr zu, wie ich niederreiße, was ihr am Tag aufgebaut habt! Und flüsternd sagt ihr untereinander: »Er sieht im Lichte Gottes! Er spricht wie unsere alten Propheten! Er enthüllt das Innerste unserer Seelen und legt unsere Herzen bloß! Wie der Adler die Wege der Füchse kennt, so kennt er unsere Wege.«

Ja, ich kenne eure Wege, aber so wie der Adler die Wege seiner Jungen kennt. Zu gerne würde ich euch in mein Geheimnis einweihen. Aber da ich eure Nähe brauche, täusche ich Entfremdung und Gleichgültigkeit vor. Aus Furcht vor der Ebbe eurer Liebe richte ich vor den Fluten meiner Liebe Dämme auf.

Nach diesen Worten bedeckte der Vorbote sein Gesicht mit den Händen und weinte bitterlich. Denn er wusste in seinem Herzen, dass die Liebe, die sich ihrer Blöße wegen demütigen lässt, größer ist als die Liebe, die ihrer Verstellung und Maskierung wegen triumphiert; und er war beschämt.

Nach einer Weile erhob er plötzlich seinen Kopf, und wie jemand, der aus dem Schlaf erwacht, streckte er seine Arme aus und sprach:

»Die Nacht ist vorüber, und wir Kinder der Nacht müssen sterben, wenn die Morgendämmerung anbricht und über die Hügel hüpft. Und aus unserer Asche wird sich eine größere Liebe erheben. Sie wird der Sonne ins Gesicht lachen, und sie wird unsterblich sein.«

Nachwort

Der Vorbote ist nach *Der Narr* das zweite Buch Khalil Gibrans in englischer Sprache, und wie bei all seinen englischsprachigen Werken hat seine amerikanische Freundin und Förderin Mary Haskell vor der Drucklegung Korrektur gelesen. Als ihr Gibran im April 1920 bei einem ihrer Besuche in seiner Eremitage aus dem Manuskript des *Vorboten* vorlas, stellte sie fest, dass er ihre Korrekturen so gut wie nicht mehr benötigte. (Dahdah 403) Daraufhin vermerkte sie in ihrem Tagebuch: »Khalils Englisch ist das edelste, das ich kenne; es ist kreativ und wunderbar einfach.« (T. M. H. 17., 18. April 1920) Eine unvoreingenommene Person bestätigt sie in ihrer Meinung. In der *Evening Post* vom 29. März 1919 schreibt Joseph Gollomb nach einem Interview mit Gibran, dass er die englische Sprache ebenso gut beherrsche wie seine Muttersprache. (Dahdah 389)

Am Ende der Lektüre aus dem Manuskript des *Vorboten* wandte sich Gibran an Mary und sah, dass sie weinte. Sie notierte in ihr Tagebuch: »Nie habe ich ihn so lesen hören! Alles, was er las, prägte sich meinem Herzen und meinem Geist ein; ich war davon wie verwandelt.« (T. M. H. 17., 18. April 1920; Dahdah 403)

Die Werke Gibrans in englischer Sprache unterscheiden sich deutlich von den Werken, die er auf Arabisch verfasste. In seinen arabischsprachigen Schriften ruft er seine Landsleute auf, das doppelte Joch der Feudalherren und Kleriker abzuschütteln und sich von überholten Traditionen und menschengemachten Gesetzen zu befreien. Er fordert sie auf, aus ihrer Lethargie zu erwachen und selbstbestimmt zu leben. Er selbst hatte im Lande der Freiheitsstatue demokratische Lebensformen kennengelernt und empfindet umso schmerzlicher die Abhängigkeit der Orientalen von ihrer theokratischen Obrigkeit. So entwirft er in seinen arabischen Werken eine neue Gesellschaftsordnung für sie, in der jeder sein eigener Herr und sein eigener Priester ist. Dagegen will Gibran seinen westlichen Lesern in den englischsprachigen Schriften die spirituellen Schatztruhen des Orients öffnen und ihnen die östliche Weisheit und Religiosität vermitteln. (Assaf-Nowak 8)

Das erste englischsprachige Buch Gibrans, *Der Narr*, ist noch von seiner rebellischen Phase geprägt. Es folgte *Der Vorbote*, welchen er zum großen Teil in den Sommermonaten in einem »einsamen, abgelegenen Haus, das wie ein Traum zwischen dem Meer und dem Wald liegt« schrieb, wie er seiner Freundin May Ziade mitteilt. (Liebesbriefe 40f) Damals trug es noch den Titel *Der Einsame*. Am 3. November 1920 informiert er May: »Das Buch ›Der Einsame‹ ist vor drei Wochen unter dem Titel ›Der Vorbote‹ erschienen.« (Liebesbriefe 65) Diese Änderung geschah wohl im Hinblick auf sein nachfolgendes Werk *Der Prophet*. *Der Vorbote* ist somit ein Scharnier zwischen seinen rebellischen und seinen spirituellen Werken. Zur kritischen Phase gehören noch die darin enthaltenen Texte »Tyrannei«, »Der Kapitalist«, »Der Krieg und die kleinen Nationen«, und zur zweiten Kategorie, zu den spirituellen Werken, die Gleichnisse »Liebe«, »Der Heilige« und »Letzte Wache«. Diesbezüglich sagte er einmal zu Mary: »›Der Narr‹ endet mit dem, was am bittersten ist; ›der Vorbote‹ dagegen mit dem, was am süßesten ist.« (T. M. H. 30. Mai 1922)

So wie Johannes der Vorläufer Christi ist, so ist *Der Vorbote* mit seinen Gleichnissen und Gedichten der Vorläufer seines Kultbuches *Der Prophet*. Im letzten Satz des *Vorboten* heißt es: »*Wir Kinder der Nacht müssen sterben, wenn die Morgendämmerung anbricht und über die Hügel hüpft. Und aus unserer Asche wird sich eine größere Liebe erheben. Sie wird der Sonne ins Gesicht lachen, und sie wird unsterblich sein.«* (50) Nicht von ungefähr beginnt der *Prophet* nach der Abschiedsrede Al-Mustaphas mit der Bitte von Al-Mitra: »Sprich zu uns über die Liebe!« und es folgt einer der schönsten Texte über die Liebe.

In dieser Zeit und in diesem Werk ist bei Gibran mehrfach die Rede vom »größeren Ich«. Damit ist nicht Nietzsches Übermensch gemeint, dem man sich im Willen zur Macht annähert, sondern das von den Sufis beschriebene Göttliche im Menschen, in das man durch Sehnen und Streben immer mehr eintaucht. Gleich der erste Satz der Einleitung des *Vorboten* lautet: »*Du bist dein eigener Vorbote, und die Festen, die du errichtet hast, sind nur das Fundament für dein größeres Ich. Dieses größere Ich ist wiederum nur ein Fundament.«*

Im Gleichnis »Das größere Ich« stellt sich der soeben gekrönte König von Byblos in seinem Schlafgemach stolz vor den Spiegel; da tritt ein nackter Mann aus dem Spiegel hervor und belehrt ihn: »Wenn du noch mächtiger wärest, wärst du kein König!« Der Spiegel ist bei den Mystikern ein Symbol für die Einheit von Subjekt und Objekt und für die Selbsterkenntnis. (Bushrui, Jenkins 202f) In dem Gedicht »Der Sterbende und der Geier« ist die Seele des Sterbenden ein Vogel, den der Geier Tod aus seinem Käfig befreit. Der Vogel ist eine mystische Metapher für die Seele und ihren Höhenflug zum Himmel. Im Text »Aus der Tiefe meines Herzens« fliegt der Seelenvogel himmelwärts. »*O mein Glaube, wie kann ich mich zu deinen Höhen emporschwingen und mit dir des Menschen größeres Ich entdecken, das in den Himmel geschrieben ist?«* (32)

Für Gibran ist die Voraussetzung für eine Veränderung der Gesellschaft die Veränderung des Einzelnen. Wer eine Evolution der Menschheit anstrebt, muss beim einzelnen Menschen damit beginnen. So ruft er die Menschen auf, ihr weltliches, versklavtes Ich zu überwinden auf dem Weg zum größeren Ich.

Der Prophet

Inhalt

Die Ankunft des Schiffes
59

Die Reden des Propheten

Von der Liebe
64

Von der Ehe
66

Von den Kindern
66

Vom Geben
67

Vom Essen und Trinken
69

Von der Arbeit
70

Von der Freude und vom Leid
73

Von den Häusern
74

Von den Kleidern
76

Vom Kaufen und Verkaufen
77

Von Schuld und Sühne
78

Von den Gesetzen
81

Von der Freiheit
82

Von Vernunft und Leidenschaft
84

Vom Schmerz
85

Von der Selbsterkenntnis
86

Vom Lehren
87

Von der Freundschaft
88

Vom Reden
89

Von der Zeit
90

Vom Guten und Bösen
91

Vom Beten
93

Von der Sinnenfreude
94

Von der Schönheit
96

Von der Religion
98

Vom Tod
99

Der Abschied
101

Die Ankunft des Schiffes

Al-Mustapha, der Erwählte und Geliebte, der seinerzeit eine Morgenröte war, hatte zwölf Jahre lang in der Stadt Orphalese auf die Ankunft seines Schiffes gewartet, das ihn auf die Insel zurückbringen sollte, auf der er das Licht der Welt erblickt hatte.

Im zwölften Jahr bestieg er am siebten Tag des Erntemonats Ailul einen Hügel außerhalb der Stadtmauern und schaute aufs Meer; da entdeckte er am fernen Horizont sein Schiff, wie es aus dem Nebel auftauchte.

Die Tore seines Herzens öffneten sich weit und ließen seiner Freude freien Lauf. Dann schloss er seine Augen und betete in der Stille seines Herzens.

Aber als er den Hügel hinabstieg, überkam ihn Trauer, und er dachte bei sich: Wie könnte ich in Frieden und ohne Bedauern von hier scheiden? Nein, ohne Wunde im Herzen werde ich diese Stadt nicht verlassen.

Lang waren die leidvollen Tage, die ich in ihren Mauern zubrachte, und lang waren meine einsamen Nächte; und wer kann sein Leid und seine Einsamkeit unbekümmert aufgeben?

Zu viele Geistessplitter habe ich auf diesen Wegen ausgestreut, und zu zahlreich sind die Kinder meiner Sehnsucht, die sich nackt zwischen diesen Hügeln tummeln, als dass ich mich ohne Sorge und Schmerz von ihnen abwenden könnte.

Es ist kein Gewand, das ich einfach abstreife, sondern eine Haut, die ich mir eigenhändig abziehen muss; und es sind nicht nur Gedanken, die ich hier zurücklasse, sondern ein Herz, das Hunger und Durst besänftigten.

Doch kann ich nicht länger verweilen. Es ruft das Meer, das alles an sich zieht, und ich muss seinem Ruf folgen.
Denn zu verweilen, obgleich die Stunden in den Nächten brennen, hieße zu gefrieren und in fester Form zu erstarren.
Gern nähme ich alles mit, was es hier gibt. Doch wie wäre das möglich? Kann eine Stimme die Zunge und die Lippen mitnehmen, die sie formten und beflügelten? Allein muss sie sich in den Äther schwingen, und allein, ohne sein Nest, fliegt der Adler zur Sonne.
Als er den Hügel hinabgestiegen war, wandte er sich erneut dem Meer zu. Er sah sein Schiff in den Hafen einlaufen, und an Bord sah er die Seeleute, Männer seines Landes.
Und seine Seele rief ihnen zu:
Söhne meiner ehrwürdigen Mutter, ihr Ritter der Fluten, wie oft habt ihr in meinen Träumen die Segel gehisst! Und nun erreicht ihr mich im Wachen, meinem tieferen Traum!
Ich bin bereit aufzubrechen, und mit gesetzten Segeln erwarte ich den Wind. Gewährt mir nur noch einen Atemzug von dieser stillen Luft und einen letzten liebevollen Blick zurück.
Dann werde ich mich zu euch gesellen, als Seefahrer unter Seefahrern.
Und du, unüberschaubare See, schlafende Mutter, die allein den Flüssen und Strömen Freiheit und Frieden gewährt, nur noch eine Windung des Stromes, ein Murmeln in der Lichtung, und ich werde zu dir kommen als unbegrenzter Tropfen ins grenzenlose Meer.
Und auf dem Weg zum Hafen erblickte er in der Ferne Männer und Frauen, die ihre Felder und Weinberge verließen und zu den Stadttoren eilten.
Er hörte sie seinen Namen rufen, und die Kunde von der Ankunft seines Schiffes verbreitete sich von Feld zu Feld.

Da dachte er bei sich: Soll der Tag des Abschieds der Tag der Ernte werden? Und soll mein Abend wahrhaft mein Morgenrot sein?

Was vermag ich jemandem zu geben, der seinen Pflug inmitten der Furche stehen lässt oder das Rad seiner Weinkelter abstellt?

Wird mein Herz einem Baum gleichen, reich beladen mit Früchten, die ich pflücken und austeilen kann? Und werden meine Wünsche wie ein Quell sprudeln, an dem Menschen ihre Becher füllen können?

Bin ich eine Harfe, die der Allmächtige berührt, oder eine Flöte, in die sein Atem dringt?

Ein Sucher der Stille bin ich; und welchen Schatz fand ich in der Stille, den ich getrost verteilen kann?

Wenn dies der Tag meiner Ernte ist, so wüsste ich gern, in welche Felder ich meine Samen säte und in welchen vergessenen Jahreszeiten.

Und wenn dies die Stunde ist, meine Laterne zu erheben, so soll es nicht meine Flamme sein, die darin leuchtet.

Leer und dunkel werde ich sie erheben und der Wächter der Nacht wird sie mit Öl füllen.

So sprach er, doch vieles in seinem Herzen blieb unausgesprochen; denn sein tiefstes Geheimnis ließ sich nicht in Worte kleiden.

Und als er die Stadt betrat, strömten ihm die Menschen entgegen, und einstimmig riefen sie ihm zu.

Die Ältesten der Stadt baten: Verlass uns noch nicht! Du hast erst die Mittagszeit in unserem gleißenden Licht verbracht, und deine Jugend beschenkte uns mit Träumen.

Weder Fremder noch Gast bist du in unserer Mitte, sondern unser Sohn und unser Geliebter. Lass unsere Augen nicht schon jetzt dein Antlitz missen.

Und die Priester und Priesterinnen sagten: Lass nicht zu, dass die Wellen des Meeres uns von dir trennen und dass die Jahre, die du bei uns verbrachtest, zur Erinnerung verblassen!

Wie ein Geist bewegtest du dich unter uns, und dein Schatten war Licht auf unseren Gesichtern.

Wir liebten dich sehr, doch versäumten wir es, unserer Liebe Ausdruck zu verleihen, und verhüllten sie mit Schleiern. Nun aber steht sie unverhüllt vor dir und spricht unüberhörbar zu dir.

Und stets war es so, dass die Liebe in der Stunde der Trennung erst ihre wahre Tiefe erkennt.

Andere traten hinzu und flehten ihn an, doch er antwortete nicht. Er neigte seinen Kopf, und die in seiner Nähe standen, sahen Tränen auf seine Brust fallen.

Von der Menge umringt, begab er sich auf den großen Platz vor dem Tempel.

Da trat aus dem Heiligtum eine Frau, al-Mitra mit Namen, die eine Seherin war.

Er schaute sie mit großer Zärtlichkeit an, denn sie hatte ihn als Erste aufgesucht und an ihn geglaubt, als er gerade einen Tag in ihrer Stadt weilte.

Sie grüßte ihn und sprach: Prophet Gottes, auf der Suche nach dem Allerhöchsten, lange hast du den Horizont nach deinem Schiff abgesucht. Nun ist es gekommen, und du musst uns verlassen.

Tief ist deine Sehnsucht nach dem Land deiner Erinnerungen und der Heimat deiner erhabensten Wünsche. Unsere Liebe soll dich nicht fesseln und unsere Not dich nicht zurückhalten. Doch eine Bitte haben wir, bevor du uns verlässt: Sprich zu uns, und verkünde uns deine Wahrheit; wir werden sie an unsere Kinder weitergeben, und diese wiederum an ihre Kinder, und so wird sie nicht vergehen.

In deiner Einsamkeit wachtest du über unseren Tagen, und in deinem Wachen vernahmst du das Weinen und Lachen unserer Träume.

So enthülle uns dein Wissen über uns und teile uns alles mit, was dir offenbart wurde über das Leben zwischen Geburt und Tod!
Er antwortete: Menschen von Orphalese, wovon sollte ich zu euch sprechen wenn nicht von dem, was eure Seelen gerade bewegt.

Die Reden des Propheten

Von der Liebe

Da sagte al-Mitra: Sprich zu uns über die Liebe!
Er erhob seinen Kopf und blickte auf die Menge, und Schweigen ergriff die Versammelten. Da sprach er mit lauter Stimme:
Wenn die Liebe dir winkt, so folge ihr, mögen ihre Wege auch hart und steil sein!
Und wenn dich ihre Flügel umfangen, so überlass dich ihr, mag auch das Schwert, das sie unter ihrem Gefieder verbirgt, dich verwunden.
Und wenn die Liebe zu dir spricht, so vertraue ihr, selbst wenn ihre Stimme deine Träume zerschlägt, wie der Nordwind den Garten verwüstet.
Denn wie die Liebe dich krönt, so wird sie dich auch kreuzigen, und wie sie dich entfaltet, so wird sie dich auch beschneiden.
Und wie sie sich zu deinen Höhen erhebt, um deine zartesten Zweige, die in der Sonne zittern, zu liebkosen, so steigt sie auch hinab zu deinen Wurzeln, die sich an den Erdboden klammern, um sie aufzurütteln.
Wie eine Korngarbe liest sie dich auf und drischt dich, um dich zu entblößen. Sie siebt dich, um dich von deiner Spreu zu befreien, sie zerreibt dich, bis du weiß wirst, und knetet dich, bis du geschmeidig bist.
Dann übergibt sie dich ihrem heiligen Feuer, damit du heiliges Brot wirst für Gottes heiliges Festmahl.
All dies wird die Liebe dir antun, damit du die Geheim-

nisse deines Herzens erkennst, und dank dieser Erfahrung ein Teil vom Herzen des Lebens wirst.

Doch wenn du in deiner Kleinherzigkeit nur der Liebe Lust und Frieden suchst, dann tust du besser daran, deine Blöße zu verhüllen und die Tenne der Liebe zu vertauschen mit der Welt ohne Jahreszeiten, wo du lachen wirst, aber nicht dein ganzes Lachen, und wo du weinen wirst, aber nicht all deine Tränen.

Liebe verschenkt nur sich selbst und nimmt nur von sich selbst.
Weder will sie besitzen, noch lässt sie sich besitzen, denn Liebe genügt der Liebe.
Und wenn du liebst, sag nicht: Gott ist in meinem Herzen. Sag vielmehr: Ich bin im Herzen Gottes.
Glaube nicht, dass du den Lauf der Liebe lenken kannst; es ist die Liebe, die deinen Lauf lenkt, wenn sie dich für würdig hält.

Liebe hegt keinen anderen Wunsch, als sich zu erfüllen.
Doch wenn du liebst und dennoch Wünsche hast, so seien es diese:
zu schmelzen und einem fließenden Bach zu gleichen, der sein Lied der Nacht singt;
den Schmerz zu großer Zärtlichkeit zu erkennen; verwundet zu sein von deinem eigenen Verständnis der Liebe, und freiwillig und freudig zu bluten;
beim Morgenrot mit frohem Herzen zu erwachen und Dank zu sagen für einen neuen Tag der Liebe;
zur Mittagszeit zu ruhen und den Verzückungen der Liebe nachzusinnen;
abends dankbar heimzukehren und einzuschlafen mit einem Gebet für die Geliebte im Herzen und auf den Lippen einen Lobgesang.

Von der Ehe

Wieder wandte sich al-Mitra an ihn und fragte: Wie ist es mit der Ehe, Meister?
Und er antwortete: Zusammen seid ihr geboren und für immer sollt ihr zusammen sein!
Ihr sollt vereint bleiben, wenn die weißen Flügel des Todes eure Tage zerstreuen; selbst im stillen Gedenken Gottes sollt ihr vereint sein.
Doch lasst einander Raum in eurem Zusammensein!
Lasst die Winde des Himmels zwischen euch tanzen!
Liebt einander, doch macht die Liebe nicht zur Fessel! Sie sei vielmehr eine wogende See zwischen den Ufern eurer Seelen.
Füllt einander den Becher, doch trinkt nicht aus dem gleichen Gefäß!
Teilt euer Brot miteinander, doch esst nicht vom selben Laib!
Singt und tanzt zusammen und seid fröhlich, doch wahrt eure Eigenständigkeit!
Seid wie die Saiten einer Laute, die einzeln stehen, auch wenn die gleiche Musik auf ihnen ertönt.
Verschenkt eure Herzen, doch gebt sie nicht einander in Verwahr, denn nur die Hand des Lebens kann eure Herzen bewahren.
Steht zusammen, doch nicht zu nahe beieinander, denn auch des Tempels Säulen stehen einzeln; und weder Eiche noch Zypresse gedeihen im Schatten des anderen.

Von den Kindern

Eine Frau, die einen Säugling an ihrer Brust hielt, bat: Sprich zu uns von den Kindern!

Und er sagte: Eure Kinder sind nicht eure Kinder! Sie sind Söhne und Töchter der Sehnsucht des Lebens nach Erfüllung.
Ihr Leben kommt durch euch, aber nicht von euch; und wenngleich sie bei euch sind, gehören sie euch nicht.
Ihr könnt ihnen eure Liebe schenken, doch nicht eure Gedanken, denn sie haben ihre eigenen Gedanken.
Ihr könnt ihre Körper beherbergen, aber nicht ihre Seelen, denn ihre Seelen wohnen in den Häusern von morgen, die ihr nicht betreten könnt, nicht einmal in euren Träumen.
Ihr dürft versuchen, ihnen zu gleichen; doch trachtet nicht danach, sie euch anzugleichen, denn das Leben läuft nicht rückwärts und hält sich nicht mit dem Gestern auf.
Ihr seid die Bogen, von denen eure Kinder als lebendige Pfeile ausgesandt werden.
Der Schütze sieht das Ziel auf der Bahn der Unendlichkeit; er spannt euch in seiner Macht, damit seine Pfeile umso schneller und weiter fliegen.
Biegt euch freudig in der Hand des Schützen, denn ebenso wie er den fliegenden Pfeil liebt, so liebt er auch den Bogen, der standhält.

Vom Geben

Und ein reicher Mann bat: Sprich zu uns vom Geben!
Er erwiderte: Wenig gebt ihr, wenn ihr von eurem Besitz gebt. Erst wenn ihr von euch selber gebt, gebt ihr wirklich.
Ist euer Besitz denn etwas anderes als Hab und Gut, das ihr hortet und bewacht aus Sorge, ihr könntet es morgen benötigen?
Was wird das Morgen dem Hund bringen, der aus übertriebener Vorsorge seinen Knochen im Sand verscharrt, wenn er den Pilgern zur heiligen Stadt folgt?

Ist nicht die Angst vor der Not selber eine Not?

Und wenn ihr bei vollem Brunnen Durst leidet, was bedeutet das anderes, als dass euer Durst unstillbar ist?

Es gibt Menschen, die geben wenig von dem vielen, das sie besitzen – und sie tun es um der Anerkennung willen, doch ihre verborgene Absicht macht ihre Gabe unbekömmlich.

Und es gibt Menschen, die wenig besitzen und alles geben.

Das sind die Menschen, die an das Leben und an des Lebens Überfülle glauben und deren Schatztruhen nie leer werden.

Einige geben mit Freuden, und die Freude ist ihr Lohn; andere geben mit Schmerzen, und der Schmerz ist ihre Taufe.

Und es gibt Menschen, die beim Geben weder Freude, Schmerz noch Tugendhaftigkeit empfinden.

Sie geben wie die Myrte im Tal, wenn sie ihren Duft verströmt. Durch die Hände solcher Menschen spricht Gott, und durch ihre Augen lächelt er die Erde an.

Es ist gut zu geben, wenn man uns darum bittet. Aber besser ist es, ungebeten und aus Mitgefühl zu geben.

Es macht dem Freigebigen mehr Freude, jemanden zu suchen, den er beschenken kann, als das Geben selbst.

Und warum solltet ihr etwas zurückhalten? Alles, was ihr besitzt, werdet ihr eines Tages aufgeben müssen.

Darum gebt jetzt, und die Zeit des Gebens wird die eure sein und nicht die eurer Erben.

Oft wendet ihr ein: Gerne würde ich geben, doch nur denen, die es verdienen.

Die Bäume eurer Gärten handeln nicht so, und auch nicht die Herden eurer Weiden.

Sie geben um zu leben, denn zurückhalten bedeutet zugrunde gehen.

Wer würdig ist, die Tage und Nächte des Lebens zu empfangen, ist es auch, all' eure Gabe zu erhalten.

Und wer würdig ist, aus dem Meer des Lebens zu trinken,

ist es auch wert, an eurem Quellwasser seinen Becher zu füllen.
Gibt es ein größeres Verdienst als jenes, das im Mut, im Vertrauen und im Wohlwollen des Empfangens liegt?
Wer seid ihr, verlangen zu können, dass die Menschen ihre Brust öffnen und ihren Stolz enthüllen, damit ihr euch von ihrem wahren Wert und ihrem unverhüllten Ehrgefühl überzeugen könnt?
Seht zu, dass ihr würdig werdet, ein Gebender zu sein und ein Werkzeug des Gebens.
In Wahrheit ist es das Leben, das gibt, während ihr, die ihr zu geben vermeint, nur Zeugen seid.
Und ihr, die ihr empfangt – und ihr seid alle Empfangende –, macht die Dankesschuld nicht zur Last, weder für euch noch für den, der gibt!
Schwingt euch lieber mit ihm zusammen auf seinen Gaben empor wie auf Flügeln;
denn wenn ihr die Dankesschuld überbewertet, so zweifelt ihr an der Großmut desjenigen, der die großherzige Erde zur Mutter hat und den barmherzigen Gott zum Vater.

Vom Essen und Trinken

Ein alter Gastwirt bat: Sprich zu uns vom Essen und Trinken!
Und er sprach: Könntet ihr doch vom Duft der Erde leben oder vom Licht wie die Luftpflanzen!
Doch da ihr töten müsst, um zu essen, und dem Neugeborenen die Muttermilch wegnehmt, um euren Durst zu stillen, so geschehe es mit Ehrfurcht!
Und euer Tisch sei ein Altar, auf dem das Reine und Unschuldige des Feldes und des Waldes geopfert wird für das, was im Menschen noch reiner und noch unschuldiger ist.

Wenn ihr ein Tier töten müsst, sagt zu ihm in eurem Herzen: Die gleiche Macht, die dich tötet, wird auch mich töten, und auch ich werde verzehrt werden.
Denn das Gesetz, das dich meiner Hand übergab, wird mich einer mächtigeren Hand übergeben. Dein Blut und meins sind der Saft, der den Baum des Himmels nährt.
Und wenn du mit deinen Zähnen in einen Apfel beißt, sprich zu ihm in deinem Herzen: Deine Samen werden in meinem Körper weiterleben, und deine Knospen von morgen werden in meinem Herzen blühen.
Dein Duft wird mein Atem sein, und gemeinsam werden wir uns an allen Jahreszeiten erfreuen.
Und wenn ihr im Herbst die Trauben eurer Weinberge zum Keltern sammelt, sagt in eurem Herzen:
Auch ich bin ein Weinberg, und auch meine Früchte werden zum Keltern gesammelt werden, und dem neuen Wein gleich werde ich in ewigen Gefäßen aufbewahrt werden.
Und wenn ihr im Winter den Wein ausschenkt, so sei ein Lied für jeden Becher Wein in eurem Herzen.
Möge dieses Lied die Erinnerung wachrufen an die Herbsttage, den Weinberg und die Kelter.

Von der Arbeit

Und ein Bauer bat: Sprich zu uns von der Arbeit!
Und er sagte: Ihr arbeitet, um Schritt zu halten mit der Erde und der Erde Seele.
Denn müßig zu sein bedeutet, den Jahreszeiten fremd zu werden und den Pilgerzug des Lebens zu verlassen, der würdevoll und in stolzer Ergebenheit der Ewigkeit entgegenzieht.
Wenn ihr arbeitet, so gleicht ihr einer Flöte, in deren Herzen sich das Flüstern der Zeit in Musik verwandelt.

Und wer von euch wollte ein stummes Rohr sein, wenn alle anderen im Einklang singen?
Stets hat man euch gesagt, dass Arbeit ein Fluch sei und Anstrengung ein Unglück.
Ich aber sage euch, wenn ihr arbeitet, verwirklicht ihr einen Teil des grenzenlosen Traumes, der euch bei seiner Geburt übertragen wurde.
Indem ihr euch anstrengt, stellt ihr eure Liebe für das Leben unter Beweis.
Und das Leben durch die Arbeit zu lieben heißt, vertraut zu sein mit des Lebens tiefstem Geheimnis.

Doch wenn ihr in eurem Schmerz die Geburt als Plage auffasst und die Sorge für den Leib als Fluch, der auf eure Stirn geschrieben ist, dann sage ich euch, dass nur der Schweiß eurer Stirn abzuwischen vermag, was auf ihr geschrieben steht.
Man hat euch auch gesagt, dass das Leben Finsternis ist, und in eurer Enttäuschung wiederholt ihr, was die Enttäuschten sagen.
Ich aber sage euch, das Leben ist tatsächlich Finsternis, wenn ihm der Antrieb fehlt.
Und aller Antrieb ist blind ohne das Wissen.
Alles Wissen ist vergeblich ohne die Arbeit.
Und alle Arbeit ist sinnlos ohne die Liebe.
Wenn ihr aber mit Liebe arbeitet, so findet ihr zu euch selber, zueinander und zu Gott.
Und was heißt es, mit Liebe zu arbeiten?
Es bedeutet, das Gewand mit Fäden zu weben, die aus eurem Herzen gezogen sind, als solle euer Geliebter das Gewand tragen.
Es bedeutet, ein Haus mit Leidenschaft zu bauen, als solle eure Geliebte es bewohnen.
Es bedeutet, den Samen mit Zartgefühl auszustreuen und

die Ernte mit Freude einzubringen, als solle die Geliebte von den Früchten kosten.

Es bedeutet, alle Dinge, die ihr herstellt, mit einem Hauch eures Geistes zu versehen und zu wissen, dass alle selig Verstorbenen um euch stehen und zusehen.

Oft hörte ich euch wie im Schlaf sprechen: Wer mit Marmor arbeitet und dem Stein die Gestalt seiner Seele einprägt, ist edler als derjenige, der die Erde pflügt.

Und wer den Regenbogen ergreift und ihn als menschliche Gestalt auf die Leinwand bannt, ist größer als der Schuster, der Sandalen für unsere Füße anfertigt.

Ich aber sage euch – und zwar nicht im Schlaf, sondern bei vollem Bewusstsein der Mittagszeit –, dass der Wind zu den riesigen Eichen nicht süßer spricht als zum kleinsten aller Grashalme.

Nur der ist groß, der die Stimme des Windes in ein Lied verwandelt, das dank seiner Liebe noch süßer wird.

Arbeit ist sichtbar gemachte Liebe.

Und wenn ihr nicht mit Liebe, sondern nur mit Unlust arbeiten könnt, dann ist es besser, eure Arbeit zu verlassen und euch ans Tor des Tempels zu setzen, um Almosen zu erbitten von denen, die mit Freude arbeiten.

Denn wenn ihr das Brot gleichgültig backt, so backt ihr ein bitteres Brot, das den Hunger der Menschen nicht einmal zur Hälfte stillt.

Und wenn ihr mit Widerwillen die Trauben presst, so mischt euer Unwille ein Gift unter den Wein.

Wenn ihr auch wie Engel singt, ohne den Gesang zu lieben, so macht ihr der Menschen Ohren taub für die Stimmen des Tages und die Stimmen der Nacht.

Von der Freude und vom Leid

Eine Frau bat: Sprich zu uns über die Freude und über das Leid!
Und er sagte: Eure Freude ist euer unmaskiertes Leid.
Derselbe Quell, aus dem euer Lachen quillt, wurde oft mit euren Tränen gefüllt.
Und wie könnte es anders sein?
Je tiefer sich das Leid in euer Sein einkerbt, umso mehr Freude kann es fassen.
Ist nicht der Becher, der euren Wein enthält, das gleiche Gefäß, das zuvor im Ofen des Töpfers gebrannt wurde?
Und ist nicht die Laute, die euren Geist besänftigt, aus demselben Holz, das mit Messern ausgehöhlt wurde?
Wenn ihr froh seid, schaut tief in eure Herzen, und ihr werdet entdecken, dass der Grund eures vergangenen Leids nun der Grund eurer Freude ist.
Und wenn ihr traurig seid, schaut wieder in euer Herz, und ihr werdet sehen, dass ihr in Wahrheit darüber weint, was zuvor eure Freude ausmachte.
Einige von euch sagen: Freude ist größer als Leid; andere widersprechen: Nein, Leid ist größer als Freude.
Ich aber sage euch: Beide sind unzertrennlich.
Sie treten zusammen auf, und wenn einer alleine mit euch zu Tisch sitzt, so wisset, dass der andere bereits auf eurem Lager ruht.
Wahrlich, wie zwei Waagschalen seid ihr aufgehängt zwischen eurem Leid und eurer Freude, und nur wenn ihr leer seid, seid ihr im Stillstand und Gleichgewicht.
Wenn der Besitzer des Schatzes euch aufhebt, um sein Gold und Silber zu wiegen, so muss eure Freude oder euer Leid steigen oder sinken.

Von den Häusern

Ein Maurer trat vor und bat: Sprich zu uns über die Häuser!
Und er sagte: Baut euch in eurer Phantasie eine luftige Laube in der Wildnis, bevor ihr euch ein Haus innerhalb der Stadtmauern baut!
Denn wie ihr gerne in der Dämmerung heimkehrt, so auch der Wanderer in euch, der ewig fern und einsam ist.
Euer Haus ist euer erweiterter Körper.
Er wächst in der Sonne und schläft träumend in der Stille der Nacht. Oder glaubt ihr nicht, dass euer Haus träumt und träumend die Stadt verlässt, um in Hainen und auf Hügeln zu verweilen?
Könnte ich eure Häuser doch in meinen Händen sammeln und sie einem Sämann gleich über Wälder und Wiesen ausstreuen!
Wären doch die Täler eure Straßen und die grünen Pfade eure Gassen, so dass eure Wege durch die Weinberge führen, wenn ihr einander besucht und eure Kleidung nach Erde duftet bei eurer Ankunft.
Aber bis jetzt lassen sich diese Dinge noch nicht verwirklichen.

In ihrer Furcht siedelten eure Vorfahren zu nah beieinander; und diese Furcht wird noch eine Weile andauern. Eure Stadtmauern werden euren Herd noch eine Weile von euren Feldern trennen. Und sagt mir, ihr Leute von Orphalese, was ihr in euren Häusern habt, und was bewahrt ihr hinter verriegelten Türen?
Habt ihr darin Frieden, diesen stillen anspornenden Gast, der eure Kraft offenbart?
Habt ihr darin Erinnerungen, die, schimmernden Gewölben gleich, die Gipfel eures Geistes überspannen?

Habt ihr darin Schönheit, die das Herz von Dingen, die aus Holz und Stein geschaffen, auf den heiligen Berg führt?
Sagt mir, habt ihr all dies in euren Häusern?
Oder gibt es darin nur Bequemlichkeit und den Wunsch nach Bequemlichkeit, nach diesem maskierten Geschöpf, das euer Haus als Gast betritt, dann zum Wirt und schließlich zum Hausherrn wird?

Ja, sie wird sich noch zu eurem Zuchtmeister aufspielen; mit Peitsche und Geißel in den Händen wird sie eure hehren Wünsche zu Marionetten machen.
Ihre Hände sind aus Seide, aber ihr Herz ist aus Eisen.
Sie lullt euch in den Schlaf, um dann an eurem Bett zu stehen und des Fleisches Würde zu verspotten.
Sie macht sich lustig über euren gesunden Verstand und hüllt ihn in Watte ein, als sei er ein gebrechliches Gefäß.
Wahrlich, das Verlangen nach Bequemlichkeit tötet die Leidenschaft der Seele und folgt dann grinsend ihrem Leichenzug.
Ihr aber, Kinder der Erde, die ihr noch in der Ruhe rastlos seid, geht nicht in die Falle der Bequemlichkeit, und lasst euch nicht von ihr gefügig machen!
Euer Haus sei kein Anker, sondern ein Mast!
Es sei kein schimmerndes Häutchen, das eure Wunde bedeckt, sondern ein Augenlid, das euer Auge behütet.
Baut eure Häuser nicht so, dass ihr eure Flügel falten müsst, um durch die Türen zu kommen, eure Köpfe beugen müsst, um nicht an die Decke zu stoßen, oder Angst haben müsst zu atmen, damit die Wände nicht erzittern und einfallen! Ihr sollt nicht in Grabstätten wohnen, welche die Toten für die Lebenden errichteten!
Und wenn euer Haus auch großartig und prächtig ist, so sollte es weder euer Geheimnis hüten, noch eure Sehnsucht beherbergen.

Denn was grenzenlos in euch ist, wohnt im Haus des Himmels, dessen Tor der Morgennebel ist und dessen Fenster die Lieder und die Stille der Nacht sind.

Von den Kleidern

Ein Weber bat: Sprich zu uns über die Kleider!
Und er sagte: Eure Kleidung verbirgt viel von eurer Schönheit, ohne das Hässliche zu verhüllen.
Und sucht ihr auch in Gewändern eure persönliche Freiheit, so gebt Acht, dass sie sich nicht als Rüstung und als Kette erweisen.
Könntet ihr doch der Sonne und auch dem Wind mehr von eurer Haut und weniger von eurer Kleidung preisgeben!
Denn der Atem des Lebens ist im Sonnenlicht, und die Hand des Lebens ist im Wind.

Einige von euch sagen: Der Nordwind wob die Kleider, die wir tragen.
Und ich sage: Es stimmt, es war der Nordwind; aber sein Webstuhl war die Scham, und Schlaffheit war sein Garn.
Und als diese Arbeit beendet war, verzog er sich lachend in den Wald.
Vergesst nicht, dass Sittsamkeit ein Schutz ist vor den Blicken des Unreinen.
Doch wenn es keine Unreinen mehr gibt, was ist Sittsamkeit dann anderes als Fessel und Verwirrung des Geistes?
Und vergesst nicht, dass es die Erde beglückt, eure bloßen Füße zu spüren; und dass sich die Winde danach sehnen, mit eurem Haar zu spielen.

Vom Kaufen und Verkaufen

Ein Kaufmann bat: Sprich zu uns über das Kaufen und Verkaufen!

Und er sagte: Die Erde bringt für euch Früchte hervor, und es wird euch an nichts mangeln, wenn ihr nur eure Hände zu füllen wisst.

Wenn ihr die Gaben der Erde tauscht, werdet ihr nicht nur gesättigt werden, sondern Überfluss haben.

Doch ohne Liebe und wohlwollende Gerechtigkeit wird der Austausch die einen zur Habgier und die anderen zum Hunger führen.

Wenn ihr Fischer, Bauern und Winzer auf dem Marktplatz mit Webern, Töpfern und Gewürzhändlern zusammentrefft, so ruft den freigebigen Geist der Erde an, in eure Mitte zu kommen und die Messgeräte zu segnen, sowie die Schätzungen, die den Wert der Waren abwägen.

Duldet bei euren Tauschgeschäften niemanden mit leeren Händen, der seine Worte gegen eure Arbeit eintauschen möchte!

Zu solchen Menschen sagt: Kommt mit uns aufs Feld, oder begleitet unsere Brüder aufs Meer, wenn sie ihre Netze auswerfen, denn Erde und Wasser werden sich euch gegenüber ebenso freigebig zeigen wie uns.

Kommen aber Sänger, Tänzer und Flötenspieler zu euch, so nehmt auch von ihren Gaben!

Denn auch sie sind Sammler von Früchten und Weihrauch; und sind ihre Waren auch Traumgebilde, so sind sie dennoch Kleider und Nahrung für eure Seele.

Und bevor ihr den Marktplatz verlasst, vergewissert euch, dass niemand mit leeren Händen weggeht.

Denn der großmütige Geist der Erde wird nicht friedlich über den Winden ruhen, bis die Bedürfnisse des Geringsten unter euch befriedigt sind.

Von Schuld und Sühne

Dann wandte sich ein Richter der Stadt an ihn und bat: Sprich zu uns von Schuld und Sühne!
Und er sagte: Wenn euer Geist sich vom Wind hinwegtragen lässt, so begeht ihr allein und unbewacht ein Unrecht an anderen und somit letztlich auch an euch selbst.
Für dieses begangene Unrecht müsst ihr eine Weile am Tor der Seligen warten, bis man euch auf euer Klopfen hin öffnet.
Das Göttliche in euch gleicht dem Meer. Es bleibt ewig makellos. Wie der Äther trägt es nur die Beflügelten empor.
Und wie die Sonne ist das Göttliche in euch. Es kennt weder die Gänge des Maulwurfs, noch sucht es die Höhlen der Schlangen auf.
Doch das Göttliche wohnt nicht allein in eurem Innern.
Vieles in euch ist noch Mensch, und vieles andere ist noch nicht Mensch, sondern ein formloser Zwerg, der im Nebel schlafwandelt – auf der Suche nach seinem Erwachen.
Lasst mich nun vom Menschen in euch sprechen, denn er ist es – nicht das Göttliche in euch und nicht der Zwerg im Nebeldunst –, der Schuld und Sühne kennt.
Oft hörte ich euch über einen Übeltäter reden, als sei er nicht einer von euch, sondern ein Fremder und ein Eindringling in eure Welt.
Ich aber sage euch: So wie der Gerechte nicht höher steigen kann als das Heiligste in jedem von euch, ebenso kann der Böse und Schwache nicht tiefer fallen als das Niedrigste in euch.
Und wie ein einzelnes Blatt nicht vergilbt ohne das stillschweigende Wissen des ganzen Baumes, so gibt es auch keine Übeltäter ohne euer aller verborgenen Willen.
Wie in einem Festzug zieht ihr gemeinsam eurem göttlichen Ich entgegen.

Ihr seid der Weg und die Wallfahrer.
Wenn einer von euch fällt, so fällt er für die, die hinter ihm gehen – als Warnung vor dem Stolperstein.
Ja, er fällt sogar für die, die vor ihm gehen, die schneller und sicherer zu Fuß sind und die es versäumten, den Stein des Anstoßes zu entfernen.
Und noch ein Wort, wenngleich es schwer auf euren Herzen lasten wird:
Der Ermordete ist an seiner eigenen Ermordung nicht unschuldig.
Der Beraubte wird nicht ohne Mitschuld beraubt.
Der Rechtschaffene ist nicht schuldlos am Unrecht des Übeltäters.
Und derjenige, dessen Hände sauber sind, ist nicht unbeteiligt an den Missetaten des Bösen.
Ja, der Schuldige ist oft das Opfer des Geschädigten.
Und noch öfter trägt der Verurteilte die Last des Unschuldigen und Tadellosen.
Ihr könnt den Gerechten nicht vom Ungerechten trennen und das Gute nicht vom Bösen.

Zusammen stehen sie vor dem Angesicht der Sonne, so wie der weiße und der schwarze Faden zusammen verwoben sind.
Und reißt der schwarze Faden, so muss der Weber das ganze Gewebe prüfen ebenso wie den Webstuhl.
Wenn einer von euch die untreue Frau vor Gericht bringt, so möge man auch das Herz ihres Mannes in die Waagschale legen und bei ihm den gleichen Maßstab anlegen.
Und wer den Beleidiger auspeitschen will, erforsche zuvor den Geist des Beleidigten.
Wer von euch im Namen der Gerechtigkeit eine Strafe verhängen und die Axt an den Baum des Bösen legen möchte, der untersuche zuerst dessen Wurzeln!

Wahrlich, er wird die Wurzeln des Guten und des Bösen, des Fruchtbaren und Unfruchtbaren miteinander verflochten finden im stillen Schoß der Erde.

Und ihr Richter, die ihr gerecht sein wollt, welches Urteil sprecht ihr über jemanden, der in seinem Fleische ehrlich ist, in seinem Geist aber ein Dieb?

Wie bestraft ihr jemanden, der im Fleisch erschlägt und im Geist ein Erschlagener ist?

Und wie verfolgt ihr jemanden, der in seinen Handlungen ein Betrüger und Unterdrücker ist, weil er selbst gekränkt und verletzt wurde?

Und wie wollt ihr jene bestrafen, deren Reue bereits größer ist als ihr begangenes Unrecht?

Ist nicht Reue die Strafe, die jenes Gesetz verhängt, dem zu dienen ihr vorgebt?

Ihr könnt weder dem Unschuldigen Reue auferlegen, noch den Schuldigen von seiner Last befreien.

Ungebeten wird sie in der Nacht anklopfen, damit die Menschen wachen und auf der Hut seien.

Und ihr, die ihr die Gerechtigkeit zu verstehen glaubt, wie vermögt ihr dies, wenn ihr nicht alle Taten im vollen Lichte seht?

Erst dann werdet ihr erkennen, dass sowohl der Aufrechtstehende als auch der Gefallene ein einziger Mensch sind, der im Zwielicht steht – zwischen der Nacht seiner Zwergennatur und dem Tag seines göttlichen Ichs;

und dass der Eckstein des Tempels nicht höher ist als der niedrigste Stein in seinem Fundament.

Von den Gesetzen

Ein Rechtsgelehrter fragte: Wie verhält es sich mit unseren Gesetzen, Meister?
Und er antwortete: Es macht euch Freude, Gesetze zu erlassen; und noch größere Freude bereitet es euch, sie zu brechen.
Wie Kinder, die am Meer spielen und Sandburgen bauen, um sie dann lachend zu zerstören.
Doch während ihr eure Sandburgen baut, schwemmt das Meer immer mehr Sand an.
Und wenn ihr eure Sandburgen vernichtet, lacht das Meer mit euch.
Wahrlich, das Meer lacht immer mit den Unschuldigen.
Doch wie steht es mit denen, für die das Leben nicht dem Meer gleicht und die von Menschen gemachten Gesetze nicht den Sandburgen?
Für die das Leben vielmehr ein Fels ist und das Gesetz ein Meißel, mit dem sie den Stein nach ihrem Ebenbild behauen möchten.
Und was ist mit dem Krüppel, der die Tänzer hasst?
Und mit dem Ochsen, der sein Joch liebt und das Wild des Waldes für Vagabunden hält?
Was ist mit der alten Schlange, die sich nicht mehr häuten kann und alle anderen für nackt und schamlos erachtet?
Und wie steht es mit dem, der zu früh zum Hochzeitsmahl kommt und dann übersättigt und müde weggeht und behauptet, alle Feste seien Vergewaltigungen und alle Festteilnehmer Gesetzesbrecher?
Was soll ich von ihnen anderes sagen, als dass auch sie im Sonnenlicht stehen, nur stehen sie mit dem Rücken zur Sonne.
Sie sehen nur ihre eigenen Schatten, und diese Schatten sind ihre Gesetze.

Und was ist die Sonne für sie anderes als etwas, das Schatten wirft?
Gesetze anzuerkennen bedeutet für sie nichts anderes, als sich zu bücken und ihre Schatten auf der Erde nachzuzeichnen.
Ihr aber, die ihr der Sonne entgegengeht, welche Schattenbilder auf dem Erdboden sollten euch aufhalten?
Die ihr mit dem Wind reist, welcher Wetterhahn sollte euch den Weg weisen?
Welches menschliche Gesetz sollte euch binden, wenn ihr euer Joch zerbrecht, ohne an den Gefängnistüren anderer zu rütteln?
Welches Gesetz solltet ihr fürchten, wenn ihr tanzt, ohne dabei über die Eisenketten anderer zu stolpern?
Und wer sollte euch vor Gericht stellen, wenn ihr euer Gewand ablegt, ohne es anderen in den Weg zu legen?
Leute von Orphalese, ihr könnt den Ton der Trommeln dämpfen und die Saiten der Leier lockern, doch wer sollte der Lerche gebieten, nicht zu singen?

Von der Freiheit

Ein Redner bat: Sprich zu uns von der Freiheit!
Und er sagte: Am Stadttor und an eurem Herd sah ich euch kniefällig eure eigene Freiheit verehren.
Wie Sklaven, die sich vor einem Tyrannen demütigen und ihn preisen, obgleich er sie erschlägt.
Im Tempelhain und im Schatten der Zitadelle sah ich die Freiesten unter euch ihre Freiheit wie ein Joch tragen oder wie Handschellen.
Und mein Herz blutete, denn ihr seid nur frei, wenn das Streben nach Freiheit euer Harnisch ist und wenn ihr aufhört, von der Freiheit als Ziel und Erfüllung zu sprechen.

Frei seid ihr noch nicht, wenn eure Tage frei sind von Sorge und eure Nächte frei von Kummer.
Sondern erst, wenn beide euer Leben umklammern und ihr euch nackt und ungebunden über sie erhebt.
Doch wie solltet ihr euch über eure Tage und Nächte erheben, ohne die Ketten zu zerbrechen, die ihr in der Morgendämmerung eurer Vernunft um eure Mittagsstunde befestigt?
Wahrlich, was ihr Freiheit nennt, ist die stärkste dieser Ketten, wenn auch ihre Glieder in der Sonne glänzen und eure Augen blenden.
Sind es nicht Teile eures Ichs, die ihr abwerfen wollt, um frei zu werden?
Und ist es ein ungerechtes Gesetz, das ihr abschaffen wollt, so habt ihr es euch eigenhändig auf eure Stirn geschrieben.
Ihr könnt es nicht beseitigen, indem ihr eure Gesetzesbücher verbrennt oder es von der Stirn eurer Richter abwischt, selbst wenn ihr das Meer darauf ausgießen würdet.
Wenn es ein Despot ist, den ihr entthronen wollt, so sorgt zuerst dafür, dass ihr den Thron zerstört, den ihr ihm in eurem Herzen errichtet habt!
Wie könnte ein Tyrann die Freien und Stolzen regieren, wenn es in ihrer Freiheit keine Tyrannei mehr gäbe und in ihrem Stolz keine Schande mehr?
Und ist es eine Sorge, deren ihr euch entledigen wollt, so ist es keine auferlegte, sondern eine von euch selbst gewählte Sorge.
Oder ist es eine Furcht, die ihr vertreiben wollt, so denkt daran, dass sie in eurem Herzen wohnt und nicht in der Hand des Gefürchteten liegt.
Wahrhaftig, all diese Dinge wohnen in eurem Innern in ständiger Verflechtung: das Ersehnte und das Gefürchtete, das Abstoßende und das Anziehende, das Erstrebenswerte und das Abschreckende, dem ihr zu entfliehen sucht.

All dies regt sich in euch wie Licht und Schatten, die einander ergänzen. Verblasst der Schatten aber bis zur Unkenntlichkeit, so wird das verbleibende Licht zum Schatten eines anderen Lichtes.
Und so wird eure Freiheit, wenn sie sich ihrer Fesseln entledigt, zur Fessel einer größeren Freiheit.

Von Vernunft und Leidenschaft

Und wieder bat die Priesterin: Sprich zu uns von Vernunft und Leidenschaft!
Und er sagte: Eure Seele gleicht oft einem Schlachtfeld, auf dem eure Vernunft und euer Verstand gegen eure Leidenschaft und euer Verlangen zu Felde ziehen.
Könnte ich doch Frieden stiften in eurer Seele und Missklang und Zwietracht in eine harmonische Melodie verwandeln!
Doch wie sollte mir das gelingen, wenn ihr nicht selber Friedensstifter seid, mehr noch, wenn ihr nicht alle Elemente in euch liebt.
Eure Vernunft und eure Leidenschaft sind Ruder und Segel eurer zur See fahrenden Seele.
Wenn Ruder und Segel brechen, könnt ihr nur noch schlingern und euch treiben lassen oder auf hoher See stille stehen.
Regiert die Vernunft alleine, so ist sie eine einengende Kraft, und ist die Leidenschaft Alleinherrscher, so brennt ihr Feuer bis zur Selbstzerstörung.
Darum möge eure Seele die Vernunft zum Gipfel eurer Leidenschaft erheben, auf dass sie singe. Und möge sie eure Leidenschaft mit Vernunft lenken, damit diese ihre tägliche Wiedergeburt erlebe und sich dem Phönix gleich aus der eigenen Asche erhebe.

Ich wünschte mir, dass ihr euren Verstand und euer Verlangen wie zwei liebe Gäste in eurem Haus betrachtet.
Gewiss werdet ihr einem Gast nicht mehr Ehre erweisen als dem anderen, denn wer einen seiner Gäste aufmerksamer behandelt, verliert die Liebe und das Vertrauen beider.
Wenn ihr – von Hügeln umgeben – im kühlen Schatten weißer Pappeln sitzt und der Friede und die Heiterkeit ferner Felder und Wiesen euch erfüllen, möge euer Herz denken: Gott ruht in der Vernunft.
Und wenn ein Sturm ausbricht und heftige Winde den Wald erschüttern, wenn Donner und Blitz die Hoheit des Himmels offenbaren, dann möge euer Herz ehrfürchtig sagen: Gott regt sich in der Leidenschaft.
Und da ihr ein Hauch in Gottes Äther seid und ein Blatt in seinem Wald, so sollt auch ihr in der Vernunft ruhen und euch in der Leidenschaft regen!

Vom Schmerz

Eine Frau bat: Sprich uns vom Schmerz!
Und er sagte: Euer Schmerz ist das Zerbrechen der Schale, die euer Verständnis umschließt.
Wie der Obstkern aufbrechen muss, damit sein Herz die Sonne spürt, so müsst auch ihr den Schmerz empfinden.
Könnte euer Herz immer wieder staunen über die täglichen Wunder des Lebens, so schiene euch der Schmerz nicht weniger wunderbar als die Freude.
Ihr würdet die Jahreszeiten eures Herzens annehmen, wie ihr die Jahreszeiten eurer Felder angenommen habt.
Ihr würdet den Winter eures Kummers gelassen überstehen. Viel von eurem Schmerz ist selbst gewählt.
Er ist die bittere Arznei, mit welcher der Arzt in euch euer krankes Ich heilt.

Traut diesem Arzt und nehmt die Arznei, die er euch verordnet, schweigend und unbesorgt ein!
Denn seine Hand – erscheint sie euch auch schwer und hart – wird von der sanften Hand des Unsichtbaren gelenkt.
Und der Becher, den er euch reicht – wenn er auch eure Lippen verbrennt –, wurde aus dem Ton geformt, den der große Töpfer mit Seinen heiligen Tränen benetzte.

Von der Selbsterkenntnis

Ein Mann bat: Sprich zu uns von der Selbsterkenntnis!
Und er sagte: Eure Herzen kennen unausgesprochen die Geheimnisse der Tage und der Nächte.
Doch eure Ohren dürsten nach den Klängen des Wissens in euren Herzen.
Ihr wollt in Worten wissen, was ihr insgeheim gewusst.
Ihr wollt den bloßen Körper eurer Träume mit euren Fingern berühren.
Und das ist gut so!
Die verborgene Quelle eurer Seele soll aufsteigen und sich plätschernd ins Meer ergießen.
Und der Schatz in eurer unendlichen Tiefe will für eure Augen sichtbar werden. Doch wiegt eure verborgenen Schätze nicht mit der Waage!
Und lotet die Tiefen eures Wissens nicht mit der Senkschnur aus!
Denn das Ich ist ein Meer ohne Maß und ohne Grenzen.
Sagt nicht: Ich habe die Wahrheit gefunden, sagt vielmehr: Ich habe eine Wahrheit gefunden.
Sagt nicht: Ich habe den Pfad der Seele entdeckt, sagt vielmehr: Ich traf die Seele, als sie auf meinem Pfad ging.
Denn die Seele wandelt auf allen Wegen.

Die Seele bewegt sich nicht auf einer Bahn, noch wächst sie wie ein Schilfrohr.
Die Seele entfaltet sich vielmehr wie eine Lotosblume aus zahllosen Blütenblättern.

Vom Lehren

Dann bat ein Lehrer: Sprich zu uns vom Lehren!
Und er sagte: Niemand kann euch etwas offenbaren, was nicht schon unbewusst im Dämmern eures Wissens schlummert.
Der Lehrer, der mit seinen Schülern im Schatten des Tempels umhergeht, beschenkt sie nicht mit seiner Weisheit, sondern mit seinem Glauben und seiner Liebe.
Ist er wirklich weise, so lädt er euch nicht ein, das Haus seiner Weisheit zu betreten, sondern er führt euch zur Schwelle eures eigenen Geistes.
Der Sternkundige kann euch sein Verständnis des Weltraums mitteilen, doch kann er euch sein Verständnis nicht geben.
Der Musiker kann euch den Rhythmus des Weltalls vorspielen, aber er vermag es nicht, euch ein Ohr zu geben, das diesen Rhythmus vernimmt, noch eine Stimme, die ihn wiedergibt.
Und wer in der Wissenschaft der Zahlen bewandert ist, der kann euch von der Welt der Gewichte und Maße berichten, doch kann er euch nicht in ihr Reich führen.
Denn die Vision eines Menschen leiht ihre Flügel keinem anderen.
Und wie jeder von euch allein ist in Gottes Wissen, so muss ein jeder auch alleine sein in seinem Wissen von Gott und seinem Verständnis von der Erde.

Von der Freundschaft

Ein Jüngling bat: Sprich zu uns von der Freundschaft!
Und er sagte: Euer Freund ist die Antwort auf eure Bedürfnisse.
Er ist das Feld, das ihr mit Liebe besät und auf dem ihr mit Dankbarkeit erntet.
Er ist euer Tisch und euer Herd.
Denn ihr kommt zu ihm mit eurem Hunger und sucht Frieden bei ihm.
Wenn euer Freund offen mit euch redet, fürchtet weder das »Nein« eurer Meinung, noch haltet mit dem »Ja« zurück!
Und wenn er schweigt, möge euer Herz nicht aufhören, seinem Herzen zu lauschen.
Denn in der Freundschaft werden alle Gedanken, Wünsche und Erwartungen ohne Worte geboren und geteilt – und mit einer Freude, die keinen Beifall erheischt.
Und wenn ihr vom Freund scheidet, so trauert nicht;
denn was ihr am meisten an ihm schätzt, wird in seiner Abwesenheit klarer hervortreten, ebenso wie dem Bergsteiger der Berg von der Ebene aus deutlicher erscheint.
Und möge eure Freundschaft keinen anderen Zweck verfolgen als die Vertiefung des Geistes.
Denn die Liebe, die etwas anderes sucht als die Offenbarung ihres eigenen Mysteriums, ist keine Liebe, sondern ein ausgeworfenes Netz, mit dem man nur Unnützes und Wertloses einfängt.
Lasst eurem Freund nur das Beste zukommen!
Und wenn er die Ebbe eurer Gezeiten erfährt, so lasst ihn auch eure Flut erleben!
Denn was für ein Freund wäre er, suchtet ihr ihn nur auf, um Stunden totzuschlagen.
Sucht ihn vielmehr auf, um Stunden miteinander zu teilen!

Denn der Freund ist da, um euren Mangel zu beheben, und nicht, um eure Leere zu füllen.
Und zur Süße der Freundschaft geselle sich das Lachen und geteilte Freuden!
Denn im Tau der kleinen Dinge findet das Herz seinen Morgen und seine Erquickung.

Vom Reden

Und ein Gelehrter bat: Sprich zu uns über das Reden!
Und er sagte: Ihr redet, wenn ihr aufhört, mit euren Gedanken in Frieden zu sein.
Wenn ihr nicht länger in der Einsamkeit eurer Herzen verweilen könnt, lebt ihr in euren Lippen, und in den Worten findet ihr Zerstreuung und Zeitvertreib.
In vielen eurer Reden wird das Denken halbwegs vernichtet. Denn der Gedanke ist ein Vogel im weiten Raum; in einem Käfig aus Worten kann er zwar seine Flügel entfalten, aber nicht fliegen.
Unter euch gibt es manche, die den Redseligen aufsuchen aus Angst vor dem Alleinsein.
Die Stille der Einsamkeit enthüllt ihrem Blick ihr nacktes Ich, dem sie zu entfliehen trachten.
Und es gibt einige, die ohne Wissen und Absicht reden und die in ihren Worten eine Wahrheit offenbaren, die sie selber nicht verstehen.
Andere haben die Wahrheit in ihrem Innern, doch sie können sie nicht in Worte fassen.
In der Brust dieser Menschen wohnt der Geist in harmonischem Schweigen.
Und trefft ihr euren Freund auf der Straße oder auf dem Marktplatz, so soll der Geist in euch eure Lippen bewegen und eure Zunge lenken!

Lasst die Stimme in eurer Stimme zum Ohr seines Ohres sprechen!
Denn seine Seele wird die Wahrheit eures Herzens bewahren wie den Geschmack eines Weines, an den man sich noch lange erinnert;
auch wenn man die Farbe des Weines vergessen hat und der Becher nicht mehr vorhanden ist.

Von der Zeit

Ein Astronom fragte: Meister, was ist mit der Zeit?
Und er antwortete: Ihr wollt die Zeit messen, die maßlose, unermessliche Zeit.
Nach Stunden und Jahreszeiten wollt ihr euer Leben ausrichten – und selbst euren Geist.
Ihr wollt aus der Zeit einen Strom machen, an dessen Ufern ihr euch niederlasst, um ihn im Vorbeifließen zu betrachten.
Doch das Zeitlose in euch ist sich der Zeitlosigkeit eures Lebens bewusst.
Es weiß, dass das Gestern nur die Erinnerung des Heute ist und das Morgen nur sein Traum.
Und was in euch singt und sinnt, weilt noch innerhalb der Grenzen jenes ersten Augenblicks, der die Sterne in den Weltraum streute.
Wer von euch fühlte nicht, dass die Macht der Liebe grenzenlos ist?
Und dennoch, wer fühlt nicht, dass seine grenzenlose Liebe im Innersten seines Wesens eingeschlossen ist und sich nicht von einem Liebesgedanken zum anderen und von einer Liebestat zur anderen bewegt?
Und ist die Zeit nicht ungeteilt und unbeweglich wie die Liebe?

Doch wenn ihr die Zeit in Jahreszeiten messen müsst, so lasst jede Jahreszeit alle anderen einschließen!
Lasst das Heute die Vergangenheit mit Erinnerung umfangen und die Zukunft mit Sehnsucht!

Vom Guten und Bösen

Und einer der Stadtältesten bat: Sprich zu uns vom Guten und Bösen!
Und er sagte: Vom Guten in euch kann ich sprechen, nicht aber vom Bösen. Denn was ist das Böse anders als das von Hunger und Durst gemarterte Gute?
Wahrlich, wenn das Gute hungrig ist, sucht es selbst in dunklen Höhlen nach Nahrung; und wenn es durstig ist, stillt es seinen Durst sogar an toten Gewässern.
Ihr seid gut, wenn ihr eins mit euch seid.
Doch wenn ihr nicht eins mit euch seid, seid ihr darum noch nicht schlecht.
Denn ein uneiniges Haus ist noch keine Räuberhöhle; es ist nur ein uneiniges Haus.
Ein Schiff ohne Ruder kann ziellos zwischen gefährlichen Inseln treiben, ohne auf den Meeresgrund zu versinken.
Ihr seid gut, wenn ihr danach strebt, von euch selber zu geben.
Doch seid ihr nicht schlecht, wenn ihr euren Gewinn sucht.
Sucht ihr euren Gewinn, so seid ihr wie eine Wurzel, die sich an die Erde klammert und an ihrer Brust saugt.
Gewiss sollte die Frucht nicht zur Wurzel sagen: Sei wie ich, so reif und voll, und teile aus von deiner Fülle!
Denn für die Frucht ist das Geben Notwendigkeit, so wie für die Wurzel das Empfangen Notwendigkeit ist.
Ihr seid gut, wenn ihr hellwach seid in eurer Rede.

Doch seid ihr nicht böse, wenn ihr schlummert, während eure Zunge unbedacht stammelt.

Denn auch eine stockende Rede kann eure schwache Zunge stärken.

Ihr seid gut, wenn ihr festen und kühnen Schrittes euer Ziel verfolgt.

Doch seid ihr nicht schlecht, wenn ihr euch hinkend dem Ziele nähert.

Denn auch die Hinkenden gehen nicht rückwärts.

Ihr Starken und Flinken, gebt Acht, dass ihr nicht vor dem Lahmen hinkt, und es als Freundlichkeit anseht!

Ihr seid in vieler Hinsicht gut; und ihr seid nicht böse, wenn ihr nicht gut seid, sondern nur säumig und träge.

Schade, dass der Hirsch der Schildkröte nicht Schnelligkeit beibringen kann!

In eurer Sehnsucht nach eurem größeren Ich liegt euer Gutsein; und diese Sehnsucht lebt in euch allen.

Doch in einigen von euch ist sie ein reißender Strom, der sich mit Macht ins Meer stürzt, indem er die Geheimnisse der Hügel und die Lieder der Wälder mit sich trägt.

In anderen dagegen ist die Sehnsucht wie ein Rinnsal, das sich in Winkeln und Windungen verliert, bevor es das Ufer erreicht.

Wer aber viel ersehnt, sage nicht zu dem, der wenig ersehnt: Warum bist du so langsam und zögernd?

Denn der wahrhaft Gute fragt nicht den Nackten: Wo ist dein Gewand? und den Obdachlosen: Was ist mit deinem Haus geschehen?

Vom Beten

Und eine Priesterin bat: Sprich zu uns vom Beten!
Und er sagte: Ihr betet in eurer Bedrängnis und Not; möget ihr auch in der Fülle eurer Freude beten und in den Tagen des Überflusses.
Was ist das Gebet anderes als die Ausweitung eures Ichs in den lebendigen Äther.
Wenn ihr das Dunkle in euch zu eurem Trost in den Weltraum vergießt, so solltet ihr auch zu eurer Freude die Morgenröte eures Herzens dorthin verströmen lassen.
Und wenn ihr nur weinen könnt, wenn eure Seele euch zum Beten einlädt, so sollte sie euch – euren Tränen zum Trotz – so lange zum Gebet anspornen, bis ihr lacht.
Wenn ihr betet, schwingt ihr euch in den Weltraum empor, um denen zu begegnen, die zur gleichen Zeit beten und die ihr nirgendwo anders treffen könnt als im Gebet.
Möge euer Verweilen in diesem unsichtbaren Tempel reine Verzückung und süße Kommunion sein!
Doch solltet ihr diesen Tempel nur zum Bitten betreten, so werdet ihr nicht empfangen.
Und wenn ihr ihn betretet, um euch zu erniedrigen, so werdet ihr nicht erhöht werden.
Es genügt, den unsichtbaren Tempel zu betreten.
Ich kann euch nicht lehren, mit welchen Worten ihr beten sollt.
Gott hört nicht auf eure Worte – es sei denn, dass Er sie selber durch eure Lippen ausspreche.
Auch das Gebet der Meere, Wälder und Berge kann ich euch nicht beibringen.
Ihr aber, Kinder der Berge, Wälder und Meere, ihr werdet ihr Gebet in eurem Herzen finden.
Und wenn ihr in der Stille der Nacht ihrem Schweigen lauscht, so werdet ihr sie sprechen hören:

Unser Gott, der du unser beflügeltes Ich bist;
dein Wille in uns ist es, der will;
dein Wunsch in uns ist es, der wünscht;
deine Kraft in uns ist es, die unsere Nächte, die dein sind,
in Tage verwandelt, die auch dein sind.
Wir brauchen dich um nichts zu bitten, denn du kennst
unsere Bedürfnisse, noch ehe sie in uns geboren werden.
Dich allein brauchen wir; und indem du uns mehr von dir
gibst, gibst du uns alles.

Von der Sinnenfreude

Dann trat ein Einsiedler vor, der einmal im Jahr die Stadt aufsuchte, und bat: Sprich zu uns von der Sinnenfreude!
Und er sagte: Sinnenfreude ist ein Lied der Freiheit, aber nicht die Freiheit.
Sie ist die Blüte eurer Wünsche, aber nicht ihre Frucht.
Sie ist Tiefe, die nach Höhe verlangt, doch ist sie weder Tiefe noch Höhe.
Sie ist in einem Käfig gefangen und versucht, sich emporzuschwingen.
Doch sie ist nicht raumumfassend.
Wahrhaftig, die Sinnenfreude ist ein Lied der Freiheit.
Ich hörte es euch gern aus vollem Herzen singen, doch solltet ihr beim Singen nicht euer Herz verlieren.
Einige eurer jungen Leute suchen sie, als wäre sie alles, und sie werden deswegen getadelt und verurteilt.
Ich würde sie weder tadeln noch verurteilen, sondern sie suchen lassen.
Sie werden die Freude finden, aber sie wird nicht allein sein.
Denn sie hat sieben Schwestern, und die Geringste unter ihnen übertrifft die Sinnenfreude an Schönheit.

Habt ihr nicht von dem Mann gehört, der in der Erde nach Wurzeln grub und einen Schatz fand?
Einige Ältere unter euch erinnern sich mit Bedauern ihrer Sinnenfreuden, als seien sie in der Trunkenheit begangene Untaten.
Doch Bedauern ist Trübung des Geistes und keine Züchtigung.
Lieber sollten sie sich dankbar ihrer Freuden erinnern, wie man sich an eine Sommerernte erinnert.
Doch wenn ihr Bedauern sie tröstet, so lasst ihnen diesen Trost!
Andere unter euch sind weder jung genug, um zu suchen, noch alt genug, um sich zu erinnern.
Und in ihrer Furcht vor dem Suchen und Erinnern meiden sie alle Sinnenfreude, um den Geist weder zu missachten noch zu beleidigen.
Und selbst im Verzicht finden sie Freude.
So entdecken auch sie einen Schatz, auch wenn sie nur mit zitternden Händen nach Wurzeln graben.
Doch sagt mir, wer vermag es, den Geist zu beleidigen?
Vergeht sich die Nachtigall an der Stille der Nacht oder der Glühwurm am Licht der Sterne?
Wird eure Flamme oder euer Rauch dem Wind etwas aufbürden?
Haltet ihr den Geist für ein stilles Wasser, das ihr mit eurem Stecken in Bewegung bringen könnt?
Indem ihr euch eine Lust versagt, verlagert ihr das Verlangen oft nur in die dunklen Winkel eures Wesens.
Und wer weiß, ob das, was heute unterlassen wird, nicht auf morgen wartet?
Euer Körper kennt sein Erbe und seine berechtigten Bedürfnisse, und er will nicht darum betrogen werden.
Euer Körper ist die Harfe eurer Seele; an euch liegt es, ihr süße Melodien oder verworrene Töne zu entlocken.

Ihr fragt euch nun in eurem Herzen: Wie sollen wir das Gute in unserer Lust von dem unterscheiden, was nicht gut ist?
Geht hinaus auf eure Felder; ihr werdet sehen, dass es für die Biene eine Lust ist, den Honig der Blumen zu sammeln.
Ebenso ist es für die Blume eine Lust, der Biene ihren Honig zu überlassen.
Denn für die Biene ist die Blume ein Quell des Lebens.
Und für die Blume ist die Biene eine Botin der Liebe.
Für beide, für die Biene und die Blume, ist Geben und Empfangen der Sinnenfreuden zugleich Bedürfnis und Ekstase.
Leute von Orphalese, seid in eurer Lust wie Blumen und Bienen!

Von der Schönheit

Und ein Dichter trat hervor und bat: Sprich zu uns von der Schönheit!
Und er sagte: Wo solltet ihr die Schönheit suchen, und wie könntet ihr sie finden, wenn sie euch nicht selber Fährte und Wegweiser wäre!
Und wie könntet ihr über sie reden, wenn sie nicht selber eure Worte webte!
Die Enttäuschten und Verletzten sagen: Die Schönheit ist gütig und sanft. Wie eine Mutter bewegt sie sich unter uns – ihrer Herrlichkeit wegen ein wenig verlegen.
Die Leidenschaftlichen halten dagegen: Die Schönheit ist voller Macht und Schrecken!
Wie ein Sturm erschüttert sie die Erde unter uns und den Himmel über uns!
Die Müden und Matten wollen wissen: Schönheit ist ein sanftes Flüstern in unserem Geist.

Ihre Stimme fügt sich unserem Schweigen wie ein schwaches Licht, das aus Furcht vor dem Schatten zittert.
Die Ruhelosen behaupten: Wir hörten sie in den Bergen rufen.
Und ihr Rufen war begleitet von Hufeschlagen, Flügelrauschen und Löwengebrüll.
In der Nacht sagen die Wächter der Stadt: Die Schönheit wird mit der Morgenröte im Osten erscheinen.
Und die Arbeiter und Wanderer sagen zur Mittagszeit: Wir haben gesehen, wie sie sich aus den Fenstern der Abendröte über die Erde neigte.
Im Winter sagen die Eingeschneiten: Sie wird mit dem Frühling kommen und von Hügel zu Hügel hüpfen.
Und die Schnitter sagen in der Sommerhitze: Wir sahen sie mit den Herbstblättern tanzen, und Schneeflocken schmückten ihr Haar.
All dies habt ihr über die Schönheit gesagt.
In Wirklichkeit spracht ihr nicht von ihr, sondern von euren unbefriedigten Bedürfnissen.
Doch Schönheit ist kein Bedürfnis, sondern Ekstase.
Sie ist kein dürstender Mund und keine ausgestreckte leere Hand.
Vielmehr ist sie ein entflammtes Herz und eine verzauberte Seele.
Sie ist weder das Bild, das ihr sehen wollt, noch das Lied, das ihr hören wollt.
Sie ist eher ein Bild, das ihr seht, obgleich eure Augen geschlossen, und ein Lied, das ihr hört, obwohl eure Ohren verschlossen sind. Sie ist weder der Saft in schrundiger Rinde noch ein an eine Klaue gehefteter Flügel.
Vielmehr ist sie ein Garten, der immer blüht, und eine Engelschar in stetigem Flug.
Leute von Orphalese, Schönheit ist Leben, wenn es sein heiliges Antlitz entschleiert.

Doch ihr seid das Leben, und ihr seid der Schleier.
Schönheit ist Ewigkeit, die sich im Spiegel betrachtet.
Doch ihr seid die Ewigkeit, und ihr seid der Spiegel.

Von der Religion

Ein alter Priester bat: Sprich zu uns über die Religion!
Und er entgegnete: Habe ich heute denn von etwas anderem gesprochen?
Sind nicht alle Taten und jede Betrachtung Religion?
Und ist sie nicht zugleich weder Tat noch Betrachtung, sondern Wunder und Staunen, das dauernd aus der Seele quillt, auch während die Hände den Stein behauen oder den Webstuhl bedienen.
Wer kann seinen Glauben von seinen Taten trennen oder sein Vertrauen von seinen Beschäftigungen?
Wer kann seine Stunden vor sich ausbreiten und sagen: Dies ist für Gott und das für mich, oder dieses ist für meine Seele und jenes für meinen Körper.
All eure Stunden sind Flügel, die durch den Raum schweben – von Ich zu Ich.
Wer seine Moral nur als Festtagsgewand trägt, täte besser daran, nackt zu bleiben.
Wind und Sonne werden seine Haut nicht durchbohren.
Und wer seinen Lebenswandel nach Sittenlehren ausrichtet, sperrt seinen Singvogel in einen Käfig.
Das schönste und freieste Lied erklingt nicht hinter Gittern und Drahtgeflecht.
Für wen der Gottesdienst ein Fenster ist, das man beliebig öffnen und schließen kann, der ist noch nicht ins Haus seiner Seele eingekehrt, dessen Fenster von Morgenröte zu Morgenröte offen stehen.
Euer tägliches Leben ist euer Tempel und eure Religion.

Wann immer ihr ihn betretet, bringt alles von euch mit:
Bringt den Pflug und den Amboss mit, den Hammer und die Laute!
Dinge, die ihr aus Notwendigkeit oder zur Freude geschaffen habt.
Denn in eurer Frömmigkeit könnt ihr euch nicht über eure Leistungen erheben und nicht tiefer fallen als bis zu eurem Versagen.
Und nehmt alle Menschen mit euch!
In Anbetung könnt ihr nicht höher fliegen als ihre Hoffnungen noch tiefer sinken als ihre Verzweiflung.
Und wenn ihr zur Erkenntnis Gottes gelangen wollt, bildet euch nicht ein, die Rätsel lösen zu können!
Schaut euch lieber um, und ihr werdet sehen, wie Er mit euren Kindern spielt.
Schaut empor in den Weltraum, und ihr werdet ihn in den Wolken gehen sehen, wie Er seine Arme im Blitz ausbreitet und im Regen herabsteigt.
Ihr werdet sehen, wie Er in den Blumen lächelt, aufsteigt und euch aus den Bäumen zuwinkt.

Vom Tod

Dann sagte al-Mitra: Wir möchten dich nun bitten, über den Tod zu sprechen!
Und er sprach: Ihr möchtet das Geheimnis des Todes kennen.
Wie wollt ihr es kennen, wenn ihr nicht im Herzen des Lebens danach sucht?
Die Eule, deren nachtsehende Augen am Tag blind sind, kann das Geheimnis des Lichtes nicht entschleiern.
Wenn ihr wirklich den Geist des Todes betrachten wollt, so öffnet eure Herzen weit dem Körper des Lebens!

Denn Leben und Tod sind eins, so wie Fluss und Meer eins sind.
In der Tiefe eures Hoffens und Wünschens liegt euer stillschweigendes Wissen vom Jenseits.
Und dem Samen gleich, der unter dem Schnee träumt, träumt euer Herz vom Frühling.
Traut euren Träumen, denn sie zeigen euch das Tor zur Ewigkeit.

Eure Angst vor dem Tod ist nur das Zittern des Hirten, wenn er vor dem König steht, der ihm seine Hand auflegt zum Zeichen der Wertschätzung.
Ist dieser Hirte nicht unter seinem Zittern voller Freude über das Zeichen des Königs, das er trägt?
Und ist er sich deshalb seines Zitterns weniger bewusst?
Was bedeutet Sterben anderes, als nackt im Wind zu stehen und in der Sonne zu schmelzen?

Und was bedeutet das Stocken des Atems anderes als seine Befreiung vom rastlosen Auf und Ab der Gezeiten, um sich zu erheben und zu entfalten und ungehindert Gott zu suchen.
Nur wenn ihr vom Fluss des Schweigens trinkt, werdet ihr wahrhaft singen;
erst wenn ihr den Berggipfel erklommen habt, werdet ihr anfangen, emporzusteigen.
Und erst wenn die Erde eure Glieder zurückgefordert hat, werdet ihr wahrhaft tanzen.

Der Abschied

Nun war es Abend geworden.

Und die Seherin al-Mitra sagte: Gesegnet sei dieser Tag und dieser Ort und dein Geist, der zu uns gesprochen hat.

Er entgegnete: War ich es, der gesprochen hat? War ich nicht auch Zuhörer?

Dann stieg er die Stufen des Tempels hinab, und alle folgten ihm. Er erreichte sein Schiff und verweilte auf dem Deck.

Von dort wandte er sich noch einmal an die Menschenmenge und sprach:

Leute von Orphalese, der Wind gebietet mir, euch zu verlassen. Ich habe es weniger eilig als der Wind; doch muss ich aufbrechen.

Wir Wanderer, die immer den einsameren Weg suchen, wir beginnen keinen Tag, wo wir den vorausgegangenen beendet haben; und keine Morgenröte trifft uns da, wo der Sonnenuntergang uns verließ.

Selbst wenn die Erde schläft, sind wir auf Wanderschaft.

Wir sind die Samen einer beharrlichen Pflanze; in der Reife und Fülle des Herzens sind wir dem Wind anheim gegeben, der uns zerstreut.

Kurz waren meine Tage in eurer Mitte, und kürzer noch die Worte, die ich zu euch sprach.

Doch sollte meine Stimme in eurem Ohr verklingen und meine Liebe in eurer Erinnerung verblassen, dann werde ich wiederkehren.

Und ich werde zu euch sprechen mit reicherem Herzen und mit Lippen, die dem Geist willfähriger sind.

Ja, ich werde mit der Flut zurückkehren.

Wenn mich auch der Tod verbirgt und das große Schweigen mich einhüllt, so werde ich gleichwohl euer Verständnis wieder suchen.

Und ich werde nicht vergeblich suchen.

Wenn etwas von dem, was ich sagte, wahr ist, so wird sich diese Wahrheit mit klarerer Stimme offenbaren und mit Worten, die eurem Denken angemessener sind.

Ich breche auf mit dem Wind, Leute von Orphalese; doch nicht in die Leere geht meine Reise.

Und war dieser Tag keine Erfüllung eurer Bedürfnisse und meiner Liebe, so sei er Verheißung für einen anderen Tag.

Die Bedürfnisse des Menschen ändern sich, nicht aber seine Liebe, und auch nicht der Wunsch, dass diese Liebe seine Bedürfnisse befriedige.

Wisset also, dass ich aus dem größeren Schweigen zurückkehren werde.

Der Nebel, der sich beim Morgenrot auflöst und Felder und Wiesen betaut, wird aufsteigen, sich zur Wolke verdichten und wieder als Regen herabfallen.

Ich war nicht viel anders als der Nebel.

In der Stille der Nacht ging ich durch eure Straßen, und mein Geist kehrte in eure Häuser ein.

Euer Herzklopfen fand ein Echo in meinem Herzen, euer Atem berührte mein Gesicht, und ich kannte euch alle.

Ja, eure Freuden und eure Leiden kannte ich, und eures Schlafes Träume waren meine Träume.

Oft war ich unter euch wie ein See zwischen Bergen.

In mir spiegelten sich eure Gipfel, eure steilen Abhänge und die vorbeiziehenden Herden eurer Gedanken und Wünsche.

Und an meine stillen Ufer drang das Lachen eurer Kinder – Sturzbächen gleich – und – Flüssen gleich – die Sehnsucht eurer Jugendlichen.

Als diese Sturzbäche und Flüsse mein Inneres erreichten, fuhren sie fort zu singen.

Und etwas erreichte mich, das süßer ist als das Lachen und größer als die Sehnsucht.

Es war das Grenzenlose in euch;
der allumfassende Mensch, in dem ihr alle nichts als Zellen und Sehnen seid.
Gemessen an seinem Gesang ist euer Singen nichts als tonloses Klopfen.
In Ihm, dem Allumfassenden, seid auch ihr allumfassend.
Und indem ich Ihn anschaute, sah ich euch und liebte euch.
Welches Ausmaß könnte eine Liebe haben, die sich nicht im allumfassenden Raum befände?
Welche Visionen, Erwartungen und Mutmaßungen könnten sich höher aufschwingen?
Der allumfassende Mensch in euch ist wie eine riesige Eiche voller Apfelblüten.
Seine Kraft bindet euch an die Erde, sein Duft erhebt euch in den Kosmos, und in seiner Dauerhaftigkeit seid ihr unsterblich.
Euch ist gesagt worden, dass ihr – wie bei einer Kette – so schwach seid wie euer schwächstes Glied.
Doch dies ist nur die halbe Wahrheit. Ihr seid auch so stark wie euer stärkstes Glied.
Euch nach eurer geringsten Tat zu beurteilen, hieße, die Macht des Meeres nach der Zartheit seiner Gischt zu bewerten.
Euch nach euren Versäumnissen zu beurteilen, hieße, den Jahreszeiten ihre Unbeständigkeit vorzuhalten.
Wahrlich, ihr seid dem Meer gleich.
Und warten auch fest verankerte Schiffe an euren Ufern auf die Flut, so könnt ihr eure Flut dennoch nicht beschleunigen.
Und auch den Jahreszeiten gleicht ihr.
Wenn ihr auch in eurem Winter euren Lenz verleugnet, so ruht er dennoch in euch, schlaftrunken lächelnd – ohne sich verletzt zu fühlen.

Glaubt nicht, dass ich euch all dies erzähle, damit ihr einander sagt: Er lobte uns und sah nur Gutes in uns.
Ich fasse nur in Worte, was ihr in eurem tiefsten Innern wisst.
Und was ist ein in Worte gefasstes Wissen anderes als ein Schatten des wortlosen Wissens?
Eure Gedanken und meine Worte sind Wellen eines versiegelten Gedächtnisses, in dem unser Gestern aufgezeichnet ist,
ebenso wie die längst vergangenen Tage, als die Erde weder uns noch sich selbst kannte,
und die vergangenen Nächte, als auf Erden Chaos herrschte.
Weise kamen zu euch und bescherten euch von ihrer Weisheit. Ich aber kam, um mich von eurer Weisheit beschenken zu lassen.
Und seht, ich fand, was größer ist als Weisheit:
In euch flammt ein Geist, der sich immer weiter ausbreitet, während ihr – seine Ausbreitung nicht wahrnehmend – das Dahinwelken eurer Tage beklagt.
Nur das Leben, welches das Leben im Körper sucht, fürchtet das Grab.
Hier gibt es keine Gräber.
Diese Berge und Täler sind Wiege und Sprungbrett.
Immer wenn ihr an dem Flecken Erde vorüberkommt, wo ihr eure Vorfahren bestattet habt, schaut gut hin, und ihr werdet euch und eure Kinder Hand in Hand tanzen sehen.
Ja, oft seid ihr fröhlich, ohne es zu wissen.

Andere kamen zu euch mit goldenen Verheißungen, die sie an euer Vertrauen richteten; eure Gegengabe bestand nur in Reichtum, Macht und Ruhm.
Ich gab euch weniger als ein Versprechen, und doch wart ihr freigebiger zu mir.

Ihr gabt mir meinen tieferen Durst nach Leben.
Und sicher gibt es kein größeres Geschenk für einen Menschen als das, was all seine Ziele in dürstende Lippen verwandelt und sein Leben in einen sprudelnden Quell.
Und darin liegt meine Ehre und meine Belohnung:
Immer wenn ich zum Trinken an diese Quelle komme, finde ich das lebendige Wasser selber durstig.
Und während ich es trinke, trinkt es mich.
Einige von euch hielten mich für zu stolz und scheu, um Geschenke anzunehmen.
In der Tat bin ich zu stolz, um Lohn zu empfangen – nicht aber, um Geschenke anzunehmen.
Und labte ich mich auch lieber an Beeren in den Hügeln, wenn ihr mich an euren Tisch geladen hattet,
und schlief ich in der Vorhalle des Tempels, wenn ihr mich beherbergen wolltet,
so war es doch eure liebevolle Sorge um meine Tage und Nächte, die mir die Nahrung im Mund versüßte und meinen Schlaf mit Visionen bereicherte.

Am meisten segne ich euch dafür:
dass ihr viel gebt, ohne es zu wissen.
Wahrhaftig, die Freundlichkeit, die sich im Spiegel betrachtet, erstarrt zu Stein.
Und die gute Tat, die sich selber rühmende Namen zulegt, ist des Fluches Mutter.
Einige von euch haben mich unnahbar und in meine Einsamkeit vernarrt genannt.
Ihr sagtet: Er berät sich mit den Bäumen des Waldes – nicht mit den Menschen.
Er sitzt allein auf dem Bergesgipfel und schaut auf unsere Städte hinab.
Es ist wahr, dass ich die Berge erklomm und in fernen Gegenden wanderte.

Wie hätte ich euch sonst sehen können, wenn nicht aus großer Höhe oder weiter Ferne?
Und wie kann man wirklich nahe sein, wenn man nicht fern ist?
Einige unter euch rügten mich wortlos, und sie sagten: Fremder, Fremder, Liebhaber unerreichbarer Höhen, warum hältst du dich auf Bergeshöhen auf, wo Adler ihre Nester bauen?
Warum suchst du das Unerreichbare?
Welche Stürme willst du in deinem Nest einfangen? Und welche Nebelvögel willst du am Himmel jagen?
Komm, und sei einer von uns!
Steig herab! Stille deinen Hunger an unserem Brot, und lösche deinen Durst mit unserem Wein!
So sprachen sie in der Einsamkeit ihrer Seelen.
Doch wäre ihre Einsamkeit tiefer gewesen, so hätten sie gewusst, dass ich nichts anderes suchte als das Geheimnis eurer Freuden und Leiden.
Ich jagte nur nach eurem größeren Ich, das am Himmel schwebt.
Und der Jäger war zugleich der Gejagte; denn viele meiner Pfeile verließen meinen Bogen, um auf meine eigene Brust zu zielen.
Und der Fliegende war auch der Kriechende; denn als ich meine Flügel in der Sonne ausbreitete, war ihr Schatten auf der Erde eine Schildkröte.
Und der Gläubige war zugleich ein Zweifelnder; denn oft legte ich den Finger in meine Wunde, damit mein Glaube an euch erstarke und mein Wissen über euch zunehme.
Mit diesem Glauben und diesem Wissen sage ich euch:
Ihr seid nicht gefangen in eurem Körper und nicht eingesperrt in eure Häuser und Höfe.
Euer wahres Ich wohnt über den Bergen und streift mit dem Wind umher.

Euer Ich ist kein Wesen, das in die Sonne kriecht, um sich zu wärmen, oder Höhlen ins Dunkle gräbt, um sich zu schützen.
Es ist vielmehr ein freies Wesen, ein Geist, der die Erde umgibt und sich im Äther bewegt.
Sind diese Worte unklar, so sucht nicht nach Erklärungen!
Unklar und nebelhaft ist der Beginn aller Dinge – nicht aber ihr Ende.
Es wäre mir lieb, ihr würdet mich als Anfang erinnern.
Das Leben und alles, was lebt, wird im Nebel empfangen – nicht im Kristall.
Und wer weiß, vielleicht ist der Kristall nichts anderes als erstarrter Nebel.
Möget ihr euch an Folgendes erinnern, wenn ihr meiner gedenkt:
Was in euch am schwächsten und verworrensten erscheint, ist das Stärkste und Entschiedenste.
Ist es nicht euer Atem, der euer Rückgrat aufrecht hält und stärkt? Und ist es nicht ein Traum, an den sich niemand mehr erinnert, der eure Stadt aufbaute und alles schuf, was in ihr ist?
Könntet ihr nur die Fluten dieses Atems sehen, ihr würdet alles andere keines Blickes mehr würdigen.
Und könntet ihr das Flüstern dieses Traumes vernehmen, so würdet ihr nichts anderes mehr hören wollen.
Doch ihr seht nicht, und ihr hört nicht, und das ist gut so.
Der Schleier, der eure Augen bedeckt, wird gelüftet werden von den Händen, die ihn woben.
Und der Lehm, der eure Ohren verstopft, wird durchbohrt werden von den Fingern, die ihn kneteten.
Ihr werdet sehen;
und ihr werdet hören.
Doch ihr werdet weder bedauern, dass ihr blind wart, noch beklagen, dass ihr taub wart.

Denn der Sinn, der sich hinter allen Dingen verbirgt, wird euch an jenem Tag offenbar werden.
Und ihr werdet die Dunkelheit ebenso segnen, wie ihr das Licht segnet.

Nachdem er dies gesagt hatte, blickte er sich um, und er sah den Lotsen seines Schiffes am Steuerrad stehen und bald auf die Segel, bald in die Ferne blicken.
Und er sagte: Geduldig, überaus geduldig ist der Steuermann meines Schiffes.
Der Wind weht, und rastlos flattern die Segel;
und das Steuerruder will betätigt werden;
dennoch wartet er geduldig, bis ich schweige.
Und diese Seeleute, die den Ruf der weiten See vernommen haben, auch sie hörten mir geduldig zu.
Nun aber sollen sie nicht länger warten müssen.
Ich bin bereit.
Der Strom hat das Meer erreicht, und wieder hält die große Mutter ihren Sohn an ihrer Brust.

Lebt wohl, Leute von Orphalese!
Dieser Tag ist zu Ende.
Er schließt sich über uns, wie sich die Wasserlilie bis zum nächsten Morgen schließt.
Was er uns brachte, werden wir im Gedächtnis aufbewahren.
Und wenn es nicht genügt, werden wir wieder zusammenkommen und unsere Hände nach dem Geber ausstrecken.
Vergesst nicht, dass ich zu euch zurückkehren werde!
Eine kleine Weile noch, ein kurzes Rasten auf dem Wind, und eine andere Frau wird mich gebären.
Lebt wohl, Leute von Orphalese und du, Zeit der Jugend, die ich bei euch verbrachte.
Erst gestern begegneten wir uns im Traum.

Ihr sanget für mich in meiner Einsamkeit, und ich baute aus eurer Sehnsucht einen Turm in den Himmel.
Doch nun ist unser Schlaf entflohen, unser Traum ist aus, und die Morgendämmerung ist schon vorüber.
Es ist Mittagszeit; aus unserem Halbschlaf wurde ein heller Tag, und wir müssen Abschied nehmen.
Wenn wir uns im Dämmerlicht der Erinnerung wieder begegnen, werden wir wieder miteinander reden, und ihr werdet mir ein tieferes Lied singen.
Und wenn sich unsere Hände im Traum begegnen, werden wir einen anderen Turm in den Himmel bauen.
Indem er dies sagte, gab er den Seeleuten ein Zeichen, und sogleich lichteten sie den Anker, lösten die Vertäuung und brachen gen Osten auf.
Da erhob sich aus der Menschenmenge ein Schrei wie aus einer Brust, stieg in die Dämmerung auf und ergoss sich wie ein gewaltiger Fanfarenstoß über das Meer.
Nur al-Mitra schaute schweigend dem Schiff nach, bis der Nebel es aufgenommen hatte.
Und als sich die Menschenmenge zerstreut hatte, stand sie immer noch einsam am Strand, und in ihrem Herzen erinnerte sie sich seiner Worte:
»Eine kleine Weile noch, ein kurzes Rasten auf dem Wind, und eine andere Frau wird mich gebären.«

Nachwort

Am 9. November 1919 schreibt Gibran in einem langen Brief an seine in Ägypten lebende libanesische Brieffreundin May Ziade bezüglich des *Propheten*: »Es ist ein Buch, das ich seit tausend Jahren zu schreiben beabsichtige, doch bis jetzt habe ich noch kein einziges Kapitel zu Papier gebracht. Was soll ich über den Propheten sagen? Er ist meine zweite Geburt und meine erste Taufe. Er ist der einzige Gedanke in mir, der mich würdig machen wird, vor dem Angesicht der Sonne zu stehen. Dieser Prophet zeugte mich, bevor ich ihn zeugte, und er schrieb mich, bevor ich ihn schrieb.« (Liebesbriefe 45)
Einen Tag zuvor hatte er zu Mary Haskell bei einem ihrer Besuche in seiner Eremitage in New York gesagt: »Der Prophet ist die größte Herausforderung meines Lebens. All die vergangenen 36 Jahre hatten nur die eine Aufgabe, ihn hervorzubringen ... Ich hatte ihn schon mit 16 Jahren skizziert. Er ist gebildet aus dem, was in meinem inneren Leben am kostbarsten ist. Er ist immer in mir, doch ich kann ihm nicht vorschreiben, sich zu beeilen. Ich kann ihn nicht früher schreiben, als es nötig ist.« (T. M. H. 8. November 1919)
Sein Biograf Dahdah berichtet davon, wie Gibran seiner kranken Mutter aus seinen Skizzen für den *Propheten* vorgelesen hatte, die damals noch auf Arabisch geschrieben waren und den Arbeitstitel *Damit das Universum gut sei* trugen. Seine Mutter soll ihm nach der Lektüre geraten haben, seine Gedanken noch reifen zu lassen und mehr Lebenserfahrung zu sammeln. Mit visionären Worten fuhr sie fort: »Gewiss wirst du dieses Buch veröffentlichen, aber

erst mit 35 Jahren wirst du beginnen, es zu schreiben.«
(Dahdah 140)
Tatsächlich beginnt Gibran – wie von seiner Mutter vorhergesagt – im Jahre 1919, also mit 36 Jahren, mit der Arbeit am *Propheten*. Sowohl an den Texten als auch an den Bildern, und er widmet ihm bis zum Erscheinen des Buches seine ganze Arbeitskraft. Im Erntemonat Jellul (September) ist es endlich soweit, und das Buch erscheint im Verlag Alfred A. Knopf, nachdem der Verleger in den letzten Monaten immer mehr Druck auf ihn ausüben musste. Im Laufe der Zeit hatte Gibran den Titel dieses Buches viermal verändert. Zuletzt trug es noch den Titel *Ratschläge*, und nun erschien es schließlich unter dem Titel *Der Prophet*. Ob er sich dabei an seine erste Liebe erinnert hat, an die Dichterin Josephine Peabody, die ihn ihren »Propheten« nannte und ihm ein Gedicht unter diesem Titel gewidmet hatte?
Wie bei allen seinen englischsprachigen Werken hatte Mary Haskell Korrektur gelesen, die Gibran aber nicht unwidersprochen hinnahm, besonders wenn es sich nicht auf das rein Sprachliche bezog. Im Brief vom 17. April 1923 schreibt er ihr: »Es war sehr nett von dir, dass du den Vordruck des Propheten mit so viel Liebe durchgesehen hast ... Die Korrektur der Zeichensetzung, die Änderung einiger Ausdrücke, die Wechsel von ›aber‹ zu ›und‹ sowie das Streichen einiger ›und‹ – all diese Dinge sind ganz richtig. Das einzige, worüber ich lange nachdachte und das ich nicht recht einsehe, ist die neue Anordnung der Abschnitte.« (Geliebte Mary 113)
Der Erfolg des *Propheten* stellt sich gleich nach Erscheinen des Buches ein. Im ersten Monat werden 1500 Exemplare verkauft. Blanche Knopf, die Frau des Verlegers, informiert Gibran, dass sich der Prophet großartig verkaufe. Viele Jahre hintereinander stand der Prophet auf dem Platz des erfolgreichsten Bestsellers im ganzen Land. Im Februar 1926

schreibt Gibran seinem Übersetzer Antonios Bachir, der den *Propheten* ins Arabische übertragen hat, dass die 10. Auflage des *Propheten* erscheint und dass er bereits in elf europäische Sprachen übersetzt wurde. (Najjar 914) Im Jahre 1973 erschien zum 50. Jahrestag des Erscheinens im Verlag Alfred A. Knopf das viermillionste Exemplar des *Propheten*, und er wurde bis dahin in 40 Sprachen übertragen. (Dahdah 451)

Der Erfolg drückt sich nicht nur in den Verkaufszahlen aus. Zu Ehren Gibrans werden in Amerika große Empfänge gegeben, er wird sogar von der Familie Roosevelt eingeladen, um Lesungen gebeten und erhält zahlreiche Fanpost. Sogar die Königin von Rumänien schickt ihm einen Brief, in dem sie ihrer Bewunderung Ausdruck verleiht. (Dahdah 452) Zeitungen und Zeitschriften würdigen das Werk. Die *Chicago Evening Post* schreibt: »Die Wahrheit ist da: eine Wahrheit, die mit der ganzen Musik, der Schönheit und dem Idealismus eines Syrers zum Ausdruck gebracht wird ... Khalil Gibran hat keine Hemmung, Idealist zu sein in einer Epoche voller Zynismus.« Und die *London Times* bezeichnet den *Propheten* als das Beste, was es im christlichen und buddhistischen Gedankengut gibt. (Dahdah 452)

Wie kommt es zu diesem sensationellen Erfolg des *Propheten*? Für Bushrui, den Biografen und Kenner Gibrans, begegnen sich in diesem Buch Ost und West in nie dagewesener Weise. Der Protagonist Al-Mustapha stellt gleichzeitig Muhammad und Jesus dar, und in seiner zeitlosen Botschaft vereinen sich die Lehren des Christentums und des Islam. (Bushrui, Jenkins 228) Mary Haskell erinnert die Botschaft des *Propheten* an die der Bergpredigt. (T. M. H. 1921)

Der Name des Protagonisten, »Al-Mustapha«, bedeutet »der Erwählte« und ist ein Beiname des islamischen Propheten, vor allem bei den Sufis. Der Name der Heldin »Al-

Mitra« leitet sich von »Mithras« ab. Mitra, der Inder oder Mithra, der Iraner oder Mithras, der Römer sind alle Mittler zwischen den Göttern und den Menschen, so wie Al-Mitra in *Der Prophet* zwischen Al-Mustapha und dem Volk von Orphalese vermittelt (Dahdah 434), bei dem Al-Mustapha zwölf Jahre seines Lebens verbracht hat. Es ist die gleiche Zeitspanne, die Gibran bis zum Erscheinen des *Propheten* in New York lebte. Der *Prophet* verkündet also eine universelle Weisheit, welche die konfessionellen Grenzen überschreitet. Gerade in Zeiten, in denen Staat und Kirche an Macht und Einfluss verlieren, hat Gibrans Prophet Hochkonjunktur als überparteilicher Weisheitslehrer. Nicht umsonst wurden seine Texte gerne bei Taufen, Hochzeiten und Begräbnissen gelesen.

Mary behielt Recht mit ihrer Prophezeiung: »Dieses Buch wird zu den Schätzen der englischsprachigen Literatur gehören … Die Generationen werden nicht müde werden, es zu lesen. Eine Generation nach der anderen wird darin finden, was sie gerne sein würde. Dieses Buch wird mehr und mehr geliebt werden, in dem Maße, wie die Menschen reifer werden.« (Dahdah 454)

Jesus Menschensohn

Inhalt

Jakobus, der Sohn des Zebedäus
123

Anna, die Mutter Marias
127

Assaf, genannt der Redner von Tyros
129

Maria Magdalena
131

Philemon, ein griechischer Apotheker
134

Simon, genannt Petrus
135

Kaiphas, der Hohepriester
140

Johanna, die Frau von Herodes' Verwalter
141

Rafka, die Braut von Kana
142

Ein persischer Philosoph
144

David, einer Seiner Jünger
146

Lukas
147

Matthäus, die Bergpredigt
149

Johannes, der Sohn des Zebedäus
152

Ein junger Priester in Kapharnaum
155

Ein reicher Levit aus der Umgebung von Nazareth
156

Ein Schäfer aus dem Südlibanon
157

Johannes der Täufer zu einem seiner Jünger
159

Joseph von Arimathäa
161

Nathaniel
165

Saba von Antiochien
167

Salome zu einer Freundin
168

Rachel, eine Jüngerin
171

Kleophas aus Batrun
173

Naaman von den Gadarenern, ein Freund Stephanus'
175

Thomas
176

Elmadam, der Logiker
178

Eine der Marien
179

Rumanos, ein griechischer Dichter
179

Levi, ein Jünger
181

Eine Witwe in Galiläa
183

Judas, ein Vetter Jesu
184

Ein Mann aus der Wüste
186

Petrus
188

Malachias von Babylon, ein Astronom
189

Ein Philosoph
191

Uriah, ein alter Mann aus Nazareth
192

Nikodemus, ein Dichter, der Jüngste im Ältestenrat
194

Joseph von Arimathäa, zehn Jahre später
197

Georgus von Beirut
197

Maria Magdalena
199

Jotham von Nazareth zu einem Römer
200

Ephraim von Jericho
201

Barka, ein Kaufmann aus Tyros
202

Pumia, die Hohepriesterin von Sidon
zu anderen Priesterinnen
203

Benjamin, der Schriftgelehrte
206

Zachäus
207

Jonathan
208

Anna von Bethsaida im Jahre 73
210

Manesse, ein Rechtsanwalt in Jerusalem
213

Jephta von Cäsarea
214

Johannes, der geliebte Jünger in seinem Alter
216

Mannus aus Pompeji zu einem Griechen
217

Pontius Pilatus
219

Bartholomäus von Ephesus
222

Matthäus
224

Andreas
225

Ein reicher Mann
227

Johannes auf Patmos
228

Petrus
231

Ein Schuster in Jerusalem
232

Susanne von Nazareth, eine Nachbarin Marias
232

Joseph, genannt Justus
241

Philippus
241

Barbara von Yammuni
243

Die Frau des Pilatus an eine römische Dame
243

Ein Mann aus der Umgebung Jerusalems über Judas
244

Sarkis, ein alter griechischer Hirte, genannt der Narr
248

Annas, der Hohepriester
250

Eine Frau, eine der Nachbarinnen Marias
251

Achaz, der stattliche Gastwirt
252

Barabbas: die letzten Worte Jesu
255

Claudius, ein römischer Wachposten
256

Jakobus, der Bruder des Herrn: das letzte Abendmahl
258

Simon von Cyrene
264

Ciborea, die Mutter Judas'
265

Die Frau von Byblos, ein Klagelied
267

Maria Magdalena, dreißig Jahre später
268

Ein Mann aus dem Libanon,
neunzehn Jahrhunderte später
270

Jakobus, der Sohn des Zebedäus

An einem Frühlingstag stand Jesus auf dem Marktplatz von Jerusalem und sprach zu der Menge, die sich dort versammelt hatte, vom Himmelreich.
Dabei warf Er den Schriftgelehrten und Pharisäern vor, denen Fallen zu stellen und Hindernisse in den Weg zu legen, die sich nach dem Himmelreich sehnen. Und Er verurteilte ihr Verhalten.
In der Menge befand sich eine Gruppe von Männern, die für die Pharisäer und Schriftgelehrten Partei ergriff, und sie versuchten, Jesus und uns festzunehmen.
Er aber wich ihnen aus und entfernte sich zum Nordtor der Stadt. Da sagte Er zu uns: »Meine Stunde ist noch nicht gekommen. Ich habe euch noch so vieles zu sagen und so viel zu tun, bevor ich mich der Welt ausliefere.«
Und mit heiterer Stimme fuhr Er fort: »Lasst uns das Land im Norden aufsuchen und dort den Frühling willkommen heißen! Steigen wir auf die Berge des Libanon, denn der Winter ist vergangen; der Schnee fließt in die Täler hinab und stimmt ein in den Singsang der Flüsse und Bäche.
Felder und Weingärten erwachen aus ihrem Winterschlaf und begrüßen die Sonne mit grünen Feigen und süßen Trauben.«
Er ging vor uns her; wir folgten Ihm, und wir waren zwei Tage lang unterwegs.
Am Nachmittag des dritten Tages erreichten wir den Gipfel des Berges Hermon. Da blieb Er stehen und schaute auf die Dörfer und Siedlungen in den Tälern. Und Sein Gesicht leuchtete wie flüssiges Gold.
Er streckte Seinen Arm aus, zeigte auf die Täler und sagte:

»Betrachtet die Erde in ihrem grünen Gewand und seht, wie die Flüsse den Saum ihres Gewandes versilbern! Wahrlich, die Erde ist schön, und schön ist alles, was sie enthält. Hinter all dem aber, was sich euren Augen zeigt, liegt ein anderes Königreich, in dem ich herrschen werde. Und wenn es euer Wille und Wunsch ist, werdet auch ihr dort sein und mit mir herrschen.

Mein Gesicht und eure Gesichter werden keine Masken tragen, und unsere Hände werden weder Schwert noch Zepter halten; die Bewohner unseres Reiches werden in Frieden leben, und statt uns zu fürchten, werden sie uns lieben.«

Als ich Jesus so sprechen hörte, fühlte ich, dass ich blind geworden war für alle Königreiche der Welt und sämtliche Städte aus Mauern und Türmen; mein Herz hegte nur noch den einen Wunsch, dem Meister in Sein Königreich zu folgen.

In diesem Augenblick trat Judas Iskariot vor Jesus hin und sagte:

»Vergiss nicht, Meister, dass die Reiche der Welt unermesslich sind und dass die Städte Davids und Salomos den Sieg über die Römer davontragen müssen. Wenn du der König der Juden sein willst, stehen wir dir mit Schwert und Schild zur Seite, und wir werden den Feind bezwingen.«

Als Jesus diese Worte hörte, spiegelte sich Zorn in Seinem Gesicht. Er sah Judas an und entgegnete ihm mit einer Stimme, die dem Donner glich:

»Geh hinweg, Satan! Glaubst du, dass ich aus Ewigkeiten hinabstieg, um einen Tag lang einen Ameisenhaufen zu regieren? Mein Thron steht weit höher, als deine Vorstellungen zu reichen vermögen.

Sucht derjenige, dessen Schwingen die Erde umfangen, Zuflucht in einem verlassenen und vergessenen Nest?

Trachtet der Lebendige nach Ehrerbietung und Lobpreis derer, die in Leichentücher gehüllt sind?
Mein Königreich ist nicht von dieser Welt, und mein Thron steht nicht auf den Schädeln eurer Vorfahren.
Wenn ihr anderes erstrebt als das Königreich des Geistes, dann ist es besser, ihr verlasst mich sofort und steigt in die Totengrüfte hinab, wo die gekrönten Häupter von einst Hof halten und den Gebeinen eurer Vorväter Ehre erweisen.
Versucht nicht, mich zu einer Krone aus Blech zu überreden!
Meine Stirn verlangt nach den Pleiaden oder nach euren Dornen.
Wahrlich, wäre nicht dieser Traum eines verlorenen Geschlechts, ich würde es nicht dulden, dass eure Sonne über meiner Langmut aufgeht und dass euer Mond meinen Schatten auf eure Wege wirft. Hätte es nicht den Wunsch im Herzen einer Mutter gegeben, ich hätte meine Windeln abgelegt und wäre in den Kosmos zurückgekehrt. Und könnte ich nicht den Kummer in euren Blicken lesen, so würde ich meine Tränen nicht zurückhalten.
Wer bist du, und was bist du, Judas Iskariot? Warum suchst du mich zu verführen?
Hast du mich gewogen, und bist du zu dem Schluss gekommen, dass ich mich dazu eigne, Legionen von Zwergen anzuführen und ihre Streitwagen gegen einen Feind zu richten, der bloß in eurem Hass sein Lager aufgeschlagen hat und nur in eurer Angst aufmarschiert?
Zahllos sind die Würmer zu meinen Füßen, aber ich werde nicht gegen sie zu Felde ziehen. Solche Possen öden mich an, ebenso wie ich es leid bin, die Kriecher zu bemitleiden, die mich für einen Feigling halten, da ich mich nicht in ihren bewachten Mauern und Festungen aufhalte. Wie bedauernswert, dass ich ohne Ende Mitleid empfinden muss!

Könnte ich meine Schritte in eine weitere Welt lenken, wo großmütigere und hochherzigere Menschen leben! Doch wie sollte ich das tun?
Eure Priester und eure Herrscher verlangen mein Blut. Sie werden Genugtuung erhalten, bevor ich von hier weggehe.
Weder will ich den Lauf des Gesetzes ändern, noch habe ich vor, die Torheit zu regieren.
Soll die Unwissenheit sich fortpflanzen, bis sie ihrer eigenen Produktion überdrüssig ist!
Sollen die Blinden Blinde in den Abgrund führen!
Und sollen die Toten Tote begraben, bis die Erde an ihren bitteren Früchten erstickt!
Mein Reich ist nicht von dieser Welt. Mein Reich ist da, wo sich zwei oder drei von euch in Liebe versammeln, über die Schönheit der Schöpfung staunen, sich freuen und meiner gedenken.«
Und sich an Judas wendend fuhr Er fort: »Hinweg, Mann! Dein Reich wird niemals zu meinem Königreich gehören.«
Als der Abend dämmerte, forderte Er uns auf: »Lasst uns hinabsteigen, denn die Nacht bricht an! Gehen wir im Licht, solange es noch scheint!« Er stieg den Berg hinab; wir begleiteten Ihn, und Judas folgte uns mit großem Abstand.
Nach einer Weile sagte Thomas, der Sohn des Diaphanes: »Meister, es ist vollends Nacht geworden, und wir können den Weg vor uns nicht mehr erkennen. Wenn du willst, führe uns zu den Lichtern jener Ortschaft, damit wir Nahrung und Unterkunft finden.«
Jesus erwiderte ihm: »Ich habe euch hungrig auf den Gipfel geführt, und nun führe ich euch mit noch größerem Hunger ins Tal zurück. Doch diese Nacht kann ich nicht bei euch bleiben, denn ich möchte alleine sein.«
Da trat Simon Petrus vor Ihn hin und sagte: »Meister, lass uns nicht alleine im Dunkeln gehen! Lass uns beisammen-

bleiben auf diesem einsamen Pfad! Die Schatten der Finsternis werden nicht mehr lange anhalten; bald wird das Morgenrot erscheinen, wenn du nur bei uns bleibst!«

Jesus antwortete: »In dieser Nacht haben die Füchse ihre Höhlen und die Vögel der Lüfte ihre Nester, nur der Menschensohn hat nichts auf der Erde, wohin Er sein Haupt legen könnte. Lasst mich in dieser Nacht alleine! Wenn ihr mich braucht, findet ihr mich am See, wo wir uns begegnet sind.«

Gegen unseren Willen und schweren Herzens trennten wir uns von Ihm. Oftmals hielten wir an und schauten Ihm nach, und wir sahen Ihn in majestätischer Einsamkeit dem Sonnenuntergang entgegengehen.

Der einzige von uns, der sich nicht nach Ihm umblickte, um Ihn in Seiner würdevollen Einsamkeit zu bewundern, war Judas Iskariot. Von diesem Tag an wurde er finster und verschlossen. Und es schien mir, als lauere eine Gefahr in seinen Augenhöhlen.

Anna, die Mutter Marias

Jesus, der Sohn meiner Tochter, wurde im Januar hier in Nazareth geboren. In der Nacht, als Er zur Welt kam, hatten wir Männer aus dem Osten zu Gast. Es waren Perser, die nach Esdralon zogen und sich den Karawanen der Medianiter auf ihrem Weg nach Ägypten angeschlossen hatten. Da sie im Gasthof keine Zimmer gefunden hatten, baten sie um Unterkunft in unserem Haus.

Ich hieß sie willkommen und sagte: »Meine Tochter hat in dieser Nacht einem Sohn das Leben geschenkt. So seht es mir nach, wenn ich mich nicht mit ungeteilter Aufmerksamkeit den Pflichten einer Gastgeberin widmen kann.«

Sie bedankten sich für die Aufnahme. Und nachdem sie zu

Abend gegessen hatten, sagten sie: »Wir würden gerne das Neugeborene sehen.«

Marias Sohn war außergewöhnlich schön, und auch sie war anmutig anzusehen.

Als die Perser Maria und ihr Kind sahen, holten sie Gold und Silber aus ihren Taschen sowie Myrrhe und Weihrauch und legten dem Kind alles zu Füßen.

Dann fielen sie nieder und beteten in einer Sprache, die wir nicht verstehen konnten. Als ich sie zu ihrer Schlafkammer führte, die ich für sie hergerichtet hatte, waren sie von Ehrfurcht und Scheu ergriffen.

Am frühen Morgen brachen sie auf, um mit der Karawane weiterzuziehen. Beim Abschied sagten sie zu mir:

»Das Kind ist erst einen Tag alt, aber wir sahen das Licht unseres Gottes in Seinen Augen und das Lächeln unseres Gottes auf Seinen Lippen. Wir bitten euch, behütet Es, damit Es euch alle schützt!« Dann stiegen sie auf ihre Kamele und zogen fort, und wir sahen sie nie wieder.

Maria empfand für ihren Erstgeborenen viel mehr Staunen und Verwunderung als Freude oder Glück. Sie konnte ihr Kind lange ansehen, dann schaute sie durchs Fenster und starrte in den Himmel, als ob ihr eine Vision erschiene.

Und dann lagen weite Täler zwischen ihrem Herzen und dem meinen.

Der Junge nahm zu an Größe und Geist, und Er war anders als die übrigen Kinder; Er liebte die Zurückgezogenheit, war eigenwillig und ließ sich von mir nicht belehren.

Doch alle liebten Ihn in Nazareth, und mein Herz weiß, warum. Oft nahm Er von unserem Essen und teilte es den Vorübergehenden aus, oder Er schenkte den Kindern die Süßigkeiten, die Er von mir erhalten hatte, ohne selbst davon zu kosten.

Er kletterte auf die Bäume meines Obstgartens, aber die

Früchte, die Er pflückte, waren nie für Ihn selber bestimmt. Wenn Er mit anderen Jungen um die Wette lief und einen Vorsprung hatte, so verlangsamte Er absichtlich Sein Tempo, so dass sie vor Ihm das Ziel erreichten.

Und wenn ich Ihn zu Bett brachte, sagte Er manchmal zu mir: »Sag meiner Mutter und den anderen, dass sich nur mein Körper zur Ruhe legt; im Geiste werde ich bei ihnen sein, bis ihr Geist meinen Morgen berührt.«

Viele solcher erstaunlichen Worte gab Er von sich, als Er noch ein Junge war, doch ich bin zu alt, um mich an alle zu erinnern. Und nun sagt man mir, dass ich Ihn nie wieder sehen werde. Aber wie könnte ich glauben, was sie sagen?

Ich höre noch Sein Lachen und Seine Schritte, wenn Er ums Haus lief.

Immer wenn ich die Wangen meiner Tochter küsse, dringt Sein Duft in mein Herz, und es ist mir, als hielte ich Ihn wieder in meinen Armen.

Ist es nicht merkwürdig, dass meine Tochter nicht mit mir über ihren Erstgeborenen spricht? Manchmal habe ich den Eindruck, dass meine Sehnsucht nach Ihm größer ist als ihre.

In diesen Tagen hält sie sich aufrecht wie eine Bronzestatue, während mein Herz dahinschmilzt und sich in lauter Rinnsale auflöst.

Vielleicht weiß sie etwas, was ich nicht weiß. Wie sehr wünschte ich mir, sie würde mir ihr Geheimnis anvertrauen.

Assaf, genannt der Redner von Tyros

Was soll ich über Seine Reden sagen? Vielleicht gab es etwas in Seiner Person, das Seinen Worten Macht verlieh und Seine Zuhörer in Bann schlug? Denn Er war schön, und

der Glanz des Tages lag auf Seinem Gesicht. Ich vermute, die Männer und Frauen ließen sich vielmehr durch Seine Erscheinung beeindrucken als durch Seine Argumente. Manchmal jedoch sprach Er mit der Überzeugungskraft eines Geistes, der sich als Autorität auswies.
In meiner Jugend hörte ich die großen Redner Roms, Athens und Alexandriens. Der junge Nazaräer unterschied sich von ihnen allen. Jene setzten ihre Worte so, dass sie die Ohren ergötzten. Wenn man Ihm dagegen zuhörte, hatte man den Eindruck, als verließe einen das eigene Herz, um in bisher ungeahnten Gegenden auf Wanderschaft zu gehen. Er erzählte eine Geschichte oder ein Gleichnis, wie man dergleichen nie in Syrien gehört hatte. Er schien sie aus den Jahreszeiten zu weben, ebenso wie die Zeit Jahre und Generationen webt.
Er begann Seine Geschichten folgendermaßen:
»Ein Bauer ging aufs Feld, um zu säen...«, oder: »Es war einmal ein reicher Mann, der etliche Weinberge besaß...«, oder: »Ein Hirte zählte am Abend die Schafe seiner Herde und stellte fest, dass ein Schaf fehlte...«
Diese Worte versetzten Seine Zuhörer in ihre eigene, vertraute Umgebung und in die gute alte Zeit ihrer Väter.
Im Grunde sind wir ja alle Bauern und haben etwas übrig für Weingärten; der Hirte, die Herde und das verlorene Schaf leben in den Gefilden unserer Erinnerung ebenso wie die Pflugschar, die Weinkelter und die Tenne.
Er kannte die Quellen unserer Vergangenheit und den unveränderlichen Faden, aus dem wir gesponnen sind.
Die griechischen und römischen Redner sprachen von einem Leben, wie es sich dem Verstand präsentiert. Der Nazaräer hingegen sprach von einer Sehnsucht, die im Menschenherzen wohnt. Jene sahen das Leben mit Augen, die ein wenig scharfsichtiger waren als eure und meine, während Er das Leben im Lichte Gottes sah.

Wenn Er sich an die Menge wandte und sprach, hatte ich oft den Eindruck, als würde sich ein Gebirge an die umliegenden Täler wenden. Seine Worte besaßen eine Macht, die den Rednern von Rom und Athen abging.

Maria Magdalena

Es war im Monat Juni, da sah ich Ihn zum ersten Mal. Er durchquerte die Kornfelder, als ich mit meinen jungen Begleiterinnen Seinen Weg kreuzte. Er war alleine.
Der Rhythmus Seiner Schritte war nicht wie der anderer Menschen, und die Bewegungen Seines Körpers glichen in nichts denen, die ich bereits gesehen hatte. Menschen schreiten nicht in dieser Weise über die Erde. Und jetzt könnte ich nicht einmal sagen, ob Er schnell oder langsam ging.
Meine Begleiterinnen deuteten mit dem Finger auf Ihn und unterhielten sich flüsternd über Ihn. Ich hielt meine Schritte an und hob die Hand, um Ihn zu grüßen. Doch Er wandte mir Sein Gesicht nicht zu und erwiderte meinen Gruß nicht. Da hasste ich Ihn, denn ich fühlte mich zurückgewiesen und ohne Schutz. Mir war kalt, als ob ich ein Bad im Schnee genommen hätte, und ich zitterte.
Jene Nacht sah ich Ihn im Traum, und man berichtete mir am Morgen, dass ich im Schlaf geschrien und mich auf meinem Lager hin- und hergeworfen hätte.
Im August sah ich Ihn wieder, und zwar durch das Fenster meines Zimmers. Er saß in meinem Garten im Schatten der Zypresse; aufrecht saß Er und unbeweglich, als ob man Ihn in Stein gehauen hätte wie die Statuen Antiochiens oder anderer Städte des Nordens.
Meine ägyptische Sklavin kam und sagte: »Dieser Mann ist wieder da. Er sitzt in eurem Garten.«

Ich betrachtete Ihn durchs Fenster, und meine Seele zitterte, denn Er war schön. Sein Körper war makellos, und jeder Körperteil schien in jeden anderen Teil Seines Körpers verliebt zu sein. Da legte ich meine damaszenischen Gewänder an, verließ mein Haus und näherte mich Ihm.

War es meine Einsamkeit oder Sein Wohlgeruch, die mich so nach Ihm hinzogen? War es der Hunger in meinen Augen, die sich nach Schönheit sehnten, oder war es Seine Schönheit, die meine Augen suchten? Bis jetzt weiß ich es nicht.

Ich näherte mich Ihm in meinem parfümierten Gewand und meinen goldenen Sandalen, den Sandalen, die der römische Hauptmann mir geschenkt hatte..., ja, mit diesen Sandalen.

Als ich ganz in Seiner Nähe war, sagte ich zu Ihm: »Der Friede sei mit dir!« Und Er antwortete mir: »Der Friede sei mit dir, Miriam!« Er blickte mich an mit Seinen Augen der Nacht, wie kein Mann mich je angeschaut hatte. Ich fühlte mich plötzlich wie nackt und schämte mich. Und dabei hatte Er nur gesagt: »Der Friede sei mit dir, Miriam!« Ich fragte Ihn: »Willst du nicht in mein Haus eintreten?« Und Er antwortete: »Bin ich nicht in deinem Haus?«

Damals verstand ich nicht, was Er damit sagen wollte, aber jetzt verstehe ich.

Wieder lud ich Ihn ein: »Willst du nicht Wein und Brot mit mir teilen?« Er erwiderte: »Doch, Miriam, aber nicht jetzt.« »Nicht jetzt«, sagte Er, und die Stimme des Meeres war in diesen beiden Worten und die Stimme der Winde und der Bäume. Und als Er sie an mich richtete, sprach das Leben zum Tod.

Denn wisse, mein Freund, ich war tot. Ich war eine Frau, die sich von ihrer Seele getrennt hatte. Ich lebte getrennt von diesem ›Ich‹, das du jetzt vor dir siehst. Ich gehörte allen Männern und keinem. Man nannte mich eine Dirne und eine Frau, die von sieben Dämonen besessen ist. Ich wurde verflucht und beneidet. Aber als Seine Augen der Morgenröte in meine Augen blickten, wurden alle Sterne meiner Nacht überstrahlt, und ich wurde Miriam, einfach Miriam, eine Frau, die für die Welt verloren war, die sie gekannt hatte und die sich auf einer neuen Erde wiederfand.

Ich sagte zu Ihm: »Tritt ein in mein Haus und teile mit mir Brot und Wein!« Er fragte mich: »Warum lädst du mich ein, dein Gast zu sein?« Ich aber bat erneut: »Komm doch in mein Haus!« Und alles, was vom Himmel und von der Erde in mir war, schrie nach Ihm.

Er schaute mich an, und der Mittag Seiner Augen ruhte auf mir.

Und Er sprach: »Du hast viele Liebhaber, Miriam! Aber nur ich liebe dich. Die anderen Männer suchen sich selbst, indem sie dich lieben. Ich liebe dich um deinetwillen. Die anderen sehen in dir eine Schönheit, die schneller vergeht als ihre Jahre. Ich aber sehe in dir eine Schönheit, die niemals welken wird. Und noch im Herbst ihrer Jahre wird sie sich nicht zu fürchten brauchen, in den Spiegel zu sehen, denn sie wird nicht gedemütigt werden. Ich allein liebe, was in dir ist und was man nicht sieht.«

Dann sagte Er mit sanfter Stimme: »Geh nun! Wenn diese Zypresse dein ist und du nicht willst, dass ich mich in ihren Schatten setze, so werde ich meinen Weg fortsetzen.«

Ich beschwor Ihn: »Meister, kehre in mein Haus ein! Ich habe Weihrauch, um ihn vor dir zu verbrennen, und ein Becken aus Silber für deine Füße. Du bist ein Fremder, und doch bist du kein Fremder. Ich flehe dich an, kehre in mein Haus ein!«

Da erhob Er sich, Er schaute mich an, wie die Jahreszeiten die Felder anschauen, und Er sagte lächelnd: »Alle Männer lieben dich um ihretwillen. Ich aber liebe dich um deinetwillen.« Und Er entfernte sich.

Aber kein Mann ist je so geschritten wie Er. War es ein Morgenwind, der in meinem Garten geboren wurde und zum Osten wehte, oder war es ein Sturm, der alle Dinge bis in ihre Grundfesten erschütterte?
Ich weiß es nicht. Aber an diesem Tag tötete der Sonnenaufgang in Seinen Augen den Drachen in mir. Ich wurde eine Frau; ich wurde Miriam, Miriam von Magdala.

Philemon, ein griechischer Apotheker

Der Nazaräer war ein hervorragender Arzt Seines Volkes. Kein anderer wusste so viel über unseren Körper und seine Eigenschaften wie Er.
Er heilte selbst jene, die an Krankheiten litten, die weder Griechen noch Römern bekannt waren. Ja, man sagt sogar, dass Er Tote wieder zum Leben erweckte.
Ob das nun stimmt oder nicht, jedenfalls sagt es etwas über Seine Macht aus, denn nur demjenigen, der Großes vollbracht hat, wird noch Größeres zugetraut.
Es wird auch behauptet, dass Jesus Indien und das Zweistromland besucht habe; die Priester dort sollen Ihn in die Geheimnisse eingeweiht haben, die sich in den Falten unserer Herzen verbergen. Zwar kann dieses Wissen Ihm auch unmittelbar von den Göttern offenbart worden sein, ohne Mitwirkung der Priester. Denn was allen Menschen von Ewigkeit an verschlossen blieb, kann einem Menschen in einem Augenblick enthüllt werden.
Apollo kann seine Hand auf das unverständige Herz legen, so dass es von einem Augenblick zum anderen sehend wird.
Viele Türen waren den Tyrern und Thebanern offen, und auch diesem Mann öffneten sich fest verschlossene Tore.
Er nahm sich des Tempels der Seele an, die der Körper ist.

Er spürte die bösen Geister auf, die sich gegen unsere Nerven verschwören, ebenso wie die guten, die der Nerven Fäden weben. Meines Erachtens heilte Er die Kranken durch die Kräfte des Gegensatzes und Widerstandes. Er überraschte das Fieber durch eine Berührung, die so kühl war wie der Schnee, und das Fieber zog sich zurück.

Den erschöpften und verkrampften Gliedern begegnete Er mit Ruhe und Gelassenheit; sie lockerten sich und waren geheilt.

Er erkannte die versiegende Kraft im Innern der gefurchten Rinde, aber wie Er sie mit Seinen Fingern berühren konnte, weiß ich nicht. Er fand die Stelle rostfreien Stahls unter dem Rost heraus, aber wie Er daraus das glänzende Schwert verfertigte, kann niemand sagen.

Manchmal schien es mir, dass Er die stummen Klagen aller Lebewesen vernahm, die unter der Sonne aufwachsen, und Er stand ihnen bei. Er half ihnen nicht nur mit Seinem Wissen, sondern indem Er ihnen die Kraft verlieh, sich über ihr Leid zu erheben und zu gesunden.

Leider maß Er Seinen ärztlichen Fähigkeiten keine große Bedeutung bei. Er befasste sich vielmehr mit der Religion und Politik dieses Landes. Das ist bedauerlich, denn was der Mensch vor allem braucht, ist ein gesunder Körper.

Wenn diese Syrer aber von einer Krankheit befallen werden, suchen sie eher Streit, als dass sie ein Heilmittel suchen.

Und es ist außerordentlich bedauerlich, dass ihre größten Ärzte es vorzogen, sich als Redner auf dem Marktplatz zu betätigen.

Simon, genannt Petrus

Ich befand mich am Ufer des Sees von Galiläa, als ich Jesus, meinen Herrn und Meister, zum ersten Mal sah.

Mein Bruder Andreas war bei mir, und wir hatten gerade unsere Netze ins Wasser geworfen. Die See war stürmisch, die Wellen schlugen hoch, und wir fingen nur wenige Fische. Und wir waren missmutig. Plötzlich stand Jesus vor uns, als ob Er dem Nichts entstiegen wäre; wir hatten Ihn nämlich nicht kommen sehen.

Er rief uns bei unseren Namen und sagte: »Wenn ihr mir folgt, führe ich euch an eine Bucht, wo es von Fischen nur so wimmelt.«

Als ich in Sein Gesicht sah, ließ ich das Netz aus meinen Händen fallen, denn ein Feuer brannte in meinem Herzen, und ich erkannte Ihn.

Mein Bruder Andreas sagte: »Wir kennen alle Buchten dieser Küste, und wir wissen auch, dass die Fische an einem stürmischen Tag wie diesem Tiefen aufsuchen, die tiefer reichen als unsere Netze.«

Jesus erwiderte: »Folgt mir an die Küsten einer größeren See! Ich werde euch zu Menschenfischern machen, und eure Netze werden nie leer sein.«

Wir ließen unsere Boote und Netze liegen und folgten Ihm. Ich wurde von einer unsichtbaren Macht angezogen, die von Ihm ausging. Fassungslos ging ich an Seiner Seite, während mein Bruder Andreas uns ebenso verwirrt und verwundert folgte.

Als wir auf dem Sand gingen, nahm ich all meinen Mut zusammen und sagte zu Ihm: »Meister, mein Bruder und ich werden dir folgen; wo du hingehst, wollen auch wir hingehen. Wenn es dir aber gefällt, heute Nacht in unser Haus zu kommen, so wäre dein Besuch eine große Ehre für uns. Unser Haus ist nicht groß, unsere Decke nicht hoch, und es wird auch nur ein frugales Mahl geben. Doch wenn du in unserer Hütte bist, wird sie uns wie ein Palast erscheinen. Und wenn du mit uns das Brot teilst, so werden die Prinzen des Landes uns um deine Gegenwart beneiden.«

Er erwiderte: »Gut, heute Abend werde ich euer Gast sein.«
Ich freute mich in meinem Herzen und ging schweigend an Seiner Seite, bis wir unser Haus erreichten.
Als wir an der Schwelle unseres Hauses standen, sagte Jesus:
»Friede diesem Haus und allen, die es bewohnen!«
Dann trat Er ein, und wir folgten Ihm.
Meine Frau, meine Schwiegermutter und meine Tochter kamen Ihm entgegen und hießen Ihn willkommen. Sie knieten vor Ihm nieder und küssten den Saum Seiner Ärmel. Sie wunderten sich, dass der Erwählte unser Haus betrat, denn sie hatten Ihn schon am Jordan gesehen, wo Johannes der Täufer Ihn dem Volk vorgestellt hatte.
Meine Frau und meine Schwiegermutter beeilten sich, das Essen zu bereiten.
Im Gegensatz zu mir war mein Bruder Andreas ein scheuer, zurückhaltender Mensch, aber sein Glaube an Jesus war mindestens so groß wie meiner.
Meine Tochter, die damals erst zwölf Jahre alt war, wich nicht von Seiner Seite; sie hielt sich an Seinem Gewand fest, als ob sie befürchtete, dass Er uns wieder verlassen könnte, um in die Nacht hinauszugehen. Sie drückte sich an Ihn wie ein verlorenes Schaf, das seinen Hirten wiedergefunden hat.
Schließlich setzten wir uns zu Tisch; Er brach das Brot und schenkte den Wein ein; dann wandte Er sich an uns und sagte: »Meine Freunde, erweist mir die Ehre, dieses Mahl mit mir zu teilen, so wie der Vater uns die Güte erwies, es uns zu schenken.«
Diese Worte sprach Er, bevor Er einen Bissen anrührte, denn Er wollte einem alten Brauch folgen, wonach der Ehrengast die Stelle des Gastgebers einnimmt.
Als wir mit Ihm zu Tisch saßen, hatten wir den Eindruck, am Festmahl des großen Königs teilzunehmen.

Meine Tochter Petronella, die noch jung und unerfahren war, blickte Ihn unverwandt an und verfolgte die Bewegungen Seiner Hände. Und in ihren Augen bemerkte ich einen Schleier aus Tränen.

Als Er sich vom Tisch erhob, folgten wir Ihm in die Weinlaube und setzten uns um Ihn herum. Er sprach zu uns, und wir lauschten Ihm; unsere Herzen wurden weit und leicht und schwebten wie Vögel am Firmament.

Er sprach von der Wiedergeburt des Menschen, vom Öffnen der Himmelstore, von Engeln, die herabstiegen und allen Menschen Frieden und Freude bringen, und von anderen Engeln, die zum Throne Gottes emporsteigen und Ihm die Wünsche und Sehnsüchte der Menschen überbringen.

Dann schaute Er in meine Augen und bis in die Tiefen meines Herzens und sagte: »Ich habe dich und deinen Bruder erwählt, mir zu folgen. Ihr habt gearbeitet und wart beladen. Nun will ich euch Ruhe geben. Nehmt mein Joch auf euch und lernt von mir, denn in meinem Herzen ist Frieden, eure Seelen werden Überfluss und Geborgenheit finden.« Als Er dies gesagt hatte, stellten mein Bruder und ich uns vor Ihn hin, und ich sagte zu Ihm:

»Meister, wir werden dir folgen bis zu den Enden der Erde. Und wenn unsere Last so schwer wäre wie das Gebirge, so würden wir sie freudig mit dir tragen. Und sollten wir unterwegs fallen, so wissen wir, dass wir auf dem Weg zum Himmel fielen, und wir werden glücklich sein.«

Mein Bruder Andreas sagte: »Meister, wir sind Fäden in deinen Händen und auf deinem Webstuhl. Webe uns, wie du willst, damit wir im Gewand des Höchsten seien.«

Da blickte meine Frau auf, Tränen erschienen auf ihren Wangen. Und sie pries Ihn: »Gesegnet bist du, der im Namen des Herrn kommt. Gesegnet ist der Schoß, der dich getragen, und die Brust, die dich genährt hat!«

Meine Tochter, die erst zwölf Jahre alt war, saß zu seinen Füßen und schmiegte sich an Ihn.
Und meine Schwiegermutter, die an der Schwelle saß, sprach kein Wort. Sie weinte stumm vor sich hin, so dass ihr Schal feucht war von ihren Tränen.
Jesus ging zu ihr, nahm ihr Gesicht in Seine Hände und sagte:
»Du bist ihrer aller Mutter und weinst vor Freude. Ich werde deine Tränen in Erinnerung behalten.«
Da ging der alte Mond am Himmel auf. Jesus schaute ihn eine Weile an, dann sprach Er zu uns:
»Es ist spät. Geht nun schlafen! Und möge Gott eure Ruhe segnen! Ich werde bis zur Morgendämmerung unter diesem Weinzelt bleiben. Heute habe ich mein Netz ausgeworfen und zwei Männer gefangen. Ich bin zufrieden. Jetzt wünsche ich euch eine gute Nacht.«
»Aber wir haben dein Bett im Haus gerichtet«, sagte meine Schwiegermutter. »Ich bitte euch, tretet ein und ruht euch aus!«
Er antwortete ihr: »Gerne möchte ich ausruhen, aber nicht unter einem Dach. Gestattet es mir, in dieser Nacht unter dem Baldachin aus Weinreben und Sternen zu liegen.«
Da beeilte sich meine Schwiegermutter, die Matratzen, Kissen und Decken herauszubringen. Er lächelte sie an und sagte: »Sieh an, ich werde mich heute auf ein zweifach gemachtes Bett legen.«
Dann ließen wir Ihn allein und gingen ins Haus; meine Tochter war die Letzte, die Ihn verließ, und ihre Augen blieben auf Ihn gerichtet, bis sich die Türe schloss.
So begegnete ich zum ersten Mal meinem Herrn und Meister. Und obgleich darüber viele Jahre vergangen sind, erscheint es mir, als wäre es erst heute gewesen.

Kaiphas, der Hohepriester

Um diesen Mann Jesus und Seinen Tod richtig beurteilen zu können, muss man zwei herausragende Fakten berücksichtigen: Die Thora ist auf unseren Schutz angewiesen und das Reich auf den Schutz der Römer. Jener Mann aber forderte uns und Rom heraus. Er vergiftete den Geist des einfachen Volkes und wiegelte es durch Seine Zauberkünste gegen uns und gegen Cäsar auf. Meine eigenen Sklaven – ob Männer oder Frauen – wurden widerspenstig und rebellisch, nachdem sie Ihn auf dem Marktplatz hatten sprechen hören. Einige von ihnen verließen daraufhin mein Haus und flohen in die Wüste, woher sie gekommen waren.

Vergiss nicht, dass die Thora Grundlage und Bollwerk unserer Macht ist. Niemand kann uns zu Fall bringen, solange wir die Macht haben, seine Hand zurückzuhalten, und niemand soll Jerusalem zerstören, solange seine Mauern auf den Grundfesten stehen, die David gelegt hat.

Wenn die Saat Abrahams aufgehen und gedeihen soll, so muss dieser Boden makellos und unbefleckt bleiben.

Dieser Mann Jesus aber war schädlich und verderblich. Wir töteten Ihn reinen Gewissens, ebenso wie wir all jene töten werden, welche die Gesetze Moses fälschen und danach trachten, unser heiliges Erbe zu beschmutzen.

Wir und Pontius Pilatus erkannten die Gefahr, und wir wussten, dass es klug ist, sich dieses Mannes zu entledigen. Ich werde darüber wachen, dass Seine Jünger das gleiche Schicksal trifft und dass das Echo Seiner Worte zum Schweigen gebracht wird.

Wenn Juda leben soll, müssen alle, die sich ihm in den Weg stellen, dem Staube gleichgemacht werden.

Und bevor Juda stirbt, werde ich meine grauen Haare mit Asche bestreuen, wie es der Prophet Samuel tat, ich werde die Gewänder Aarons zerreißen und mich in Sackleinen hüllen, bis ich diese Welt für immer verlassen werde.

Johanna, die Frau von Herodes' Verwalter

Jesus war nicht verheiratet, aber Er war ein Freund der Frauen. Er begegnete ihnen, wie man ihnen begegnen sollte, in wohlwollender Kameradschaft. Und Er liebte die Kinder, wie sie geliebt werden wollen, mit Vertrauen und Verständnis. Seine Augen blickten auf sie wie die Augen eines Vaters, eines Bruders und eines Sohnes.

Er setzte ein Kind auf Seine Knie und sagte: »Von ihnen kommt eure Macht und Freiheit, und ihnen gehört das Königreich des Geistes.«

Man sagt, dass Jesus dem Gesetz Moses keine große Aufmerksamkeit schenkte und dass Er mit den Prostituierten Jerusalems und der Umgebung zu nachsichtig war. Ich selbst wurde in jener Zeit als eine von ihnen erachtet, weil ich einen anderen Mann als meinen Gatten liebte; es war ein Sadduzäer.

Eines Tages drangen die Sadduzäer in mein Haus ein, als mein Geliebter bei mir war. Sie ergriffen mich und hielten mich fest, während mein Geliebter sich entfernte und mich alleine zurückließ. Dann brachten sie mich zum Marktplatz, wo Jesus lehrte, und führten mich Ihm vor, um Ihn auf die Probe zu stellen und in ihre Falle zu locken.

Doch Jesus verurteilte mich nicht. Vielmehr beschämte Er diejenigen, die mich demütigen wollten; Er machte ihnen Vorwürfe, während Er mich gehen ließ.

Danach wurden alle schalen Früchte des Lebens süß in meinem Mund, und den geruchlosen Blüten entströmte betäubender Duft. Ich wurde eine Frau, deren Erinnerung ohne Makel ist, und ich brauchte meinen Kopf nicht länger zu beugen.

Rafka, die Braut von Kana

Dies geschah, bevor Er im Volke bekannt wurde.
Ich war gerade damit beschäftigt, den Rosenstrauch im Garten meiner Mutter zu begießen, als Er vor dem Portal unseres Hauses anhielt.
Er sagte: »Ich habe Durst. Willst du mir zu trinken geben?«
Da lief ich rasch ins Haus, holte den silbernen Becher, füllte ihn mit frischem Wasser und fügte einige Tropfen Jasminblütenessenz hinzu. Er leerte den Becher und schien zufrieden. Dann sagte Er, wobei Er mir in die Augen schaute: »Mein Segen sei mit dir!«
Bei diesen Worten fühlte ich eine leichte Brise durch meinen Körper wehen, und meine Befangenheit war plötzlich verflogen.
»Meister«, sagte ich zu Ihm, »ich bin verlobt mit einem Mann aus Kana in Galiläa, und am vierten Tag der kommenden Woche wird meine Hochzeit gefeiert. Willst du nicht unser Gast sein und uns durch deine Anwesenheit ehren?«
»Ich werde kommen, meine Tochter«, erwiderte Er.
Stellt euch vor, »meine Tochter« sagte Er, obgleich Er ein Jüngling und ich schon zwanzig Jahre alt war.
Nach diesen Worten setzte Er Seinen Weg fort.
Ich blieb wie angewurzelt stehen, bis mich meine Mutter aus dem Innern des Hauses zu sich rief.
Am vierten Tag der nächsten Woche holte man mich ins Haus meines Bräutigams, und ich wurde seine Frau.
Jesus kam mit Seiner Mutter und Seinem Bruder Jakobus.
Sie setzten sich zu unseren Gästen an den Tisch, während meine Ehrenjungfrauen die Hochzeitslieder des Königs Salomo anstimmten.
Jesus aß von unseren Speisen und trank von unserem Wein. Und Er lächelte mir zu, mir und den anderen.

Er lauschte unseren Liedern vom Bräutigam, der seine Braut ins Zelt führt, vom jungen Hüter des Weinbergs, der die Tochter des Weinbergbesitzers liebt und sie ins Haus seiner Mutter holt, und vom Prinzen, der die junge Bettlerin trifft, sie in seinen Königspalast einlädt und sie mit der Krone seiner Väter krönt.
Und es hatte den Anschein, als hörte Er noch andere Lieder, die wir nicht verstehen konnten.
Bei Sonnenuntergang kam der Vater meines Bräutigams zur Mutter Jesu und flüsterte ihr zu: »Wir haben keinen Wein mehr für unsere Gäste, und der Tag ist noch nicht zu Ende.« Jesus hörte es und entgegnete: »Der Mundschenk weiß, dass es noch Wein gibt!« Das war wahr. Während des ganzen Abends ging der Wein nicht aus.
Da begann Jesus zu sprechen. Er erzählte uns von der Herrlichkeit des Himmels und der Erde; von himmlischen Blumen, die blühen, wenn die Nacht sich über die Erde ausbreitet, und von irdischen Blumen, die erscheinen, wenn der Tag die Sterne verhüllt.
Er erzählte uns Geschichten und Gleichnisse, und Seine Stimme zog uns so sehr in Bann, dass wir Ihn anstarrten wie eine Vision und unsere Becher und Teller vergaßen. Mir kam es vor, in einem weit entfernten, unbekannten Land zu weilen.
Später sagte einer unserer Gäste zum Vater meines Bräutigams:
»Du hast den besten Wein bis zum Ende des Festes aufgehoben. Die anderen Gastgeber tun das Gegenteil.«
Und alle glaubten, dass Jesus ein Wunder vollbracht hatte, damit wir zum Ausklang des Festes besseren Wein als zu Anfang kosteten. Ich glaubte auch, dass Jesus uns den Wein geschenkt hat, und ich war nicht überrascht, denn schon Seine Stimme war voller Wunder. Und Seine Stimme blieb

in meinem Herzen, bis ich mein erstes Kind zur Welt brachte.
In unserem Dorf und in den Nachbardörfern erinnert man sich noch bis zum heutigen Tag der Worte unseres Gastes. Und die Dorfleute sagen:
»Der Geist Jesu von Nazareth ist der älteste und beste aller Weine!«

Ein persischer Philosoph

Ich kann weder das Schicksal dieses Mannes voraussehen, noch kann ich voraussagen, was Seinen Jüngern widerfahren wird.
Ein im Herzen eines Apfels versteckter Kern ist ein unsichtbarer Obstgarten. Doch wenn dieser Kern auf felsigen Boden fällt, wird nichts daraus hervorgehen.
Aber das muss ich sagen, der alte Gott Israels ist streng und unbarmherzig. Israel braucht einen anderen Gott, der gütig und nachsichtig ist, einen Gott, der voller Erbarmen auf die Menschen herabsieht, der mit den Strahlen der Sonne hinabsteigt und die Menschen auf ihren Wegen begleitet, statt ständig auf dem Richterstuhl zu sitzen, ihre Fehler zu wiegen und ihre Vergehen zu messen.
Israel sollte einen Gott hervorbringen, dessen Herz nicht eifersüchtig wacht und dessen Erinnerung an die Unzulänglichkeiten der Menschen kurz ist, einen Gott, der sich nicht an ihnen rächt bis zum dritten und vierten Geschlecht.
Der Mensch hier in Syrien ist wie die Menschen in allen Ländern: Er schaut in den Spiegel seines Verständnisses und erblickt darin seine Gottheit. Er formt sich seine Götter nach seinem Bild und betet das Spiegelbild seiner eigenen Züge an.

In Wahrheit wendet sich der Mensch im Gebet an seine tiefste Sehnsucht, damit sie sich erhebt und all seine Wünsche erfüllt. Es gibt keine andere Tiefe als die Tiefe der menschlichen Seele. Die Seele ist die Tiefe, die sich selber sucht. Und es gibt keine andere Stimme, die spricht, und keine anderen Ohren, die hören. Selbst wir in Persien sehen unsere eigenen Gesichter in der Sonnenscheibe und unsere tanzenden Körper im Feuer, das wir auf den Altären entzünden.

Und was den Gott Jesu betrifft, den Er Vater nennt, so ist Er kein Fremder für die Menschen um Jesus, und Er wird ihre Wünsche erfüllen.

Die Götter von Ägypten haben ihre Steinlasten abgeworfen und sind in die Wüsten Nubiens geflohen um frei zu sein inmitten von Menschen, die noch frei sind vom Wissen.

Die Götter Griechenlands und Roms verlöschten in ihrem eigenen Sonnenuntergang. Sie glichen den Menschen zu sehr, um in ihrer Ekstase fortzuleben. Die Haine, in denen ihr Zauber blühte, wurden von den Äxten der Athener und Alexandriner abgeholzt.

Und auch in diesem Land werden die Hochgestellten entthront von den Rechtsgelehrten Beiruts und den jungen Eremiten Antiochiens. Nur noch alte Frauen und rückständige Greise besuchen die Tempel ihrer Vorväter. Denn die Erschöpften suchen am Ende des Weges seinen Beginn.

Doch dieser Mann Jesus, dieser Nazaräer, sprach von einem Gott, der zu unermesslich ist, um der Seele irgendeines Menschen fremd zu sein, zu verständnisvoll, um zu strafen, und zu gütig, um sich der Sünden Seiner Geschöpfe zu erinnern.

Dieser Gott des Nazaräers wird die Schwelle überschreiten zu allen Kindern der Welt. Er wird an ihrem Herd sitzen, ein Segen sein in ihren Häusern und ein Licht auf ihren Wegen.

Mein Gott aber ist der Gott Zoroasters. Er ist die Sonne am Himmel, das Feuer auf der Erde und das Licht im Herzen der Menschen. Ich bin zufrieden; ich brauche keinen anderen Gott.

David, einer Seiner Jünger

Ich verstand den Sinn Seiner Reden und Gleichnisse erst, als Er schon nicht mehr unter uns weilte. Ja, ich begriff nichts, bis Seine Worte vor meinen Augen Gestalt annahmen und als lebendige Figuren im Reigen meiner eigenen Tage auftraten.
Lass mich dir folgende Begebenheit berichten:
Eines Nachts saß ich in meinem Haus und sann nach; ich versuchte, mir Seine Worte und Taten ins Gedächtnis zurückzurufen, um sie in einem Buch aufzuzeichnen, als drei Diebe mein Haus betraten. Obgleich ich wusste, dass sie gekommen waren, um meinen Besitz zu rauben, war ich doch zu sehr mit meinen Gedanken beschäftigt, als ihnen mit dem Schwert entgegenzutreten oder auch nur zu rufen: »Was macht ihr hier?«
Vielmehr fuhr ich fort, meine Erinnerungen an den Meister aufzuzeichnen.
Als die Diebe gegangen waren, fielen mir Seine Worte ein: »Wenn jemand deinen Mantel stiehlt, lass ihn auch den anderen noch stehlen.«
Und ich verstand es nun.
Während ich dasaß und Seine Worte niederschrieb, hätte mich niemand unterbrechen können, selbst wenn man mir all mein Hab und Gut davongetragen hätte. Denn obwohl ich meinen Besitz und meine Person normalerweise verteidige, so weiß ich doch, wo sich der größere Schatz befindet.

Lukas

Jesus verachtete und verschmähte die Heuchler. Sein Zorn auf sie glich einem Sturm, der sie peitschte. Seine Stimme war wie Donner in ihren Ohren, und sie fürchteten Ihn. In ihrer Angst trachteten sie danach, Ihn zu töten. Maulwürfen in dunkler Erde gleich versuchten sie, den Boden unter Seinen Schritten zu unterhöhlen. Aber Er ging nicht in ihre Falle.

Er machte sich nichts daraus, denn Er wusste, dass man den Geist weder vereiteln noch zu Fall bringen kann.

Er hielt einen Spiegel in Seiner Hand und darin sah Er den Trägen, den Lahmen und diejenigen, die auf dem Weg zum Gipfel straucheln und fallen.

Und Er hatte Mitleid mit ihnen allen. Am liebsten hätte Er sie zu sich emporgehoben, selber ihre Lasten getragen oder die Schwachen aufgefordert, sich auf Ihn zu stützen.

Weder den Lügner noch den Dieb, nicht einmal den Mörder verurteilte Er ein für alle Male, doch den Heuchler, dessen Gesicht maskiert ist und der Handschuhe an seinen Händen trägt, verdammte Er unwiderruflich.

Oft habe ich über dieses Herz nachgedacht, das allen zur Herberge wird, die aus dem verwüsteten Land in Sein Heiligtum strömen, an diesen Zufluchtsort, der jedoch den Heuchlern verschlossen und versiegelt blieb.

Eines Tages, als wir uns mit Ihm in einem Garten von Granatapfelbäumen ausruhten, sagte ich zu Ihm: »Meister, du vergibst allen Sündern, Schwachen und Gebrechlichen und tröstest sie, aber mit den Heuchlern kennst du keine Gnade.« Er antwortete mir: »Du hast deine Worte gut ausgewählt und die Sünder mit Recht krank und gebrechlich genannt. Ich vergebe ihnen die Schwachheit ihres Körpers und die Gebrechlichkeit ihres Geistes, denn diese Unzulänglichkeiten wurden ihnen von

ihren Vorvätern vererbt, oder Nachbarn haben sie durch ihre Habgier ausgelöst. Mit dem Heuchler hingegen kann ich keine Nachsicht üben, denn er ist es, der dem Schwachen und Nachgiebigen sein Joch aufzwingt. Die Schwachen, die du Sünder nennst, sind wie das federlose Vogeljunge, das aus dem Nest fällt. Der Heuchler dagegen ist der Geier, der an einem Felsen auf den Tod seiner Beute wartet. Die Schwachen sind Menschen, die sich in der Wüste verlaufen haben. Aber der Heuchler hat sich nicht verirrt. Er kennt den Weg und lacht sich ins Fäustchen, und sein Lachen hallt wider zwischen Sand und Wind. Deshalb kann ich ihn nicht dulden.«
So sprach unser Meister, und ich verstand Ihn nicht. Doch jetzt verstehe ich Ihn.
Die Heuchler des Landes legten Hand an Ihn und verurteilten Ihn. Sie fühlten sich dazu berechtigt und zitierten im Hohen Rat das Gesetz Moses als Zeugnis und Beweis gegen Ihn.
Und diejenigen, die bei jedem Sonnenaufgang das Gesetz brechen und bei jedem Sonnenuntergang aufs Neue, sie sprachen Ihn des Todes schuldig.

Matthäus, die Bergpredigt

An einem Tag in der Erntezeit lud Jesus uns und Seine anderen Freunde ein, einen Ausflug ins Gebirge zu machen. Die Erde duftete; sie trug all ihre Juwelen zur Schau wie eine Königstochter bei ihrer Hochzeit. Und der Himmel war ihr Bräutigam.
Als wir eine Anhöhe erreicht hatten, machte Jesus in einem Lorbeerhain Halt und sagte: »Ruht euch hier aus, entspannt euren Geist und öffnet eure Herzen, denn ich habe euch vieles zu sagen.« Wir legten uns ins Gras – umgeben

von den Sommerblumen, die darauf wuchsen, und Jesus saß in unserer Mitte.

Nach einer Weile sprach Er zu uns:

»Selig, die heiteren Geistes sind.

Selig, die sich nicht an ihren Besitz klammern, denn sie werden frei sein.

Selig, die sich an ihr Leid erinnern und ihre Freude erwarten.

Selig, die nach Wahrheit und Schönheit hungern und dürsten, denn die Hungernden werden Brot erhalten und die Durstigen frisches Wasser.

Selig sind die Gütigen, denn ihre Güte wird sie trösten.

Selig, die reinen Herzens sind, denn sie werden eins sein mit Gott.

Selig die Barmherzigen, denn ihnen wird Barmherzigkeit zuteil werden.

Selig die Friedensstifter, denn ihr Geist wohnt jenseits aller Kampfhandlungen; sie werden Schlachtfelder in blühende Gärten verwandeln.

Selig, die gejagt und verfolgt werden; sie werden leichtfüßig sein, und es werden ihnen Flügel wachsen. Freut euch und jubelt, denn ihr habt das Königreich des Himmels in euch gefunden.

Die Sänger von einst wurden verfolgt, wenn sie dies Königreich besangen. Auch ihr werdet Verfolgung erleiden; aber sie wird euch zum Lohn und zur Ehre gereichen.

Ihr seid das Salz der Erde. Wenn aber das Salz schal wird, wie sollte dann die Nahrung der Herzen gewürzt werden?

Ihr seid das Licht der Welt. Stellt dieses Licht nicht unter einen Scheffel, sondern lasst es von den Gipfeln leuchten für diejenigen, die die Stadt Gottes suchen.

Denkt nicht, dass ich gekommen bin, um die Gesetze der Schriftgelehrten und Pharisäer aufzuheben. Meine Tage unter euch sind begrenzt und meine Worte gezählt, und es

stehen mir nur noch Stunden zur Verfügung, um ein anderes Gesetz zu verkünden und einen neuen Bund zu stiften.
Euch wurde gelehrt: Ihr sollt nicht töten. Ich aber sage euch: Ihr sollt nicht einmal grundlos zürnen.
Die Alten lehrten euch, euer Kalb, euer Lamm oder eure Taube zum Tempel zu bringen und sie auf dem Altar zu opfern, damit der Duft des Fettes zu Gott emporsteige und Ihn günstig stimme, euch eure Vergehen zu vergeben. Ich aber sage euch, warum solltet ihr Gott opfern, was Ihm von Anbeginn an gehört? Glaubt ihr etwa, Ihn dadurch beschwichtigen zu können, dessen Thron über den schweigenden Tiefen steht und dessen Arme das Weltall umschließen?
Suche lieber deinen Bruder auf und versöhne dich mit ihm, bevor du zum Tempel kommst, und sei deinem Nachbarn gegenüber ein freudiger Geber! Denn in ihren Seelen hat Gott einen Tempel gebaut, den niemand niederreißen kann, und einen Altar, der niemals zerstört wird.
Man hat euch gelehrt: Auge um Auge, Zahn um Zahn. Ich aber sage euch: Rächt das Böse nicht, denn der Widerstand, den ihr leistet, nährt und stärkt das Böse. Nur die Schwachen sinnen auf Rache. Die Starkmütigen hingegen verzeihen, und zu vergeben gereicht dem Geschädigten zur Ehre. Denn nur Frucht tragende Bäume werden geschüttelt und mit Steinen beworfen, um an ihre Früchte zu gelangen.
Sorgt euch nicht zu sehr um den ›morgigen Tag‹, beschäftigt euch vielmehr mit dem ›Heute‹, denn jeder Tag enthält sein eigenes Wunder. Wenn ihr austeilt, denkt nicht zu sehr an euch selber, sondern achtet auf die Bedürftigkeit der anderen! Und jeder Geber wird in viel reicherem Maße vom Vater beschenkt werden.
Gebt jedem nach seinem Bedarf, denn auch der Vater gibt nicht dem Durstigen Salz, dem Hungrigen einen Stein oder dem Erwachsenen Muttermilch.

Hütet euch aber, den Hunden zu geben, was euch heilig ist, oder den Schweinen Perlen vorzuwerfen! Mit solchen Gaben macht ihr euch über sie lustig, und sie werden euch verhöhnen und euch in ihrem Hass am liebsten umbringen.
Sammelt keine Schätze, die verderben oder die Diebe euch rauben können. Sammelt vielmehr Schätze, die weder sich zersetzen noch gestohlen werden und deren Schönheit zunimmt, wenn viele Augen sie betrachten. Denn da, wo euer Schatz ist, da ist auch euer Herz.
Man hat euch gelehrt, den Mörder durch das Schwert aus der Welt zu schaffen, den Dieb zu kreuzigen und die Dirne zu steinigen. Ich aber sage euch, dass ihr nicht unbeteiligt seid am Vergehen des Mörders, des Diebes und der Dirne, und wenn ihre Körper bestraft werden, verfinstert sich euer Geist. In Wirklichkeit wird nämlich kein Verbrechen ausschließlich von einem Mann oder einer Frau begangen. An allen Vergehen sind alle beteiligt. Derjenige, der seine Strafe verbüßt, mag ein Glied der Kette zerbrechen, die eure eigenen Fesseln umschließt. Und vielleicht zahlt er mit seinem Kummer den Preis für eure flüchtigen Freuden.«
So sprach Jesus, und ich verspürte den Wunsch, vor Ihm niederzufallen und Ihn anzubeten, aber in meiner Scheu konnte ich mich weder bewegen noch ein Wort herausbringen.
Schließlich aber gelang es mir zu sprechen, und ich sagte: »Ich würde gerne beten, aber meine Zunge ist schwer. Lehre mich beten!«
Und Jesus erwiderte: »Wenn ihr beten wollt, so lasst eure Sehnsucht die Worte finden. Mein Wunsch ist es jetzt, so zu beten:
Unser Vater auf der Erde und im Himmel,
Dein Name sei uns heilig,

Dein Wille geschehe in uns und auf der ganzen Welt!
Gib uns von deinem Brot und lass es für den Tag reichen!
Vergib uns in Deiner Barmherzigkeit, und mach unser Herz weit, einander zu verzeihen!
Führe uns zu Dir, und halte in der Finsternis Deine Hand über uns!
Denn Dein ist das Königreich
und in Dir ist unsere Kraft und unsere Erfüllung.«
Unterdessen war die Nacht angebrochen. Jesus stieg die Anhöhe hinab, und wir folgten Ihm. Und während ich hinter Ihm herging, wiederholte ich das Gebet, das Er gesprochen hatte, und führte mir noch einmal alles vor Augen, was Er uns gesagt hatte, denn ich wusste, dass die Worte, die an diesem Tag wie Schneeflocken gefallen waren, sich zu Kristallen verdichten und erhärten würden, und dass die Schwingen, die schwebend über uns gekreist waren, die Erde wie mit eisernen Hufen schlagen würden.

Johannes, der Sohn des Zebedäus

Ihr habt bemerkt, dass einige von uns Jesus »den Christus« nennen oder »das Wort«, andere den »Nazaräer«, und wieder andere nennen Ihn »den Menschensohn«. Ich werde versuchen, diese Namen zu erhellen im Licht, das mir zuteil wurde.
»Der Christus«, der seit Anbeginn der Zeiten existiert, ist die Flamme Gottes, die im Geist des Menschen brennt. Er ist der Lebenshauch, der uns erweckt und einen Körper wie den unseren annimmt. Er ist der Wille des Herrn. Er ist das erste Wort, das unsere Stimme spricht und das in unseren Ohren wohnen will, damit wir es beachten und verstehen.

Das Wort Gottes unseres Herrn baute sich ein Haus aus Knochen und Fleisch und wurde ein Mensch wie du und ich. Denn wir können weder den Gesang des körperlosen Windes verstehen noch unser höheres Ich, das im Nebel geht, erkennen.
Viele Male kam Christus auf diese Erde, er durchstreifte viele Länder, und stets hielt man Ihn für einen Fremdling und einen Narren.
Doch der Klang Seiner Stimme fiel nicht ins Leere, denn in der Erinnerung der Menschen lebt auch das weiter, was ihr Verstand nicht für beachtenswert hält.
Das ist »Christus«, die tiefste Verinnerlichung und die höchste Erhebung; Er ist mit den Menschen unterwegs zur Ewigkeit.
Habt ihr nicht von Ihm gehört an den Straßenkreuzungen Indiens, im Lande der Magier und in den Sandwüsten Ägyptens?
Und dort, in jenem Land, das nördlich von dem euren liegt, sangen die Dichter einst von Prometheus, dem Erfüller menschlichen Verlangens, dem Befreier gefangen gehaltener Hoffnungen, der den Menschen das Feuer brachte; sie sangen von Orpheus, der mit seiner Stimme und seiner Lyra Tiere und Menschen entzückte.
Habt ihr nicht von dem König Mithra gehört und von Zoroaster, dem Propheten der Perser?
Sie alle erwachten aus dem alten Schlaf der Menschheit und standen am Lager unserer Träume.
Und auch wir selbst werden zu Gesalbten, wenn wir uns alle tausend Jahre einmal im Unsichtbaren Tempel einfinden. Dann tritt einer als Menschgewordener hervor, und bei seinem Erscheinen verwandelt sich das Schweigen in Gesang. Doch unsere Ohren sind nicht immer bereit zu hören und unsere Augen nicht immer willig zu sehen.
Jesus, »der Nazaräer«, wurde geboren und wuchs auf wie

wir; Er hatte einen Vater und eine Mutter wie wir, und Er war ein Mensch wie wir alle.

Aber Christus, das Wort, das von Anfang an war, und der Geist, der will, dass wir ein erfülltes Leben führen, Er ging in Jesus ein und wohnte in Ihm. Und dieser Geist war die Künstlerhand des Herrn, während Jesus die Harfe war.

Der Geist war der Psalm und Jesus Seine Melodie.

Jesus, der Mann aus Nazareth, war der Gastgeber und die Stimme des Christus, der mit uns unter der Sonne ging und uns Seine Freunde nannte.

In jenen Tagen hörten die Hügel und die Täler von Galiläa nur noch Seine Stimme.

Und ich war damals ein Jüngling und folgte Seinen Fußspuren. Ich folgte Ihm, um den Worten Christi zu lauschen, die von den Lippen des Jesus von Galiläa kamen.

Nun möchtet ihr noch wissen, warum einige von uns Ihn den »Menschensohn« nannten. Übrigens hatte Er selbst es gern, wenn wir Ihn so nannten, denn er kannte den Hunger und den Durst des Menschen, und Er hatte immer den Menschen im Blick, der auf der Suche nach seinem Höheren Ich ist.

Der Menschensohn war Christus, der Barmherzige, der unter uns Sein Zelt aufschlagen wollte.

Er war Jesus, der Nazaräer, der Seine Brüder dem Gesalbten zuführen wollte, dem Wort, das von Anbeginn an bei Gott war.

In meinem Herzen wohnt Jesus von Galiläa, der Mensch, der alle Menschen übertraf, der Dichter, der uns alle zu Dichtern machte, der Geist, der an unsere Tore klopfte, um uns zu wecken, damit wir uns erheben und hinausgehen, um der nackten und ungeschminkten Wahrheit zu begegnen.

Ein junger Priester in Kapharnaum

Er war ein Gaukler, der alles verzerrte und verdrehte, ein Zauberer, der das einfache Volk durch Seine Magie und Zaubersprüche verhexte. Sogar mit den Worten unserer Propheten und dem, was unseren Vorfahren heilig war, trieb Er Seinen Hokuspokus. Ja, Er forderte die Toten auf, Seine Zeugen zu sein, und die schweigenden Gräber zog Er zu Seiner Legitimation heran.

Gleich einer Spinne, die Fliegen einfängt, umwarb Er die Frauen von Jerusalem und die Frauen vom Lande, und sie verfingen sich in Seinem Netz.

Denn Frauen sind willensschwach und verführbar, und ihre Köpfe sind leer. Sie laufen dem Mann nach, der durch gewinnende, freundliche Worte ihre unbefriedigten Leidenschaften besänftigt. Gäbe es diese willfährigen Frauen nicht, so wäre Sein Name längst aus dem Gedächtnis der Menschen ausgelöscht.

Und wer waren die Männer, die Ihm folgten? Es war ein Haufen Höriger und Sklaven, denen es in ihrem Unwissen und ihrer Angst nie eingefallen wäre, sich gegen ihre rechtmäßigen Herren aufzulehnen. Doch als Er ihnen hohe Posten in Seinem fiktiven Königreich versprach, da ließen sie sich von Seinen Hirngespinsten hinreißen und lieferten sich Ihm aus, wie sich der Ton dem Töpfer ausliefert.

Weißt du nicht, dass der Knecht in seinen Träumen immer ein Herr ist und der Schwächling ein Löwe?

Der Galiläer war ein Schwarzkünstler und Betrüger, ein Mann, der die Sünden aller Sünder vergab, um von ihren unreinen Lippen »Heil« und »Hosanna« zu hören. Er ermutigte das ohnmächtige Herz der Hoffnungslosen und Elenden, um Hörer für Seine Stimme zu finden und Gefolgsleute für Seine Befehle.

Er entweihte den Sabbat mit denen, die ihn entheiligen,

um die Unterstützung der Gesetzlosen zu gewinnen. Er beschimpfte unsere Hohenpriester, um so die Aufmerksamkeit des Hohen Rates auf sich zu lenken und dessen Opposition zu provozieren. Auf diese Weise hoffte Er, Seinen Ruhm zu steigern.
Ich habe schon oft wiederholt, dass ich diesen Menschen hasse. Ja, ich hasse Ihn noch mehr als die Römer, die unser Land beherrschen. Bezeichnenderweise stammt Er aus Nazareth, einer Stadt, die unsere Propheten als einen von Heiden und Fremdlingen bewohnten Misthaufen bezeichneten, aus dem nichts Gutes hervorgehe.

Ein reicher Levit aus der Umgebung von Nazareth

Er war ein guter Zimmermann. Die Türen, die Er anfertigte, konnte kein Dieb öffnen, und die Fenster, die Er herstellte, öffneten sich bei West- und Ostwind.
Seine Truhen, die Er aus Zedernholz verfertigte, waren glatt poliert und konnten etwas aushalten.
Er machte auch die Lesepulte in unseren Synagogen. Er nahm dazu vergoldetes Maulbeerbaumholz, und auf beiden Seiten des Ständers, auf dem die heiligen Bücher liegen, brachte Er weit ausladende Flügel an; unter die Buchauflage schnitzte Er Köpfe von Stieren und Tauben sowie großäugigen Rehen.
All dies verfertigte Er nach Art der Chaldäer und Griechen. Aber Er besaß eine Fertigkeit, welche die Arbeiten der Chaldäer und Griechen übertraf.
An diesem Haus, das ich vor dreißig Jahren bauen ließ, haben viele Hände gearbeitet. Ich suchte mir Maurer und Schreiner in allen Städten Galiläas aus. Alle bewiesen Geschicklichkeit und Kunstfertigkeit, und ich bin mit ihren

Arbeiten zufrieden. Aber komm einmal näher und schau dir diese zwei Türen und das Fenster an, das Jesus von Nazareth angefertigt hat. In ihrer Solidität stellen sie alles andere in meinem Haus in Schatten.

Siehst du nicht, dass sich diese beiden Türen von allen anderen unterscheiden? Und dieses Fenster, das sich zum Osten hin öffnet, hebt es sich nicht von allen anderen Fenstern ab?

An allen Türen und Fenstern nagt der Zahn der Zeit, außer an jenen, die Er gemacht hat. Nur sie trotzen den Elementen. Sieh nur, wie Er die Querbalken anbrachte! Betrachte die Nägel, wie sie von einer Seite des Brettes ausgehen und wie gut und fest sie auf der anderen Seite vernietet sind!

Und was am merkwürdigsten ist, dieser Arbeiter, der gut und gern den Lohn zweier Arbeiter verdient hätte, akzeptierte nur einen. Und jetzt hält man diesen Arbeiter für einen Propheten in Israel.

Hätte ich damals gewusst, dass der Jüngling mit Seiner Säge und Seinem Hobel ein Prophet ist, so hätte ich Ihn gebeten zu sprechen statt zu arbeiten, und ich hätte Ihm das Vielfache für Seine Worte bezahlt.

Immer noch beschäftige ich viele Arbeiter in meinem Haus und in meinen Ländereien. Und wie soll ich den Mann, dessen Hand auf seinem Werkzeug liegt, von dem unterscheiden, auf dem Gottes Hand ruht?

Ja, wie soll ich Gottes Hand erkennen?

Ein Schäfer aus dem Südlibanon

Es war im Spätsommer, als Er mit drei anderen Männern zum ersten Mal auf dem Weg da drüben vorbeiging. Es war bereits Abend, und Er blieb am Rande der Weide stehen. Ich spielte auf meiner Flöte, und meine Herde weidete um mich herum. Als Er stehen blieb, erhob ich mich und ging zu Ihm hinüber.

»Wo ist das Grab von Elias?«, fragte Er mich. »Ist es nicht hier in der Nähe?«

Ich antwortete Ihm: »Es ist dort, Meister, unter jenem Steinhügel. Bis heute noch nimmt jeder Vorübergehende einen Stein und legt ihn darauf.«

Er dankte mir für die Auskunft und ging weiter, und Seine Begleiter folgten Ihm.

Drei Tage später erzählte mir Gamaliel, ein anderer Schäfer, dass der Mann, der hier vorbeigekommen ist, ein Prophet Judäas sei. Ich glaubte ihm nicht, wenn ich auch viele Monde lang an diesen Menschen denken musste.

Als der Frühling kam, führte Ihn Sein Weg wieder an dem Weideland vorbei, und dieses Mal war Er alleine.

Ich spielte an diesem Tag nicht auf meiner Flöte, denn ich hatte eins meiner Schafe verloren, und mein Herz war betrübt.

Da ging ich Ihm entgegen und blieb vor Ihm stehen, denn ich suchte Trost.

Er sah mich an und sagte: »Heute spielst du nicht auf deiner Flöte? Und woher kommt die Trauer in deinen Augen?«

Ich entgegnete Ihm: »Eins meiner Schafe hat sich verlaufen, Herr. Ich habe es überall gesucht und kann es nicht finden. Ich weiß nicht, was ich tun soll.«

Er schwieg einen Moment. Dann lächelte Er mich an und sagte: »Warte hier eine Weile! Ich werde dein Schaf suchen!«

Er ging weiter und verschwand hinter den Hügeln.

Nach einer Stunde kam Er zurück, und mein verlorenes Schaf lief an Seiner Seite. Als Er vor mir stand, sah ich, dass mein Schaf Sein Gesicht anschaute, ebenso wie ich es tat. Und ich umarmte es voller Freude.

Er legte Seine Hand auf meine Schulter und sagte: »Von heute an wirst du dieses Schaf mehr lieben als alle anderen, denn es war verloren und ist wiedergefunden worden.«
Wieder umarmte ich mein Schaf voller Freude. Es schmiegte sich an mich, und ich war glücklich und schwieg.
Als ich meinen Kopf hob, um Jesus zu danken, sah ich Ihn in der Ferne gehen, aber ich hatte nicht den Mut, Ihm zu folgen.

Johannes der Täufer zu einem seiner Jünger

Ich werde nicht schweigen in diesem finsteren Kerker, während man Jesu Stimme auf dem Schlachtfeld vernimmt. Ich kann nicht gefangen sein, solange Er frei ist.
Man hat mir berichtet, dass sich die Schlangen um Seine Lenden winden. Ich aber entgegne ihnen, dass sie Seine Kräfte nur anstacheln werden und dass Er sie mit den Füßen zertreten wird.
Ich bin nur der Donner und Er der Blitz. Obgleich ich als Erster sprach, gebührt Ihm das Wort und der Entschluss.
Sie nahmen mich überraschend gefangen. Vielleicht werden sie auch Ihn ergreifen, aber nicht, bevor Er Seine Botschaft verkündet hat.
Er wird den Sieg über sie davontragen; Seine Streitwagen werden über sie herfahren, und die Hufe Seiner Pferde werden sie zermalmen. Und Er wird über sie triumphieren.
Mit Lanzen und Schwertern bewaffnet werden sie gegen Ihn vorgehen; doch Er wird ihnen mit der Macht des Geistes begegnen.
Sein Blut wird über die Erde fließen; aber sie selber werden diese Wunden und ihre Schmerzen zu spüren bekommen; sie werden in ihren eigenen Tränen getauft werden, bis sie von allen Sünden reingewaschen sind.

Ihre Legionen werden mit Eisenrammen gegen Seine Städte aufmarschieren; doch unterwegs werden sie im Jordan ertrinken. Seine Wände und Seine Türme werden sich höher erheben, und die Lanzen Seiner Krieger werden heller in der Sonne leuchten. Man sagt, dass wir beide Verbündete sind und dass es unsere Absicht ist, das Volk aufzuwiegeln, damit es sich gegen das Königreich Judäa erhebt und revoltiert.

Ich entgegne ihnen, und ich wünschte, meine Antwort bestünde aus Flammen statt aus Worten: Wenn sie diese Höhle der Ungerechtigkeit für ein Königreich halten, so soll es der Zerstörung anheim fallen und aufhören zu existieren! Möge es das Schicksal von Sodom und Gomorra erleiden! Möge seine Rasse von Gott vergessen sein und sein Land zu Asche werden!

Ja, hinter diesen Gefängnismauern bin ich tatsächlich ein Verbündeter des Jesus von Nazareth. Er wird meine Armeen zu Pferde und zu Fuß anführen. Und obgleich ich selbst ein Heerführer bin, so bin ich doch nicht würdig, die Riemen Seiner Sandalen zu lösen.

Geh zu Ihm und wiederhole Ihm meine Worte, und dann bitte Ihn in meinem Namen um Stärkung und Segen.

Ich werde nicht mehr lange hier sein. In der Nacht – zwischen Schlaf und Erwachen – fühle ich, wie Füße mit leichten Schritten über meinen Körper schreiten, und wenn ich lausche, höre ich den Regen auf mein Grab fallen.

Geh zu Jesus und sag Ihm, dass Johannes von Cedron, dessen Seele bald voller Schatten, bald leer und verlassen ist, für Ihn betet, während der Totengräber neben ihm steht und der Henker seine Hand ausgestreckt hält, um seinen Lohn zu empfangen.

Joseph von Arimathäa

Ihr fragt euch, welches Hauptziel Jesus verfolgte; ich will es euch gerne sagen, wenn auch niemand mit seinen Fingern das Leben des heiligen Weines berühren oder den Lebenssaft sehen kann, der die Zweige nährt.
Obgleich ich von Seinen Trauben aß und den neuen Wein aus der Weinkelter kostete, kann ich euch nicht alles berichten. Ich kann nur erzählen, was ich von Ihm weiß.
Unser geliebter Meister lebte nur drei prophetische Jahreszeiten; es waren: der Frühling Seiner Lieder, der Sommer Seiner Ekstase und der Herbst Seiner Passion; und jede dieser Jahreszeiten währte tausend Jahre.
Den Frühling Seiner Lieder verbrachte Er in Galiläa. Hier versammelte Er Seine Freunde um sich an den Küsten des blauen Sees, und hier sprach Er zum ersten Mal vom Vater, von unserer Erlösung und unserer Freiheit.
Am See von Galiläa verloren wir uns und fanden unseren Weg zum Vater. Oh, welch ein winzig kleiner Verlust, der sich in einen solchen Gewinn verwandelte!
Hier vernahmen unsere Ohren den Gesang der Engel, der uns einlud, das trockene und unfruchtbare Land zu verlassen und dafür in den Garten unserer Herzenswünsche einzutreten.
Er sprach von Feldern und grünen Weiden, von den Hügeln des Libanon, wo die weißen Lilien die Karawanen nicht zu fürchten brauchen, die im Staub der Täler vorbeiziehen.
Er sprach vom wilden Rosenstrauch, der die Sonne anlächelt und seinen Duft in die Brise verströmt, die an ihm vorbeiweht.
Dann sagte Er: »Die Lilie und die wilde Rose leben nur einen Tag, aber dieser Tag ist für sie wie eine in Freiheit verbrachte Ewigkeit.«

Eines Abends, als wir an einem Fluss saßen, forderte Er uns auf: »Betrachtet diesen Fluss und lauscht seinen Melodien! Unablässig sucht er das Meer; und wenn auch sein Suchen kein Ende hat, so singt er sein Geheimnis von Mittag zu Mittag.
Möget ihr doch den Vater suchen, wie der Fluss das Meer sucht!«
Dann kam der Sommer Seiner Ekstase, und der Juni Seiner Liebe umgab uns. Er sprach nur noch vom Mitmenschen, dem Nachbarn, dem Weggefährten, dem Fremden und den Spielgefährten unserer Kindheit. Er erzählte von dem Reisenden, der vom Osten aus nach Ägypten aufbricht, vom Bauern, der abends mit seinen Ochsen heimkehrt, und von dem unerwarteten Gast, den die Dämmerung an unsere Tür führte. Und Er sagte: »Euer Nachbar ist euer sichtbar gewordenes unbekanntes Ich. Sein Gesicht spiegelt sich in euren ruhigen Wassern, und wenn ihr die Wasseroberfläche betrachtet, werdet ihr euer eigenes Gesicht erkennen.
Wenn ihr in die Nacht lauscht, werdet ihr ihn sprechen hören, und seine Worte werden das Klopfen eures eigenen Herzens sein. Verhaltet euch zu ihm, wie ihr wünscht, dass er sich euch gegenüber verhält.
Dies ist mein Gesetz. Ich verkünde es euch und euren Kindern, und sie wiederum sollen es ihren Kindern vermitteln, bis die Zeit ihrem Ende zuneigt und die Generationen zu existieren aufhören.«
An einem anderen Tag sagte Er: »Lebt nicht für euch allein. Ihr seid in den Taten anderer Menschen gegenwärtig, und sie sind täglich bei euch, ohne es zu wissen.
Sie werden kein Verbrechen begehen, ohne dass eure Hände nicht daran beteiligt sind. Sie werden nicht fallen, ohne dass auch ihr strauchelt, und sie werden sich nicht erheben, ohne dass ihr mit ihnen aufsteht.

Der Weg, der sie zum Heiligtum führt, ist auch euer Weg dorthin, und wenn sie die Wüste zum Ziel haben, werdet auch ihr euch der Wüste nähern.

Ihr und euer Nächster sind zwei Samenkörner, die ins gleiche Feld gesät sind. Zusammen werdet ihr aufwachsen und euch gemeinsam im Winde wiegen. Und keiner von euch wird das Feld für sich alleine beanspruchen. Denn eine Saat, die sich im Wachsen befindet, hat keinen Anspruch auf seine eigene Ekstase.

Heute bin ich noch bei euch. Morgen wird mein Weg mich in den Westen führen. Aber bevor ich gehe, wiederhole ich, dass euer Nächster euer sichtbar gewordenes unbekanntes Selbst ist. Sucht ihn auf und begegnet ihm mit Liebe, damit ihr euch selber kennen lernt. Denn nur durch diese Erkenntnis werdet ihr zu meinen Brüdern.«

Es folgte der Herbst Seiner Passion.

Er sprach zu uns über die Freiheit, wie Er es in Galiläa im Frühling Seiner Lieder getan hatte. Doch jetzt richteten sich Seine Worte an unser tieferes Verständnis.

Er sprach von Blättern, die nur singen, wenn der Wind sie bewegt, vom Menschen, der einem Kelch gleicht, der vom Engel des Tages gefüllt wird, um den Durst eines anderen Engels zu löschen; und abgesehen davon, ob dieser Kelch gefüllt oder leer ist, soll er kristallklar auf der Tafel des Höchsten stehen.

Er sagte: »Ihr seid der Becher, und ihr seid der Wein. Trinkt von euch bis zur Neige, dann erinnert euch an mich und euer Durst wird gestillt sein.«

Auf dem Weg in den Süden sprach Er zu uns: »Jerusalem, das stolz auf einem Gipfel thront, wird in die Tiefen der Hölle hinabstürzen, in jenes finstere Tal, und ich werde allein inmitten seines Elends stehen.

Der Tempel wird dem Erdboden gleichgemacht werden, und aus seiner Vorhalle werdet ihr die Schreie der Witwen

und Waisen hören; in der Eile der Flucht werden die Männer die Gesichter ihrer Brüder nicht erkennen, denn die Angst wird sie alle beherrschen. Doch selbst dort werdet ihr mich sehen, wenn sich zwei von euch begegnen, meinen Namen aussprechen und nach Westen blicken. Und ihr werdet euch an meine Worte erinnern.«
Als wir die Anhöhe von Bethanien erreichten, sagte Er: »Lasst uns nach Jerusalem gehen! Die Stadt erwartet uns. Ich werde auf einem Füllen reitend durchs Stadttor einziehen und zu der Menge reden. Dort gibt es viele, die mich zu fesseln suchen, sowie viele, die meine Flamme auslöschen wollen. In meinem Tod aber werdet ihr das Leben finden und frei werden. Sie werden den Lebenshauch suchen, der zwischen dem Herzen und dem Verstand schwingt, der Schwalbe gleich, die zwischen den Feldern und ihrem Nest hin und her schwebt. Doch mein Atem ist ihnen schon entflohen, und sie werden mich nicht besiegen.
Die Mauern, die mein Vater um mich herum gebaut hat, werden nicht fallen, und das Land, das Er geheiligt hat, wird nicht entweiht werden.
Wenn die Morgendämmerung anbricht, wird die Sonne mich krönen, und ich werde bei euch sein, um dem neuen Tag entgegenzugehen. Dieser Tag wird lang sein, und die Welt wird seinen Abend nicht erleben.
Die Schriftgelehrten und Pharisäer behaupten, dass die Erde nach meinem Blut dürstet. Ich werde den Durst der Erde mit meinem Blut stillen. Aus seinen Tropfen werden Eichen und Ahornbäume wachsen, und der Ostwind wird ihre Eicheln und Samen auf das Umland tragen.«
Dann fuhr Er fort: »Judäa will einen König haben und gegen die Legionen Roms aufmarschieren.
Ich aber werde nicht ihr König sein. Die Diademe Zions wurden für kleinere Stirnen angefertigt. Und der Ring Salomos ist zu eng für diesen Finger.

Schaut meine Hand an! Seht ihr nicht, dass sie zu stark ist, um ein Zepter zu halten, und zu kraftvoll für ein gewöhnliches Schwert?

Nein, ich habe nicht die Absicht, die Syrer gegen die Römer anzuführen. Ihr aber werdet mit meinen Worten die Stadt wecken, und mein Geist wird zu ihrer zweiten Morgenröte sprechen.

Meine Worte werden eine unsichtbare Armee sein mit Pferden und Streitwagen; ohne Beil und ohne Schwert werde ich die Priester von Jerusalem und seine Cäsaren besiegen.

Ich will auf keinem Thron sitzen, auf dem Sklaven saßen, die andere Sklaven regierten. Ebenso wenig habe ich vor, gegen die Söhne Italiens ins Feld zu ziehen. Vielmehr werde ich ein Sturm an ihrem Himmel sein und ein Lied in ihrem Herzen.

Und sie werden sich meiner erinnern. Sie werden mich Jesus, den Gesalbten, nennen.«

All dies sagte Er außerhalb der Mauern Jerusalems, bevor Er die Stadt betrat.

Und Seine Worte bleiben bestehen, als wären sie mit einem Meißel gestochen worden.

Nathaniel

Man sagt, dass Jesus von Nazareth bescheiden und sanftmütig war. Man sagt auch, dass Er – obgleich gerecht und rechtschaffen – ein Schwächling war, der oft von den Starken und Mächtigen bedrängt wurde. Und wenn Er vor Machthabern stand, soll Er wie ein Lamm unter Löwen gewirkt haben.

Ich aber behaupte, dass Jesus Macht über Menschen besaß und dass Er sich dieser Macht bewusst war; ja, mehr noch,

dass Er sie auf den Hügeln Galiläas und in den Städten Judäas und Phöniziens bezeugte.
Welcher nachgiebige und angepasste Mensch würde sagen: »Ich bin das Leben und der Weg zur Wahrheit!«
Und welcher sanftmütige Schwächling würde behaupten: »Ich bin in Gott, unserem Vater, und unser Gott, der Vater, ist in mir!«? Würde ein Mensch, der sich seiner eigenen Kraft nicht bewusst ist, verkünden: »Wer nicht an mich glaubt, glaubt weder an dieses Leben noch an das ewige Leben.«?
Und könnte jemand, der das Morgen nicht kennt, voraussagen: »Diese Welt wird vergehen und zu Asche werden, bevor meine Worte vergehen.«?
Zweifelte Er etwa an sich selber, wenn Er denjenigen, die Ihn beschuldigten, Ihn mit einer Dirne gesehen zu haben, entgegenhielt: »Möge derjenige, der ohne Schuld ist, den ersten Stein werfen!«? Fürchtete Er die Autorität, als Er die Geldwechsler aus dem Tempel vertrieb, obwohl diese die Genehmigung der Priester besaßen? Waren Seine Flügel etwa gestutzt, als Er laut rief: »Mein Königreich erhebt sich über all euren Königreichen!«?
Suchte Er in Worte zu flüchten, wenn Er wiederholte: »Zerstört diesen Tempel, und ich werde ihn in drei Tagen wieder aufrichten!«? War es ein Feigling, der den Machthabern Seine Faust zeigte und sie als verlogen, gemein und korrumpiert bezeichnete?
Kann ein Mensch, der den Mut besitzt, den Regenten Judäas solches nachzusagen, als schwach und demütig bezeichnet werden?
Nein, der Adler baut sein Nest nicht in der Trauerweide, und der Löwe sucht sein Lager nicht im Farnkraut!
Mir wird übel und mein Innerstes revoltiert, wenn ich die Kleinmütigen Jesus demütig und sanftmütig nennen höre, um ihre eigene Schwäche zu rechtfertigen, und wenn die

Unterdrückten zu ihrem Trost und ihrer Ermutigung von Jesus als von einem »zertretenen Wurm« reden, der an ihrer Seite aufleuchtet.

Ja, mein Herz empfindet diesen Menschen gegenüber Widerwillen und Überdruss, denn ich möchte den mächtigen Jäger verkünden und den unbesiegbaren, gewaltigen Geist.

Saba von Antiochien

Heute hörte ich Saulus von Tarsus den Juden der Stadt Christus verkünden. Er nennt sich jetzt Paulus, Apostel der Heiden.

Ich kenne ihn seit meiner Jugend; damals verfolgte er noch die Freunde des Nazaräers. Ich erinnere mich gut, wie befriedigt er war, als seine Gefährten den prächtigen Jüngling Stephanus steinigten.

Dieser Paulus ist in der Tat ein merkwürdiger Mann. Seine Seele ist nicht die Seele eines freien Menschen.

Manchmal gleicht er einem Tier im Walde, das gejagt und verwundet wurde und eine Höhle sucht, in der es seinen Weltschmerz verstecken kann.

Weder spricht er von Jesus noch wiederholt er seine Worte. Er predigt den Messias, den die alten Propheten verkündeten. Obgleich er ein gebildeter Jude ist, benutzt er die griechische Sprache, wenn er sich an seine jüdischen Landsleute wendet. Dabei spricht er nicht fließend Griechisch, und er trifft nicht immer das richtige Wort. Aber er besitzt verborgene Kräfte; das bestätigen diejenigen, die sich um ihn versammeln. Zuweilen vermittelt er ihnen eine Gewissheit in Dingen, die für ihn selber ungewiss bleiben.

Wir aber, die wir Jesus kennen und Seine Reden hörten, wir weisen darauf hin, dass Er die Menschen lehrte, sich der Ketten ihrer Knechtschaft zu entledigen, um frei zu werden von ihrer Vergangenheit.

Paulus dagegen schmiedet Ketten für den Menschen der Zukunft. Er schlägt den Amboss mit seinem eigenen Hammer im Namen dessen, den er selbst nicht kennen lernte.

Der Nazaräer wollte, dass wir die Stunden in Passion und Ekstase verbringen.

Der Mann von Tarsus aber fordert uns auf, die Gesetze zu beachten, die uns die alten Bücher überliefern.

Jesus hauchte den Toten Seinen Atem ein. Und in meinen einsamen Nächten glaube ich und verstehe.

Wenn Er zu Tisch saß, erzählte Er den Tischgenossen Geschichten, die sie erheiterten, und Er würzte so mit Seiner Freude das Fleisch und den Wein.

Paulus aber will uns unser Brot und unseren Becher vorschreiben. Doch erlaubt mir nun, mich anderen Dingen zuzuwenden.

Salome zu einer Freundin

Er glich Pappeln,
die im Sonnenlicht flimmern,
einem einsamen Bergsee,
in dem sich die Sonne spiegelt,
dem Schnee auf den Gipfeln der Berge,
weiß funkelnd unter den Strahlen der Sonne.

Ich liebte Ihn,
und gleichzeitig fürchtete ich Seine Gegenwart.
Meine Füße weigerten sich,
die Bürde meiner Liebe zu tragen,
um Seine Füße mit meinen Armen zu umfangen.

Ich hätte Ihm sagen wollen:
Ich tötete deinen Freund
in einer Stunde der Leidenschaft.
Willst du mir meine Schuld nicht verzeihen?
Willst du dich meiner Jugend nicht erbarmen
und sie erlösen von ihrer blinden Tat?

Ich weiß, Er hätte mir den Tanz verziehen,
den ich für das heilige Haupt Seines Freundes tanzte.
Er hätte mich zu den Anhängern
Seiner Lehre gezählt,
denn es gab kein Tal des Hungers,
das Er nicht überbrückte,
und keine Wüste aus Durst,
die Er nicht überquerte.

Ja, Er glich den Pappeln,
dem See inmitten der Hügel
und dem Schnee auf den Bergen des Libanon.
Wie gerne hätte ich meine Lippen
in den Falten Seines Gewandes gekühlt!

Doch war Er weit entfernt von mir,
und Scham hielt mich zurück,
und jedes Mal, wenn ich mich danach sehnte,
Ihn aufzusuchen,
hinderte meine Mutter mich daran.

Wenn ich Ihn vorbeigehen sah,
brannte das Herz in meinem Innern
und verlangte nach Seiner Schönheit.
Doch meine Mutter warf Ihm
verächtliche Blicke zu.

Sie zog mich vom Fenster weg
und schickte mich in mein Zimmer,
wobei sie laut rief:
Wieder so ein Heuschreckenfresser
aus der Wüste!

Was ist Er anders
als ein Lästerer und Verräter,
ein Aufrührer und Meuterer,
der uns Zepter und Krone raubt.

Die Füchse und Schakale
Seines verfluchten Landes hetzt Er auf,
in unseren Hallen zu heulen
und auf unseren Thronen zu sitzen.
Verbirg dein Gesicht vor diesem Tag
und warte auf jenen Tag,
an dem Sein Kopf fallen wird,
doch diesmal nicht auf dein Tablett.

So sprach meine Mutter;
aber mein Herz schenkte ihren Worten
keine Beachtung.
Insgeheim liebte ich Ihn,
und mein Schlaf war umgeben
von Flammen.

Nun hat Er uns verlassen,
und etwas, das in meinem Innern war,
ist mit Ihm verschwunden.
Vielleicht war es meine Jugend,
die nicht mehr hier verweilen will,
seitdem der Gott der Jugend getötet wurde.

Rachel, eine Jüngerin

Oft frage ich mich, ob Jesus ein Wesen aus Fleisch und Blut war wie wir oder nur ein Bild unserer Phantasie, eine Idee unserer Einbildungskraft.

Dann kommt mir der Gedanke, dass Er vielleicht nur ein Traum war, den zahlreiche Männer und Frauen gleichzeitig träumten in einem Schlaf, der tiefer ist als jeder andere Schlaf, oder ein Morgenrot, heiterer als jedes andere Morgenrot.

Als wir uns diesen Traum erzählten, begannen wir vielleicht, ihn für eine Wirklichkeit zu halten; unsere Phantasie verlieh ihm einen Körper und unsere Wünsche eine Stimme. Und so formten wir aus ihm ein Wesen gleich unserem Wesen.

Aber in Wahrheit war Jesus kein Traum! Drei Jahre lang haben wir Ihn gekannt und staunend beobachtet im hellen Mittagslicht. Wir sind Ihm von Ort zu Ort gefolgt und haben Seine Gleichnisse gehört; wir haben Seine Hände berührt und wurden Zeugen Seiner Wundertaten.

Und sind wir etwa ein Gedanke auf der Suche nach anderen Gedanken oder ein Traum aus der Welt der Träume?

Große Ereignisse erscheinen uns immer befremdend in unserem täglichen Leben, selbst wenn ihre Natur in unserer Natur verwurzelt ist. Und mag ihr Erscheinen auch blitzartig sein, so überdauern sie Generationen.

Jesus von Nazareth war das große Ereignis. Er, dessen Eltern und Geschwister wir kannten, war ein Wunder, das in Judäa seinen Ausgang nahm.

Würde man alle Wunder, die Er wirkte, zu Seinen Füßen versammeln, so würden sie nicht einmal bis zu Seinen Knöcheln reichen.

Und alle Flüsse könnten in allen Jahren die Erinnerungen in unseren Herzen nicht fortschwemmen.

Er war in der Nacht ein flammendes Gebirge und ein sanftes Schimmern über den Hügeln. Er war ein Sturm am Himmel und eine Brise in der Morgendämmerung.
Er war wie ein gewaltiger Wasserfall, der sich aus Bergeshöhen in die Täler stürzt und auf seinem Weg alles mit sich fortreißt. Und wie helles Kinderlachen war Er.
Alljährlich wartete ich auf den Frühling, um in dieses Tal zu kommen; ich erwartete die Lilien und Alpenveilchen. Und doch war meine Seele in all den Jahren betrübt, denn ich wollte mich mit dem Frühling freuen und vermochte es nicht.
Doch als Jesus in meine Jahreszeiten kam, da war Er selbst der Frühling, und Er war das Frühlingsversprechen für alle kommenden Jahre. Er erfüllte mein Herz mit Freude, und ich hüllte mein kleines ängstliches Ich wie ein Veilchen in das Licht Seiner Ankunft ein.
Und jetzt können die wechselnden Zeiten der Welten, die noch nicht die unsrigen sind, die Schönheit dieser Welt nicht mehr auslöschen.
Nein, Jesus war weder ein Schatten noch die Vorstellung eines Dichters oder ein Bild unserer Träume. Er war ein Mensch wie du und ich. Doch das bezieht sich nur auf Gehör, Gefühl und Gesicht. Sonst war Er anders als alle Menschen. Er war ein Mensch der Freude. Aus Kummer und Leid führte Er uns auf den Weg der Freude. Und selbst vom hohen Dach Seiner Leiden blickte Er auf die Freude der Menschen.
Er hatte Gesichter, die wir nicht wahrnahmen. Wenn Er sprach, schien es, als redete Er zu einer unsichtbaren Menge, und oftmals sprach Er durch uns zu ungeborenen Rassen.
Jesus war viel allein. Er lebte unter uns, und dennoch war er nicht wie wir. Er schritt auf dieser Erde, aber Er gehörte dem Himmel. Und nur in unserer eigenen Einsamkeit

können wir den Boden Seiner Einsamkeit betreten. Er liebte uns. Sein Herz war wie eine Weinkelter. Wir konnten uns jederzeit mit einem Becher nähern und von Ihm trinken.
Etwas blieb mir unverständlich: Er konnte mit Seinen Zuhörern vergnügt und lustig sein; Er konnte Späße und Wortspiele zum Besten geben und aus vollem Herzen lachen, obgleich eine weite Entfernung in Seinen Blicken lag und Trauer in Seiner Stimme. Doch langsam beginne ich dies zu verstehen.
Manchmal stelle ich mir die Erde wie eine Frau vor, die ihr erstes Kind erwartet. Als Jesus geboren wurde, war Er ihr erstes Kind, und als Er starb, war Er der erste sterbende Mensch. Hattet ihr an diesem finsteren Freitag nicht auch den Eindruck, als sei die Erde versöhnt und als kämpften die Himmel mit den Himmeln?
Und als Sein Antlitz unseren Blicken entschwand, fühltet ihr da nicht auch, dass wir nichts mehr waren als Erinnerungen im Nebel?

Kleophas aus Batrun

Wenn Jesus sprach, schwieg die ganze Welt, um Ihm zu lauschen. Seine Worte richteten sich nicht nur an uns, sondern auch an die Elemente, aus denen Gott die Erde schuf. Er sprach zu der unermesslichen See, der Mutter, die uns gebar; Er sprach zu unseren älteren Brüdern, den Bergen, deren Gipfel eine Verheißung sind.
Und über Meere und Berge hinweg sprach Er zu den Engeln, denen wir unsere Träume anvertrauten, noch bevor der Lehm, aus dem wir geformt wurden, an der Sonne getrocknet war.

Und Seine Worte schlummern noch in unseren Herzen wie ein halb vergessenes Liebeslied, und manchmal schlagen sie wie Blitze in unser Bewusstsein ein.

Seine Rede war einfach und herzerfreuend, Seine Stimme war wie frisches Wasser, das auf eine ausgetrocknete Erde fällt.

Einmal hob Er Seine Hände gen Himmel, so dass Seine Finger wie die Zweige eines Bergahorns erschienen, und Er sagte mit lauter Stimme: »Die Propheten von einst haben zu euch gesprochen, und eure Ohren sind voll von ihren Worten. Ich aber sage euch, macht eure Ohren frei von allem, was ihr gehört habt!« Und diese Worte »Ich aber sage euch« wurden nicht von einem Menschen unserer Rasse ausgesprochen oder von jemandem aus dieser Welt, sondern vielmehr von einer Schar Seraphine, die den Himmel Judäas überflogen. Immer wieder zitierte Er das Gesetz und die Propheten, und dann fuhr Er fort: »Ich aber sage euch ...«

Welche Leuchtkraft hatten diese Worte für uns!

Was für gewaltige Wellen unbekannter Meere spülten an die Küsten unseres Geistes, eingeleitet durch die Worte »Ich aber sage euch«! Was für leuchtende Sterne, welche die Finsternisse unserer Herzen erhellten!

Und welch wachsame Seelen, die das Morgenrot erwarteten!

Um treffend von Jesu Reden sprechen zu können, müsste man diese Reden oder ihr Echo besitzen. Ich aber besitze weder Seine Reden noch ihr Echo.

Ich bitte euch, mir zu vergeben, dass ich eine Geschichte begonnen habe, die ich nicht zu Ende führen kann. Aber das Ende ist noch nicht auf meinen Lippen. Es ist noch ein Liebeslied im Wind.

Naaman von den Gadarenern,
ein Freund Stephanus'

Seine Jünger sind verstreut. Er vermachte ihnen das Leiden, bevor Er selbst dem Tode überliefert wurde. Sie werden gejagt wie das Wild des Waldes und die Füchse des Feldes, und der Köcher des Jägers ist noch voller Pfeile. Wenn sie gefangen genommen und zu Tode verurteilt werden, sind sie fröhlich, und ihre Gesichter strahlen wie der Bräutigam am Hochzeitstag, denn Er hinterließ ihnen auch das Vermächtnis der Freude.

Ich hatte einen Freund aus dem Norden; sein Name war Stephanus. Weil er verkündete, dass Jesus der Sohn Gottes ist, wurde er auf den Marktplatz geschleppt und dort gesteinigt.

Als Stephanus zu Boden fiel, streckte er die Arme aus, als ob er wie sein Meister sterben wollte. Seine Arme breiteten sich aus wie Flügel, die zum Flug bereit waren. Und mit meinen eigenen Augen sah ich ein Lächeln auf seinen Lippen, als der letzte Lichtschimmer in seinen Augen erlosch. Es war ein Lächeln wie die Brise, die vor dem Ende des Winters aufzieht und den Beginn des Frühlings verheißt.

Wie soll ich es beschreiben?

Es schien, als ob Stephanus sagen wollte: »Auch wenn ich in eine andere Welt käme, wo andere Menschen mich auf einem anderen Marktplatz kreuzigen würden, selbst dann würde ich Ihn verkünden wegen der Wahrheit, die in Ihm war und die nun in mir wohnt.« Ich sah einen Mann in seiner Nähe stehen und die Steinigung von Stephanus mit Befriedigung beobachten.

Sein Name war Saulus von Tarsus; er war es gewesen, der Stephanus den Priestern, den Römern und der Menge zur Steinigung ausgeliefert hatte. Saulus war kahlköpfig und von kleiner Statur. Seine Schultern waren vorgebeugt und sein

Gesicht war finster. Auf Anhieb war er mir unsympathisch. Man hat mir gesagt, dass er Jesus nun von den Dächern der Häuser verkündet. Es fällt mir schwer, dies zu glauben.
Selbst das Grab hindert Jesus also nicht daran, ins feindliche Lager vorzudringen, um diejenigen zu unterwerfen, die Ihn bekämpften.
Immer noch empfinde ich Abneigung gegen diesen Mann von Tarsus, obgleich ich erfahren habe, dass er nach Stephanus' Tod auf dem Weg nach Damaskus gezähmt und besiegt wurde. Aber sein Kopf ist zu groß für sein Herz, um das Herz eines treuen Jüngers zu sein.
Doch kann ich mich darin irren. Ich irre mich nämlich häufig.

Thomas

Mein Großvater, der ein Rechtsgelehrter war, hat einmal gesagt: »Lasst uns der Wahrheit folgen, wenn sie sich uns manifestiert hat!«
Als Jesus mich rief, folgte ich Ihm, denn Seine Aufforderung war stärker als mein Wille. Doch ich bewahrte meinen gesunden Menschenverstand.
Wenn Er sprach und die anderen wie Zweige im Wind bebten, hörte ich Ihm unbeweglich zu. Aber ich liebte Ihn.
Vor drei Jahren ging Er von uns und ließ eine kleine, verstreute Gemeinde zurück, um Seinen Namen zu singen und Ihn vor den Nationen zu bezeugen.
Zu jener Zeit nannte man mich Thomas, den Zweifler, denn der Schatten meines Großvaters lag noch auf mir; ich hatte es mir angewöhnt abzuwarten, bis eine Wahrheit augenscheinlich wurde.
Ja, ich ging darin so weit, dass ich erst meine Hand in meine eigene Wunde legen musste, um das Blut zu fühlen, bevor ich an meine Schmerzen glaubte.

Aber ein Mensch, der mit seinem Herzen liebt und mit seinem Verstand zweifelt, gleicht einem Galeerensklaven, der auf seiner Ruderbank einschläft und von der Freiheit träumt, bis die Peitsche des Meisters ihn weckt.
Ich selbst war ein solcher Sklave; ich träumte von der Freiheit, während der Schlaf meines Großvaters mich betäubte.
Ich brauchte den Peitschenhieb meiner eigenen Tage.
Selbst in der Gegenwart des Nazaräers blieben meine Augen geschlossen und meine Hände an der Ruderbank gefesselt.
Denn der Schmerz des Zweifels ist zu einsam, als dass er ahnen könnte, dass der Glaube sein Zwillingsbruder ist.
Der Zweifel ist ein unglückliches Findelkind, das sich verirrte. Selbst wenn seine eigene Mutter, die ihm das Leben schenkte, es wiederfände und in ihre Arme schließen wollte, so würde es sich ihr aus Misstrauen und Furcht entziehen.
Der Zweifel wird erst dann die Wahrheit erkennen, wenn seine Wunden behandelt und geheilt wurden.
Ich zweifelte an Jesus bis zu dem Tag, an dem Er sich mir offenbarte, als Er meine eigene Hand nahm und sie in Seine leibhaftigen Wunden legte.
Da glaubte ich und war befreit von meiner Vergangenheit und der Vergangenheit meiner Vorväter.
Der Tote in mir begrub ihre Toten, und der Lebendige in mir wird für den gesalbten König leben, welcher der Menschensohn ist.
Gestern wurde mir mitgeteilt, dass ich Seinen Namen den Persern und Hindus verkünden solle.
Gerne werde ich die Reise dorthin antreten. Und von diesem Tag an bis zu meinem letzten Tag werde ich beim Aufgang der Sonne und bei ihrem Untergang meinen Herrn sehen, der sich glanzvoll erhebt, und ich werde Ihn sprechen hören.

Elmadam, der Logiker

Ihr ersucht mich, über Jesus, den Nazaräer, zu sprechen. Vieles hätte ich über Ihn zu berichten, aber die Zeit ist noch nicht reif dafür. Doch was ich euch jetzt bereits sagen werde, ist wahr, denn alle Reden, die nicht die Wahrheit ans Licht bringen, sind wertlos.

Stellt euch einen Aufrührer vor, der gegen jede etablierte Ordnung rebelliert, einen Bettler, der allem Besitz feindlich gegenübersteht, einen Säufer, der sich nur in der Gesellschaft von Landstreichern und Aussteigern wohl fühlt.

Er war weder ein stolzer Sohn des Staates noch ein würdiger Bürger des Reiches, deshalb hegte Er Misstrauen gegen beide, sowohl den Staat als auch das Reich.

Er wollte so frei und pflichtvergessen leben wie die Vögel des Himmels, deshalb brachten Ihn die Vogeljäger mit ihren Pfeilen auf die Erde zurück. Niemand kann die Mauern von gestern einrammen und den fallenden Steinen entrinnen.

Keiner wird die Schleusen seiner Vorfahren öffnen, ohne in den Fluten zu ertrinken. Dies ist ein Gesetz. Und da der Nazaräer und Seine Jünger dieses Gesetz missachteten, wurden sie vernichtet.

So wie Er handelten viele andere Männer, die den Lauf des Schicksals ändern wollten. Doch sie waren es, die verändert wurden, und sie waren die Verlierer.

An der Stadtmauer gibt es einen unfruchtbaren Weinstock, der keine Reben trägt. Er wächst die Mauer hoch und klammert sich an den Steinen fest. Was würden die anderen Pflanzen wohl sagen, wenn dieser Weinstock von sich behauptete: »Mit meiner Kraft und Schwere werde ich diese Mauern zertrümmern!«? Gewiss würden sie über seine Torheit lachen.

Und auch ich kann nur lachen über diesen Mann und Seine törichten Jünger.

Eine der Marien

Sein Kopf war stets erhoben, und die Flamme Gottes leuchtete in seinen Augen.
Oft war Er traurig, aber Seine Trauer war Zärtlichkeit gegenüber den Leidenden und Zuwendung gegenüber den Einsamen.
Wenn Er lächelte, glich Sein Lächeln dem Hunger derer, die sich nach dem Unbekannten sehnen. Es war wie Staub von Sternen, der auf die Augenlider von Kindern fällt. Und es war wie ein Stück Brot im Mund.
Er war traurig, aber es war eine Trauer, die als ein sanftes Lächeln auf Seinen Lippen erschien.
Es war wie ein goldener Schleier, der über dem Wald liegt, wenn der Herbst Einkehr hält. Und manchmal glich es dem Mondlicht über den Ufern des Sees.
Er lächelte, als ob Seine Lippen ein Lied zum Hochzeitsfest anstimmen wollten.
Dennoch war Er traurig. Es war die Trauer eines Beflügelten, der sich nicht höher als Seine Begleiter emporschwingen möchte.

Rumanos, ein griechischer Dichter

Er war ein Dichter, der für unsere Augen sah und für unsere Ohren hörte; auf Seinen Lippen waren unsere unausgesprochenen Worte, und Seine Finger berührten, was wir nicht fühlen konnten.
Aus Seinem Herzen flog eine große Schar singender Vögel gen Norden und Süden, und die kleinen Blumen auf den Abhängen der Hügel säumten Seine Schritte zum Himmel.
Manchmal sah ich Ihn sich bücken, um die Grashalme zu berühren, und in meinem Herzen hörte ich Ihn sagen:

»Kleine grüne Halme, ihr werdet mit mir in meinem Königreich sein ebenso wie die Eichen von Bessan und die Zedern des Libanon!«

Er liebte die Schönheit in allen Dingen: scheue Kindergesichter oder Myrrhe und Weihrauch aus dem Süden, Er wusste einen Granatapfel oder einen Becher Wein zu schätzen, den Ihm ein Fremder in einem Wirtshaus oder ein reicher Gastwirt freundlich anbot. Er mochte die Blüten des Mandelbaums; einmal beobachtete ich Ihn, wie Er sie in Seinen Händen sammelte und Sein Gesicht in die Blütenblätter tauchte, als ob Er alle Mandelbäume der Welt liebkosen wollte.

Er kannte das Meer und den Himmel; Er sprach von Perlen, deren Licht sich von unserem Licht unterscheidet, und von Sternen, die sich jenseits unserer Nächte befinden.

Er kannte die Gebirge, wie nur die Adler sie kennen, und die Täler waren Ihm vertraut wie nur den Flüssen und Bächen.

Sein Schweigen war eine Wüste und Sein Reden ein Garten.

Ja, Er war ein Dichter, dessen Herz in einer Laube jenseits der höchsten Höhen lebte. Seine Lieder, die Er für unsere Ohren sang, richteten sich gleichzeitig an andere Ohren, an Menschen in fernen Ländern, wo das Leben ewig jung ist und wo die Zeit am Morgen stehen bleibt.

Einst hielt ich selbst mich für einen Dichter. Doch als ich in Bethanien vor Ihm stand, da erfuhr ich, was es bedeutet, ein Instrument mit einer einzigen Saite in Händen zu halten vor demjenigen, der alle Instrumente beherrscht. Denn in Seiner Stimme erklangen das Lachen des Donners, die Tränen des Regens und der fröhliche Tanz der Zweige im Wind.

Seitdem ich weiß, dass meine Lyra nur eine Saite besitzt und dass meine Stimme weder die Erinnerungen von ge-

stern noch die Hoffnungen von morgen heraufzubeschwören vermag, habe ich meine Lyra beiseite gelegt und mich in Schweigen gehüllt.
Doch in der Dämmerung lausche ich stets, um den Dichter zu hören, den Fürsten aller Dichter.

Levi, ein Jünger

Eines Abends kam Er an meinem Haus vorbei, und mein Herz freute sich. Er sprach mich an und sagte: »Komm Levi, folge mir!« Und ich folgte Ihm an diesem Tag.
Am Abend des folgenden Tages bat ich Ihn, mein Haus zu betreten und mein Gast zu sein. Er und Seine Freunde traten über die Schwelle meines Hauses, und Er segnete mich, meine Frau und meine Kinder.
Ich hatte noch andere Gäste. Es waren Zöllner und Gelehrte, und in ihren Herzen waren sie Ihm feindlich gesonnen.
Als wir uns zu Tisch setzten, fragte Ihn einer der Zöllner: »Ist es wahr, dass ihr, du und deine Freunde, das Gesetz nicht einhaltet und am Sabbat Feuer anzündet?«
Jesus entgegnete: »Du hast Recht, wir zünden am Sabbat wirklich Feuer an. Wir möchten nämlich den Sabbat entflammen und mit unseren Fackeln das trockene Stroh aller Tage in Brand stecken!«
Ein anderer Zöllner sagte: »Uns wurde berichtet, dass du mit den Unreinen in Wirtshäusern Wein trinkst!«
Jesus erwiderte: »Ja, auch diese wollen wir erfreuen. Sind wir nicht in die Welt gekommen, um das Brot und den Becher zu teilen mit denjenigen, die ungekrönt und barfuß sind? Selten, viel zu selten sind die federlosen Vögel, die sich dem Wind aussetzen, und zu zahlreich sind die gefiederten, beflügelten Vögel, die in ihrem Nest bleiben. Wir

suchen sie alle mit unserem Schnabel zu füttern, die Trägen ebenso wie die Flinken.«

Und wieder ein anderer fragte: »Hat man mir recht berichtet, dass du die Prostituierten von Jerusalem schützt?« Als ich Jesus ins Gesicht sah, erblickte ich darin die Felsengipfel des Libanon, und Er antwortete:

»Es ist wahr! Am Tag der Abrechnung werden diese Frauen vor dem Thron meines Vaters erscheinen, und sie werden reingewaschen werden von ihren eigenen Tränen. Ihr aber werdet am Boden liegen, gefesselt von den Ketten des Richterspruchs. Wahrlich, Babylon wurde nicht seiner Prostituierten wegen zerstört. Babylon fiel in Asche, damit die Augen seiner Heuchler nicht länger das Tageslicht sehen.«

Noch andere Zöllner wollten Ihm Fragen stellen, doch ich gab ihnen ein Zeichen, davon abzulassen, denn ich wusste, dass Er sie beschämen würde. Aber auch sie waren meine Gäste, und ich wollte sie nicht gedemütigt sehen.

Um Mitternacht verließen die Zöllner mein Haus, und ihre Seelen lahmten.

Da schloss ich meine Augen und sah in einer Vision sieben Frauen in weißen Gewändern, die Jesus umstanden. Ihre Arme waren über ihrer Brust gekreuzt, und ihre Köpfe waren gebeugt. Ich versuchte, den Dunst meines Traumes zu durchdringen, und ich konnte das Gesicht einer der sieben Frauen deutlich erkennen, und es leuchtete in meiner Dunkelheit.

Es war das Gesicht einer bekannten Prostituierten in Jerusalem. Da öffnete ich meine Augen und sah Jesus an. Er lächelte mich und die anderen an, welche die Tafel noch nicht verlassen hatten. Erneut schloss ich meine Augen und sah unter einem Lichtstrahl sieben Männer in weißen Gewändern um Ihn herumstehen. Ich schaute das Traumgesicht eindringlich an und erkannte eins der Gesichter. Es

war das Gesicht des Diebes, der später zu Seiner Rechten gekreuzigt wurde.
Bald darauf verließen Jesus und Seine Freunde mein Haus und zogen ihres Weges.

Eine Witwe in Galiläa

Mein Sohn war mein Erstgeborener und Einziger. Er arbeitete auf unseren Feldern, und er war zufrieden, bis er diesen Mann Jesus zu der Menge sprechen hörte.
Da veränderte sich mein Sohn plötzlich, als ob ein fremder, schädlicher Geist sich seiner bemächtigt hätte.
Er verließ die Felder und den Garten und überließ mich meinem Schicksal. Er selbst wurde zu einem nichtsnutzigen Landstreicher. Dieser Mann Jesus von Nazareth war bösartig, denn welcher gute Mensch trennt einen Sohn von seiner Mutter?
Die letzten Worte, die mein Sohn zu mir sprach, waren diese: »Ich gehe mit einem Seiner Jünger in den Norden. Mein Leben ist von nun an auf dem des Nazaräers gegründet. Du hast mich zur Welt gebracht, und ich bin dir dankbar dafür. Aber jetzt muss ich gehen. Lass ich dir nicht unser reiches Land sowie unser Gold und Silber zurück? Ich werde nichts mitnehmen außer diesem Gewand und diesem Stab.«
So sprach mein Sohn und verließ mich.
Und nun haben die Römer und die Priester Hand an Jesus gelegt und Ihn gekreuzigt. Sie taten recht so! Ein Mann, der Mutter und Sohn trennt, kann nicht göttlich sein!
Und der Mann, der unsere Kinder in die Städte der Heiden schickt, ist nicht unser Freund.
Ich weiß, dass mein Sohn nie mehr zu mir zurückkehren wird. Ich las es in seinen Augen. Und darum hasse ich Jesus

von Nazareth, der die Ursache dafür ist, dass ich alleine bin mit diesen ungepflügten Feldern und dem verwilderten Garten. Und ich hasse auch alle, die Ihn rühmen.

Vor wenigen Tagen erzählte man mir, dass Jesus gesagt hat: »Mein Vater, meine Mutter und meine Brüder sind diejenigen, die meine Worte hören und mir folgen.«

Warum aber sollen Söhne ihre Mütter verlassen und in Seine Fußstapfen treten?

Warum soll mein Sohn einer unbekannten Quelle wegen die Milch in meinen Brüsten vergessen?

Warum soll er die Wärme meiner Arme aufgeben für ein kaltes, unfreundliches Land im Norden?

Ja, ich hasse den Nazaräer, und ich werde Ihn bis zum Ende meiner Tage hassen, denn Er hat mich meines Erstgeborenen und meines einzigen Sohnes beraubt.

Judas, ein Vetter Jesu

In einer Augustnacht verweilten wir mit dem Meister auf einem Anger – nicht weit vom See –, den die Alten »Schädelstätte« nannten. Jesus lag ausgestreckt auf dem Rasen und betrachtete die Sterne. Da sahen wir plötzlich zwei Männer atemlos auf uns zu eilen, als ob sie um ihr Leben liefen. Als sie uns erreicht hatten, fielen sie dem Meister zu Füßen.

Jesus stand auf und fragte sie: »Woher kommt ihr?«

Einer der Männer antwortete: »Von Machairus.«

Jesus schaute ihn beunruhigt an und fragte: »Was ist mit Johannes?«

Die Männer entgegneten: »Heute wurde er getötet. Man hat ihn in seiner Gefängniszelle enthauptet.«

Jesus hob Seinen Kopf und entfernte sich von uns. Nach einer Weile kam Er zurück und stand wieder in unserer

Mitte. Und Er sprach: »Der König hätte den Propheten vor diesem Tag töten können. Er hat das Vergnügen seiner Untertanen auf eine harte Probe gestellt. Die Könige von einst zögerten nicht so lange, den Kopf eines Propheten an die Kopfjäger auszuliefern. Ich bin betrübt, doch nicht so sehr wegen Johannes als vielmehr wegen Herodes, der zum Schwerte griff.

Bedauernswerter König, der sich wie ein Tier einfangen lässt, um sich an einer Halskette und einem Strick führen zu lassen!

Arme bedeutungslose Vierfürsten, die in ihrer eigenen Nacht verstrickt sind und in der Finsternis stolpern und zu Boden fallen! Doch was wollt ihr aus einem abgestandenen See anderes holen als tote Fische?

Ich verachte die Könige nicht! Sollen sie doch die Menschen regieren, aber unter der Voraussetzung, dass sie weiser sind als jene.«

Der Meister schaute auf die zwei sorgenvollen Gesichter vor Ihm, dann sah Er uns an und fuhr in Seiner Rede fort: »Johannes wurde mit einer Wunde geboren, und das Blut seiner Wunde verströmte in seinen Worten. Er war die Freiheit, die nicht von sich selber befreit ist; er hatte nur mit ehrlichen, redlichen Menschen Geduld.

Er war eine Stimme, die tauben Ohren predigte; ich liebte ihn in seinem Schmerz und in seiner Einsamkeit! Und ich liebte seinen Stolz, der es vorzog, seinen Kopf dem Schwert auszuliefern, statt ihn in den Staub zu beugen.

Wahrlich, ich sage euch, Johannes, der Sohn des Zacharias, war der letzte seiner Rasse, und ebenso wie seine Vorväter wurde er auf der Schwelle vom Tempel zum Altar erschlagen.«

Wieder entfernte sich Jesus eine Weile von uns. Als Er zurückkam, sagte Er: »Schon immer war es so, dass die Regenten einer Stunde die Herrscher vieler Jahre töten; sie

leiten ein Gerichtsverfahren ein und verurteilen einen Menschen, der noch nicht geboren wurde; sie beschließen seinen Tod, noch bevor er ein Verbrechen begangen hat. Fürwahr, der Sohn des Zacharias wird mit mir in meinem Königreich leben, und sein Tag wird lang sein.«
Dann wandte Er sich an die Jünger des Johannes und sagte: »Jede Tat hat ihr Morgen. Vielleicht bin ich selbst das ›Morgen‹ dieser Tat. Kehrt zurück zu den Jüngern meines Freundes und sagt ihnen, dass ich mit ihnen sein werde.«
Da verließen uns die beiden Männer, und sie schienen weniger bekümmert zu sein.
Jesus legte sich in das Gras zurück, breitete Seine Arme aus und gab sich wieder der Betrachtung der Sterne hin.
Ich lag nicht weit von Ihm entfernt. Es war spät, und ich hätte zu gerne geschlafen; aber eine Hand klopfte an die Pforte meines Schlafes, und ich lag wach, bis Jesus und das Morgenrot mich einluden, unseren Weg fortzusetzen.

Ein Mann aus der Wüste

Ich war ein Fremder in Jerusalem. Ich war in die Heilige Stadt gekommen, um den Tempel zu besichtigen und auf seinem Altar zu opfern, denn meine Frau hatte meinem Stamm Zwillingssöhne geboren.
Nachdem ich meine Opfergabe dargebracht hatte, stand ich in der Säulenhalle des Tempels, schaute auf die Geldwechsler und Taubenverkäufer und vernahm das ohrenbetäubende Stimmengewirr im Hof.
Als ich dort so stand, tauchte plötzlich inmitten der Geldwechsler und Taubenverkäufer ein Mann auf, der sich mit raschen Schritten genähert hatte. Er war von Achtung gebietender Erscheinung. In Seiner Hand hielt Er einen Strick aus Ziegenfell, womit Er begann, die Tische der

Geldwechsler umzuwerfen und die Taubenverkäufer zu peitschen.
Ich hörte Ihn mit lauter Stimme sagen: »Gebt diese Vögel dem Himmel zurück, der ihr Nest ist!«
Männer und Frauen flüchteten vor Ihm, und Er bewegte sich in ihrer Mitte wie ein Wirbelwind inmitten von Sanddünen.
All dies ereignete sich in einem Augenblick. Dann war der Tempelhof leer. Nur dieser Mann stand ganz alleine dort, und Seine Begleiter hielten sich in einiger Entfernung von Ihm.
Als ich mich umdrehte, sah ich jemanden in der Säulenhalle stehen. Ich näherte mich ihm und fragte:
»Mein Herr, wer ist dieser Mann, der dort einsam steht wie ein zweiter Tempel?«
Er antwortete:
»Das ist Jesus von Nazareth, ein Prophet, der kürzlich in Galiläa erschien. Hier in Jerusalem hassen Ihn alle.«
Ich entgegnete:
»Mein Herz war stark genug für Seine Peitschen und fügsam genug, um Ihm zu Füßen zu fallen.«
Da ging Jesus auf Seine Begleiter zu, die auf Ihn warteten. Bevor Er sie erreichte, kamen drei Tempeltauben zurückgeflogen; eine von ihnen ließ sich auf Seiner linken Schulter nieder und die zwei anderen zu Seinen Füßen. Er streichelte eine jede von ihnen zärtlich. Dann ging Er weiter, und es waren Meilen in jedem Seiner Schritte.
Nun sag mir, welche Macht besaß Er, Hunderte von Männern und Frauen anzugreifen und zu vertreiben, ohne dass sich einer von ihnen Ihm widersetzte?
Mir wurde gesagt, dass sie Ihn alle hassen. Doch hat niemand Ihm an diesem Tag Widerstand geleistet. Hatte Er ihnen etwa auf Seinem Weg zum Tempel die Giftzähne des Hasses gezogen?

Petrus

Einmal führte Jesus uns bei Sonnenuntergang ins Dorf Bethsaida. Wir waren eine müde und erschöpfte Gesellschaft, bedeckt vom Staub der Landstraßen.

Vor einem großen Haus inmitten eines Gartens machten wir Halt; der Besitzer des Hauses stand am Portal.

Jesus sprach ihn an und sagte: »Diese Männer sind erschöpft und fußlahm, sie brauchen dringend eine Rast, etwas Wärme und Ruhe. Lass sie in deinem Haus schlafen, denn die Nacht ist kalt.«

Doch der reiche Mann entgegnete: »Keinesfalls werden sie in meinem Haus schlafen!«

Jesus sagte: »Dann erlaube ihnen wenigstens, in deinem Garten zu übernachten!«

Der Mann erwiderte: »Auch in meinem Garten lasse ich sie nicht übernachten!«

Da wandte Jesus sich an uns und sprach: »Das ist es, was euch morgen erwartet! Diese Gegenwart verweist auf eure Zukunft: Alle Türen werden sich vor euren Gesichtern schließen, und man wird es ablehnen, dass ihr euer Lager in den Gärten unter dem Sternenhimmel aufschlagt. Doch wenn eure Füße sich noch ein wenig gedulden und mir folgen, so werdet ihr schließlich ein Wasserbecken und ein Bett finden und vielleicht sogar Brot und Wein. Wenn ihr aber nichts von alledem vorfindet, dann denkt daran, dass ihr eine meiner Wüsten durchquert habt. Kommt, lasst uns weitergehen!«

Der reiche Mann schien verunsichert. Er schaute uns verwirrt nach und murmelte etwas in seinen Bart, das ich nicht verstand. Dann drehte er uns seinen Rücken zu und ging in seinen Garten.

Und wir folgten Jesus auf Seinem Weg.

Malachias von Babylon, ein Astronom

Ihr fragt mich nach den Wundern Jesu.
Alle tausend mal tausend Jahre treffen sich Sonne, Mond, die Erde und all ihre Geschwisterplaneten in einer geraden Linie. Dann beratschlagen sie einen Augenblick zusammen, bevor sie wieder auseinander treiben und darauf warten, dass wieder tausend mal tausend Jahre vergehen und sie sich für einen Augenblick wiedersehen.
Kein Wunder ist größer als das der Jahreszeiten. Und du und ich, wir kennen längst nicht alle Jahreszeiten. Wie wäre es, wenn eine Jahreszeit in der Gestalt eines Menschen erschiene? In Jesus vereinten sich die Elemente unseres Körpers mit den Elementen unserer Träume. Alles, was vor Ihm außerhalb der Zeit lag, trat mit Ihm in die Zeit ein.
Man sagt, dass Er Blinde sehend und Lahme gehend machte und dass Er aus den Besessenen die Dämonen vertrieb.
Vielleicht ist Blindheit nur ein dunkler Gedanke, den ein heller Gedanke vertreiben kann. Ein lahmes Glied ist möglicherweise nur Trägheit, die sich durch Energieübertragung beleben lässt. Und vielleicht können Dämonen, diese Unruhegeister unseres Lebens, durch Engel des Friedens und der Heiterkeit verscheucht werden.
Ja, man sagt sogar, dass Er Tote ins Leben zurückrief. Wenn ihr mir sagen könnt, was der Tod ist, werde ich euch sagen, was das Leben ist.
Auf einem Feld sah ich einmal eine Eichel, ein scheinbar nutzloses und unscheinbares Ding. Als ich aber im Frühling wiederkam, hatte die Eichel Wurzeln geschlagen und streckte sich zur Sonne aus; es war der Beginn eines mächtigen Eichenbaums.
Sicher werdet ihr das als Wunder bezeichnen. Und solches Wunder vollzieht sich tausend und abertausend Male im

Schlummer jedes Herbstes und in der Leidenschaft jedes Frühlings.
Warum soll es sich nicht auch im Herzen der Menschen ereignen können? Warum sollen sich die Jahreszeiten nicht treffen in den Händen oder auf den Lippen eines Gesalbten?
Wenn Gott der Erde die Kraft schenkte, eine scheinbar tote Saat in ihrem Innern zum Leben keimen zu lassen, warum sollte Er dem Menschenherzen nicht die Kraft verleihen, Leben in ein anderes Herz zu hauchen, das scheinbar tot ist?
Ich sprach von jenen Wundern, die ich für gering erachte im Vergleich zu dem ungleich größeren Wunder, das dieser Mann selber ist, dieser Wanderer, dieser Mann, der meinen Unrat in Gold verwandelte, der mich lehrte, diejenigen zu lieben, die mich hassen, der meinem Leben Erquickung schenkte und meinem Schlaf die angenehmsten Träume.
Das ist das Wunder in meinem eigenen Leben.
Meine Seele war blind und lahm, und ich war besessen von ruhelosen Geistern, und ich war tot.
Nun aber sehe ich klar und gehe aufrecht. Ich lebe in Frieden mit mir, und jede Stunde des Tages bezeuge und verkünde ich mein lebendiges Sein.
Ich gehöre nicht zu Seinen Jüngern. Ich bin nur ein alter Astronom, der die Felder des Kosmos in jeder Jahreszeit einmal besucht, um seine Gesetze und Wunder zu beobachten.
Ich habe die Abenddämmerung meines Lebens erreicht, und wenn ich das Morgenrot meines Lebens suche, dann halte ich Ausschau nach der Jugend Jesu.
Denn immer sucht das Alter die Jugend. In mir ist die Wissenschaft jetzt auf der Suche nach der Vision.

Ein Philosoph

Als Er unter uns lebte, betrachtete Er uns und unsere Welt mit staunenden Augen, denn Sein Blick war nicht unverhüllt vom Schleier der Jahre; alles, was Er sah, war hell und erschien Ihm im Lichte Seiner Jugend.
Obwohl Er die Schönheit zutiefst kannte, ließ Er sich immer wieder überraschen von ihrer Pracht und ihrem Frieden.
Er betrachtete die Erde, wie der erste Mensch den ersten Tag anschaute.
Wir, deren Sinne abgestumpft sind, wir blicken auf die Erscheinungen des Tages und sehen nichts, wir hören und vernehmen nichts, wir strecken unsere Hände aus und fühlen nichts. Und wenn man für uns den gesamten Weihrauch Arabiens verbrennen würde, wir würden unseren Weg fortsetzen, ohne etwas zu bemerken.
Wir sehen nicht, wie der Bauer bei Anbruch der Nacht von seinen Feldern heimkehrt, wir hören nicht die Flöte des Hirten, wenn er seine Herde auf die Weide führt, und wir strecken unsere Hand nicht aus, um das Abendrot zu berühren. Unsere Nasenflügel sehnen sich nicht nach dem Duft der Rosen von Saron.
Nein, wir ehren keinen König ohne Königreich, und wir hören den Klang der Harfen erst, wenn die Finger ihre Saiten berühren. Wir sehen nicht das Kind in unserem Olivenhain spielen, als wenn es selbst ein junger Olivenbaum wäre.
Alle Worte müssen von den Lippen kommen, sonst glauben wir, dass wir ein Gespräch mit Taubstummen führten.
Wahrlich, wir schauen und sehen nichts, wir hören und vernehmen nichts, wir essen und trinken, ohne etwas zu schmecken. Und darin unterscheiden wir uns von Jesus, dem Nazaräer.

Seine Sinne waren stets wach; für ihn war die Welt immer wieder eine neue Welt.

Ihm galt das Stammeln eines Kindes nicht weniger als der Schrei der ganzen Menschheit, während es für uns einfach nur ein Stammeln ist.

Für Ihn bedeutete die Wurzel einer Butterblume das Streben nach Gott, während wir in ihr lediglich die Wurzel einer Blume sehen.

Uriah, ein alter Mann aus Nazareth

Er blieb ein Fremder unter uns, und Sein Leben verbarg sich hinter dichten Schleiern. Er ging nicht auf dem Pfad unseres Gottes, sondern schlug den Weg der Unreinen und Ehrlosen ein.

Seine Kindheit lehnte sich auf und verschmähte die süße Milch unserer Natur.

Seine Jugend entflammte wie trockenes Gras, das in der Nacht brennt. Und als Er ein Mann wurde, richtete Er Seine Waffen gegen uns alle.

Solche Menschen werden zur Zeit der Ebbe menschlicher Güte empfangen und während unheiliger Stürme geboren. Im Gewitter leben sie einen Tag lang, dann verschwinden sie für immer.

Erinnert ihr euch nicht an den eingebildeten, anmaßenden Jüngling, der mit unseren gebildeten Ältesten im Tempel ein Streitgespräch führen wollte und sich über ihre Weisheit lustig machte?

Erinnert ihr euch nicht an Seine Jugend, als Er noch von Seiner Säge und Seinem Meißel lebte? An den Festtagen sah man Ihn nie mit unseren Söhnen und Töchtern zusammen, vielmehr zog Er sich zurück und wanderte auf einsamen Wegen.

Er erwiderte unseren Gruß nicht, so als wäre Er erhaben über uns.
Einmal traf ich Ihn auf dem Feld und grüßte Ihn; Er lächelte nur, und in Seinem Lächeln bemerkte ich Arroganz und Herablassung.
Kurz darauf ging meine Tochter mit ihren Freundinnen in den Weinberg, um Trauben zu pflücken. Auch sie sprach Ihn an, aber Er antwortete nicht. Hingegen unterhielt Er sich mit den Arbeitern im Weinberg und nahm keine Notiz von meiner Tochter.
Als Er Seine Familie verließ, um als Vagabund und Landstreicher zu leben, wurde Er ein Schwätzer. Seine Worte waren wie Krallen in unserem Fleisch, und der Klang Seiner Stimme ist ein anhaltender Schmerz in unserer Erinnerung.
Er schmähte uns, unsere Väter und Vorväter, und mit Seiner Zunge traf Er auf unsere Herzen wie mit giftigen Pfeilen.
So war Jesus.
Wenn Er mein Sohn gewesen wäre, hätte ich Ihn den römischen Legionen Arabiens übergeben und den Hauptmann gebeten, Ihn an vorderster Front aufzustellen, so dass die Pfeile des Feindes Ihn treffen und mich von Seiner Anmaßung befreien.
Doch ich habe keinen Sohn. Und vielleicht sollte ich dafür dankbar sein. Denn was wäre, wenn mein Sohn ein Feind seines eigenen Volkes wäre?
Meine grauen Haare würden den Staub des Bodens berühren, und mein weißer Bart wäre entehrt.

Nikodemus, ein Dichter, der Jüngste im Ältestenrat

Zahlreich sind die Unverständigen, die behaupten, dass Jesus sich selbst im Wege stand, dass Er nicht wusste, was Er wollte, und dass Er sich aufgrund mangelnder Einsicht selber zugrunde richtete. Ebenso zahlreich sind die Eulen, die außer ihrem eigenen Geheul kein anderes Lied kennen. Ihr und ich, wir kennen die Wortkünstler, die nur einen größeren Gaukler anerkennen, Männer, die ihre Köpfe in Körben zum Marktplatz tragen und sie dem ersten besten Abnehmer verkaufen.

Wir kennen die Zwerge, deren Befriedigung es ist, die Riesen zu beschimpfen, und wir wissen, was das Unkraut über die Eiche oder die Zeder sagt.

Ich empfinde Mitleid mit ihnen, denn sie sind nicht imstande, die Höhen zu erklimmen. Ich bemitleide den verkümmerten Dornenstrauch, der die Ulme beneidet, weil sie den Jahreszeiten trotzt. Doch mein Mitleid, selbst wenn es von der Anteilnahme aller Engel begleitet ist, vermag ihnen kein Licht zu bringen.

Ich kenne die Vogelscheuche, deren zerrissene Kleider im Kornfeld flattern, obgleich sie selber tot ist für das Korn und den singenden Wind.

Ich kenne die flügellose Spinne, die ein Netz spinnt, um alles einzufangen, was fliegt.

Ich kenne die Wichtigtuer und Ausposauner, die in der Flut ihres eigenen Lärms weder die Feldlerche noch den Ostwind im Wald hören können.

Ich kenne denjenigen, der gegen alle Ströme rudert und dennoch nie die Quelle erreicht, und jenen, der dem Lauf aller Flüsse folgt, sich aber nicht getraut, ins Meer zu münden. Ich kenne denjenigen, der seine ungelernten Hände den Tempelbauern anbietet, und wenn man seine unerfahrenen Hände ablehnt, sich insgeheim sagt: »Ich werde all das zerstören, was sie aufbauen.« Ich kenne all jene; es sind die gleichen, die Jesus vorwerfen, dass Er an einem Tag sagte: »Ich bringe euch den Frieden!« und an einem anderen Tag: »Ich bringe das Schwert!«

Sie verstehen nicht, dass Er damit in Wahrheit sagte: »Ich bringe den Menschen guten Willens den Frieden, und ich lege das Schwert zwischen jene, die den Frieden wünschen, und jene, die den Krieg wollen.«

Sie wundern sich, dass der gleiche Mund, der behauptete: »Mein Königreich ist nicht von dieser Welt«, auch sagte: »Erstattet Cäsar, was Cäsars ist!«

Sie wissen nicht, dass sie dem Türhüter ihrer Bedürfnisse keinen Widerstand leisten sollten, wenn sie wirklich frei werden wollen, um das Königreich der Passion zu betreten. Es empfiehlt sich nämlich, diesen Obolus freudig zu entrichten, um in jene Stadt einzutreten.

Solche Menschen werfen Jesus vor: »Er predigte Güte und Elternliebe, aber Er beachtete weder Seine Mutter noch Seine Brüder, als sie Ihn in den Straßen Jerusalems aufsuchten.«

Sie wissen nicht, dass Seine Mutter und Seine Brüder in ihrer ängstlichen Liebe Ihn an die Hobelbank zurückzuholen gedachten, während Er dabei war, unsere Augen für das Morgenrot eines neuen Tages zu öffnen.

Seine Mutter und Seine Brüder hätten Ihn im Schatten des Todes leben lassen, Er aber hatte sich angeschickt, dem Tod auf jenem Hügel zu trotzen, auf dass Er ewig in unserem Gedächtnis weiterlebe.

Ich kenne diese Maulwürfe; sie graben unterirdische Gänge, die nirgendwohin führen. Sind es nicht dieselben, die Jesus der Selbstverherrlichung bezichtigen, da Er zu der Menge sagte: »Ich bin der Weg und das Tor zum Heil«, ja mehr noch, sich als das Leben und die Auferstehung bezeichnete? Aber Jesus beanspruchte damit nicht mehr und nicht weniger als der Monat Mai in seinem Zenit. Sollte Er etwa die strahlende Wahrheit nicht verkünden, weil sie so strahlend ist?

Er sagte mit Recht, dass Er der Weg, das Leben und die Auferstehung der Herzen ist, und ich bin ein Zeuge Seiner Wahrheit. Erinnert ihr euch nicht an mich, den Nikodemus, der an nichts glaubte außer an Gesetze und Verordnungen, deren Einhaltung ich sklavisch unterworfen war?

Doch schaut mich nun an: einen Mann, der mit dem Leben geht und der mit der Sonne lacht vom ersten Augenblick ihres Aufgangs über den Bergen an bis zu ihrem Untergang hinter den Hügeln.

Warum schreckt ihr zurück vor dem Wort »Erlösung«? Ich selbst fand durch Ihn meine Erlösung.

Ich kümmere mich nicht mehr darum, was mir morgen zustoßen kann, denn ich weiß, dass Jesus meinen Schlaf erquickt und meine entfernten Träume zu Begleitern und Weggefährten für mich macht. Bin ich weniger Mensch, weil ich an einen größeren Menschen glaube? Die Schranken meines Fleisches fielen nieder, als der Poet Galiläas zu mir sprach; ein Geist ergriff mich und hob mich zu höchsten Höhen empor; hoch oben in den Lüften vereinte sich mein Flügelschlag mit den Melodien himmlischer Liebe.

Als ich aus den luftigen Höhen hinabstieg und im Ältestenrat meine Schwingen wieder beschnitten wurden, vernahmen noch meine gestutzten Schwingen diese Melodie und behielten sie. Und alle Dürftigkeit der Niederungen kann mich dieses Schatzes nicht mehr berauben.

Ich habe nun genug geredet. Mögen die Tauben das Summen des Lebens in ihren toten Ohren begraben. Ich begnüge mich mit dem Ton Seiner Lyra, die Er noch spielte, während Seine von Nägeln durchbohrten Hände bluteten.

Joseph von Arimathäa, zehn Jahre später

Es gab im Herzen des Nazaräers zwei Lebensströme: den Seiner Verwandtschaft mit Gott, den Er Vater nannte, und den der Ekstase, die Er als das Königreich der überirdischen Welt bezeichnete. In meiner Einsamkeit dachte ich an Ihn und folgte den beiden Strömen Seines Herzens. An den Ufern des einen traf ich meine eigene Seele; manchmal war sie eine bettelnde Vagabundin und manchmal eine Prinzessin in ihrem Garten.
Dann folgte ich dem anderen Strom Seines Herzens. Unterwegs begegnete ich jemandem, den man angegriffen und seines Geldes beraubt hatte, und er lächelte. Später traf ich den Räuber, der ihn bestohlen hatte, und auf seinem Gesicht sah ich ungeweinte Tränen.
Dann hörte ich das Rauschen dieser beiden Ströme in meiner eigenen Brust, und ich freute mich darüber.
Als ich Jesus an dem Abend besuchte, bevor Pontius Pilatus und die Ältesten Ihn ergriffen, unterhielten wir uns lange. Ich stellte Ihm zahlreiche Fragen, und Er beantwortete sie alle mit der gleichen Geduld und Liebenswürdigkeit.
Als ich Ihn verließ, war ich überzeugt davon, dass Er der Herr und Meister unserer Erde ist.
Es ist schon lange her, dass diese Zeder abgeholzt wurde, aber ihr Wohlgeruch bleibt erhalten und wird sich für immer in die vier Himmelsrichtungen dieser Erde verströmen.

Georgus von Beirut

Einmal weilten Er und Seine Freunde in dem Pinienhain jenseits meiner Einzäunung, und Er sprach zu ihnen. Ich stand an der Hecke und hörte zu. Ich wusste, wer Er war, denn Sein Ruf war ihm vorausgeeilt, bevor Er selber unsere Gegend erreichte.

Als Er zu sprechen aufhörte, trat ich zu Ihm und sagte: »Meister, komm mit diesen Männern, und gib mir und meinem Haus die Ehre!«

Er lächelte mich an und erwiderte: »Nicht heute, mein Freund, nicht heute!«

Seine Worte waren wohltuend wie ein Segen, und Seine Stimme umschloss mich wie ein warmer Mantel in einer kalten Nacht.

Dann wandte Er sich an Seine Freunde und sagte: »Seht einen Mann, der uns nicht für Fremde hält; obgleich er uns vor diesem Tag noch nie gesehen hat, lädt er uns ein, über die Schwelle seines Hauses zu treten.

Wahrlich, in meinem Königreich gibt es keine Fremden. Unser Leben ist das Leben aller. Es wurde uns gegeben, damit wir alle Menschen kennen lernen und, indem wir sie kennen, lieben. Die Taten aller Menschen sind auch unsere Taten, die verborgenen ebenso wie die sichtbaren.

Ich lege euch ans Herz, nicht abgekapselt zu leben, sondern gemeinsam, der Hausbesitzer und der Obdachlose, der Sämann und der Spatz, der das Samenkorn aufpickt, noch bevor die Erde es aufnimmt, der Spender, der aus Dankbarkeit gibt, und der Empfänger, der seine Gabe stolz und dankbar annimmt.

Die Schönheit des Tages besteht nicht allein in dem, was ihr seht, sondern auch darin, was die anderen sehen.

Deshalb habe ich euch erwählt unter den vielen, die mich erwählt haben.«

Dann wandte Er sich wieder an mich und sprach: »Alles, was ich sagte, gilt auch für dich, und du wirst dich daran erinnern!«

Ich wiederholte meine Bitte und sagte: »Meister, willst du nicht in mein Haus kommen?«

Doch Er erwiderte: »Ich kenne dein Herz, und ich habe dein größeres Haus besucht.«
Bevor Er sich mit Seinen Jüngern entfernte, sagte Er zu mir: »Gute Nacht, und möge dein Haus groß genug sein, um alle Wanderer in dieser Gegend zu beherbergen!«

Maria Magdalena

Sein Mund war wie das Herz eines Granatapfels, und die Schatten Seiner Augen waren tief.
Er war gelassen wie ein Mann, der sich seiner Kraft bewusst ist. In meinen Träumen sah ich die Könige der Erde ehrfurchtsvoll vor Ihm stehen.
Gerne würde ich Sein Gesicht beschreiben, aber wie könnte ich es? Es war wie die Nacht ohne ihre Dunkelheit und wie der Tag ohne seinen Lärm und seine Betriebsamkeit. Es war ein trauriges und heiteres Gesicht zugleich.
Ich erinnere mich daran, wie Er einmal Seine Hand zum Himmel erhob, so dass Seine gespreizten Finger den Zweigen einer Ulme glichen.
Ich sehe Ihn vor mir den Abend durchschreiten. Er lief nicht; Er selbst war wie ein Weg oberhalb des Weges und wie eine Wolke über der Erde, die sich neigt, um die Erde zu betauen.
Wenn ich vor Ihm stand und mit Ihm sprach, dann war Er ein Mann mit Seinem ausdrucksvollen, wissenden Gesicht, und Er fragte mich: »Was willst du, Miriam?«
Ich antwortete Ihm nicht, doch die Schwingen meines Herzens umschlossen und hüteten mein Geheimnis und mir wurde warm ums Herz. Da ich Sein Licht nicht länger ertrug, drehte ich mich um und entfernte mich; aber ich empfand keine Scham. Ich war nur scheu und wollte allein sein, um Seine Finger auf den Saiten meines Herzens zu fühlen.

Jotham von Nazareth zu einem Römer

Ebenso wie allen anderen Römern, mein Freund, liegt es dir näher, dir das Leben vorzustellen, als es zu leben.
Ihr beherrscht lieber andere Länder, als euch vom Geist beherrschen zu lassen. Ihr zieht es vor, andere Völker und Rassen zu erobern und von ihnen verflucht zu werden, als in Rom zu bleiben und geehrt und glücklich zu leben.
Euer Denken kreist um aufmarschierende Armeen und Kriegsschiffe, die zum Angriff vom Stapel gelassen werden. Wie könntet ihr also Jesus von Nazareth verstehen, einen einfachen Menschen, der weder mit Armeen noch Schiffen anrückte, um ein Königreich in den Herzen zu errichten und ein Imperium in den freien Räumen der Seelen?
Wie könntet ihr diesen Menschen begreifen, der kein Krieger war und den lediglich die Kraft des mächtigen Äthers erfüllte?
Er war kein Gott, sondern ein Mensch wie wir alle, und dennoch wuchs in Ihm die Myrrhe der Erde empor, um den Weihrauch des Himmels zu berühren, und in Seinen Worten erreichte unser Gestotter das Flüstern des Unsichtbaren; in Seiner Stimme vernahmen wir ein unergründliches Lied.
Ja, Jesus war ein Mensch und kein Gott; daraus resultiert unsere Verwunderung und unser Staunen.
Doch ihr, Römer, staunt nur über Götter, und kein Mensch kann euch überraschen. Deshalb versteht ihr auch den Nazaräer nicht.
Er gehörte der Jugend des Geistes an, während ihr seinem Alter zugehört.
Heute regiert ihr uns, doch warten wir einen Tag! Wer weiß, ob es nicht dieser Mann ohne Armeen und Kriegsschiffe sein wird, der morgen herrscht? Wir, die wir dem Geist folgen, werden Blut schwitzen, während wir hinter

Ihm hergehen. Rom aber wird wie ein bleiches Skelett in der Sonne liegen.
Wir werden viel Leid erdulden, doch wir werden leben, während Rom sich in Staub auflösen wird. Doch wenn das erniedrigte und gedemütigte Rom Seinen Namen anrufen wird, wird Er seinen Knochen neues Leben einhauchen, so dass es sich wieder erhebt als eine Stadt unter den Städten der Erde. Und dies wird Er ohne Legionen vollbringen und ohne Sklaven, die Seine Galeeren rudern, sondern aus eigener Kraft.

Ephraim von Jericho

Als Er wieder einmal nach Jericho kam, suchte ich Ihn auf und sagte zu Ihm:
»Meister, morgen wird mein Sohn heiraten. Ich bitte dich, sei unser Gast, und beehre unser Haus durch deine Gegenwart, so wie du es bei der Hochzeit zu Kana in Galiläa tatest.«
Er entgegnete: »Es ist wahr, dass ich auf der Hochzeit zu Kana war. Aber jetzt werde ich kein Gast mehr auf Hochzeiten sein, denn nun bin ich selber der Bräutigam.«
Ich bestand auf meiner Einladung und sagte:
»Meister, ich bitte dich, komm zum Hochzeitsfest meines Sohnes!«
Er lächelte, und mit einem Anflug von Vorwurf in Seiner Stimme sagte Er: »Warum legst du so viel Wert auf mein Kommen? Hast du etwa nicht genug Wein?«
Ich erwiderte: »Meine Krüge sind voll, Meister. Aber ich bitte dich, meiner Einladung zu folgen.«
Darauf sagte Er: »Wer weiß, vielleicht komme ich. Gewiss komme ich, wenn dein Herz ein Altar in deinem Tempel ist.«

Am nächsten Tag wurde mein Sohn getraut, doch Jesus erschien nicht zur Hochzeit. Obgleich wir zahlreiche Gäste hatten, kam es mir vor, als sei niemand gekommen. Ja, nicht einmal ich selbst, der die Gäste empfing, war wirklich anwesend.
Vielleicht war mein Herz kein Altar, als ich Ihn einlud?
Vielleicht hatte ich tatsächlich nur den Wunsch gehabt, ein neues Wunder zu erleben?

Barka, ein Kaufmann aus Tyros

Ich glaube, dass weder die Römer noch die Juden Jesus von Nazareth verstanden, nicht einmal Seine Jünger, die jetzt Seinen Namen predigen, verstanden Ihn wirklich.
Die Römer töteten Ihn, und das war ein Fehler. Die Galiläer wollen einen Gott aus Ihm machen, und das ist ein Irrtum.
Jesus kam aus dem Herzen der Menschen.
Ich habe mit meinen Schiffen die sieben Weltmeere bereist. Auf den Marktplätzen entfernter Städte trieb ich Handel mit Königen und Prinzen ebenso wie mit Betrügern und Schwindlern. Doch niemals bin ich einem Mann begegnet, der die Kaufleute so gut verstand wie Er.
Einmal hörte ich Ihn dieses Gleichnis erzählen. Ein Kaufmann wollte in ein fremdes Land reisen. Er gab jedem seiner beiden Diener eine Hand voll Gold und sagte zu ihnen: Sobald ich auf Reisen bin, brecht auch ihr auf und nutzt die Gelegenheit, um Gewinn zu erzielen! Macht redliche Geschäfte, und seht zu, dass ihr durch Nehmen und Geben einander dient.
Nach einem Jahr kehrte der Kaufmann zurück. Er ließ die beiden Diener kommen und fragte sie, was sie mit seinem Gold gemacht hätten.

Der eine Diener sagte: Schau, Meister, ich habe gekauft und verkauft und dabei diese Gewinne erzielt.

Der Kaufmann antwortete: Der Gewinn soll dir gehören, denn du hast recht gehandelt, und du warst mir und dir selbst gegenüber zuverlässig.

Dann näherte sich der andere Diener und sagte: Meister, ich hatte Angst, dein Gold zu verlieren. Deshalb habe ich weder gekauft noch verkauft. Sieh, dein Gold befindet sich unangetastet in diesem Geldbeutel.

Der Kaufmann nahm das Gold und sagte: Wie kleingläubig du doch bist! Handeln und verlieren ist besser, als nichts zu unternehmen. Denn so wie der Wind die Saat zerstreut und auf Früchte wartet, so müssen alle Kaufleute handeln. Für dich ist es besser, in Zukunft für andere zu arbeiten und ihnen zu dienen. Indem Jesus so sprach, enthüllte Er das ganze Geheimnis des Handels, obgleich Er selbst kein Kaufmann war.

Übrigens, Seine Gleichnisse führten mir Länder vor Augen, die entfernter waren als die entferntesten, die ich je bereist hatte, und dennoch waren sie mir näher als mein Haus und meine Waren.

Aber der junge Nazaräer war kein Gott; und es ist schade, dass Seine Jünger versuchen, aus einem Weisen einen Gott zu machen.

Pumia, die Hohepriesterin von Sidon zu anderen Priesterinnen

Nehmt eure Harfen und begleitet meinen Gesang,
zupft die goldenen und silbernen Saiten!
Ich will den furchtlosen Helden besingen,
der den Drachen des Tales tötete
und dann voll Mitleid auf das Tier am Boden
blickte, das Er besiegt hatte.

Nehmt eure Harfen und huldigt mit mir
der mächtigen Eiche auf dem Bergesgipfel,
dem Mann, dessen Herz ein Himmel ist
und dessen Hand ein Meer,
der die bleichen Lippen des Todes küsste
und nun auf den Lippen des Lebens erscheint.

Nehmt eure Harfen und preist mit mir
den kühnen Jäger im Gebirge,
der das Raubtier anvisierte
und es mit Seinem unsichtbaren Pfeil traf,
so dass Hörner und Hauer zu Boden fielen.

Nehmt eure Harfen und rühmt mit mir
den heldenhaften Jüngling,
der die Bergdörfer eroberte
sowie die Dörfer in den Tälern,
die sich wie Schlangen im Sand einrollen.
Nicht gegen Zwerge trat Er an, sondern gegen
Götter, die nach unserem Fleisch hungerten
und nach unserem Blut dürsteten.

Wie der erste goldene Falke
maß Er sich nur mit Adlern im Wettstreit,
denn mit Seinen gewaltigen, prächtigen Schwingen
wollte Er Schwächere nicht ausstechen.

Nehmt eure Harfen und singt mit mir
das ewige Lied des Meeres und der Klippen,
denn die Götter sind tot.
Unbeweglich liegen sie
auf einer vergessenen Insel
im vergessenen Meer,
und der sie tötete,
sitzt auf Seinem Thron.

Er war noch ein Jüngling
in Seinem Frühling,
Sein Bart war flaumig,
und Er hatte Seinen Sommer noch nicht
die Felder bestellen sehen.

Nehmt eure Harfen und verherrlicht mit mir
den Sturm im Walde,
der die trockenen Zweige bricht,
der die lebendigen Wurzeln dazu treibt,
tiefer in den Schoß der Erde einzudringen.

Nehmt eure Harfen und spielt mit mir
das unsterbliche Lied unseres Geliebten!
Doch nein, ihr Jungfrauen,
haltet inne mit dem Spiel eurer Hände
und legt eure Harfen beiseite!
Es ist jetzt nicht die Zeit, Ihm aufzuspielen,
denn das ohnmächtige Geflüster unseres Gesangs
wird weder Seinen Sturm erreichen
noch Sein majestätisches Schweigen durchdringen.

Legt eure Harfen beiseite
und schart euch um mich!
Ich will Seine Worte wiederholen
und euch von Seinen Taten berichten,
denn das Echo Seiner Stimme
ist tiefer als unsere Passion.

Benjamin, der Schriftgelehrte

Man hat gesagt, Jesus sei ein Feind Roms und Judäas gewesen. Ich aber sage, dass Jesus weder der Feind eines einzelnen Menschen noch irgendeiner Rasse war.
Ich habe Ihn sagen hören: »Die Vögel des Himmels und die Gipfel der Berge kümmern sich nicht um die Schlangen in ihren finsteren Höhlen.
Lasst die Toten ihre Toten begraben! Ihr aber weilt unter den Lebendigen und schwingt euch auf zu höheren Höhen!«
Ich selbst war nicht Sein Jünger. Ich war nur einer der vielen, die Ihm folgten, denn ich freute mich daran, Sein Gesicht anzuschauen.
Er blickte auf Rom und auf uns, die wir Sklaven Roms sind, wie ein Vater auf seine Kinder schaut, die mit ihrem Spielzeug spielen und sich um das größere untereinander streiten. Und aus Seinen Höhen sah Er lächelnd auf uns hinab.
Er war größer als Staat und Volk. Er war größer als die Revolution. Er war einmalig und allein, und Er war ein Erwachen. Er weinte all unsere unvergossenen Tränen und lachte all unsere Rebellionen.
Wir wussten, dass es in Seiner Macht lag, mit allen noch Ungeborenen zur Welt zu kommen und sie sehend zu machen – nicht mit ihren Augen, sondern mit den Seinen.
Jesus war der Beginn eines neuen Königtums auf dieser Erde, und Sein Königreich wird überdauern.
Er war der Sohn und Enkel aller Könige, die das Königreich des Geistes errichten.
Und nur die Könige des Geistes haben unsere Welt tatsächlich regiert.

Zachäus

Ihr glaubt das, was man euch sagt. Glaubt vielmehr dem Unausgesprochenen, denn das Schweigen der Menschen kommt der Wahrheit näher als ihre Worte.

Ihr wollt wissen, ob Jesus Seinem demütigenden Tod hätte entrinnen können und ob Er die Möglichkeit gehabt hätte, Seine Jünger vor Verfolgungen zu verschonen.

Ich meine, Er hätte ihm entrinnen können, wenn Er es gewollt hätte, aber Er suchte weder für sich selbst Sicherheit, noch war Er darauf bedacht, Seine Herde vor den Wölfen der Nacht zu schützen.

Er kannte Sein Schicksal und auch das zukünftige Geschick Seiner treuen Freunde. Er sah voraus und prophezeite, was mit jedem von uns geschehen wird.

Es war nicht so, als ob Er Seinen Tod suchte, aber Er akzeptierte ihn wie ein Landwirt, der das Samenkorn der Erde anvertraut und den Winter akzeptiert, bevor der Frühling kommt und die Zeit der Ernte, oder wie ein Baumeister, der den größten Stein ins Fundament legt.

Wir waren Männer von Galiläa und von den Abhängen des Libanon. Unser Meister hätte mit uns in unser Land kommen können, um Seine Jugend in unseren Gärten zu verbringen bis in die Tage des Alters, das uns ins Meer der Jahre lotst. Was hätte Ihn daran hindern können, in die Tempel unserer Dörfer einzutreten, wo andere die Propheten lasen, die ihre Herzen öffneten?

Oder Er hätte sagen können: »Nun wende ich mich mit dem Westwind gen Osten!« Auf diese Weise hätte Er uns entlassen können mit einem Lächeln auf Seinen Lippen.

Ja, Er hätte sagen können: »Kehrt zurück zu euren Familien und Verwandten! Die Welt ist für mich noch nicht bereit. Ich werde in tausend Jahren wiederkommen. Lehrt eure Kinder unterdessen, meine Rückkehr zu erwarten.«

Er hätte dies tun können, wenn Er es gewollt hätte.
Aber Er wusste, um den unsichtbaren Tempel zu bauen, musste Er selber als Eckstein herhalten und uns als kleine Kieselsteine um sich herum zementieren.
Er wusste, dass der Saft Seines Himmelsbaumes aus Seinen Wurzeln strömen musste, und so begoss Er sie mit Seinem Blut. Für Ihn war das kein Opfer, sondern Gewinn.
Der Tod ist es, der alle demaskiert und entschleiert. Der Tod Jesu offenbarte Sein Leben.
Wäre Er euch und Seinen Feinden entgangen, so wärt ihr die Eroberer der Welt geworden. Um dies zu vermeiden, ging Er euch und ihnen nicht aus dem Weg.
Nur derjenige, der alles verlangt, gibt alles hin.
Ja, Jesus hätte Seinen Feinden entkommen können und bis ins vorgerückte Alter in Ruhe und Frieden leben können. Doch Er kannte das flüchtige Dahinschwinden der Jahreszeiten, und Er wollte Sein Lied singen.
Wer würde es nicht vorziehen, wenn er einer bewaffneten Welt gegenüberstünde, für einen Augenblick besiegt zu werden, um dadurch Jahrhunderte zu erobern?
Und nun wollt ihr wissen, wer Jesus in Wahrheit tötete, die Römer oder die Priester von Jerusalem. Weder die Römer noch die Priester töteten Ihn. Die ganze Welt umstand Ihn, um Ihn auf diesem Hügel zu ehren.

Jonathan

Eines Tages ruderten meine Geliebte und ich auf dem Süßwassersee, und die Hügel und Berge des Libanon umgaben uns von allen Seiten.
Wir ruderten in der Nähe der Trauerweiden, die sich im Wasser spiegelten. Ich steuerte das Boot mit einem Ruder, meine Geliebte nahm ihre Laute und begann zu singen:

Welche Blume außer dem Lotos
kennt Wasser und Sonne zugleich?
Welches Herz – wenn nicht das Herz des Lotos –
ist mit Erde und Himmel gleichermaßen vertraut?

Betrachte die goldene Blume, Geliebter,
die zwischen Tiefen und Höhen dahingleitet
unserer Liebe gleich,
die zwischen zwei Ewigkeiten schwebt,
da sie von Anfang an war
und für immer sein wird.

Tauche dein Ruder ins Wasser, Geliebter,
während ich die Saiten meiner Laute zupfe!
Folgen wir den Trauerweiden,
ohne uns von den Wasserlilien zu entfernen!

In Nazareth lebt ein Dichter,
dessen Herz wie der Lotos ist.
Er kennt die Seele der Frau und ihren Durst,
den kein Wasser löscht,
und ihren Hunger nach der Sonne,
den keine Nahrung stillt.

Er soll sich in Galiläa aufhalten;
ich aber glaube, dass Er mit uns rudert.
Siehst du nicht Sein Gesicht dort im See,
wo sich die Zweige der Trauerweide
mit ihrem Spiegelbild im Wasser treffen.
Er gleitet mit uns über den See.

Wie gut ist es, Geliebter,
die Jugend des Lebens zu kennen
und ihre singende Freude zu erfahren!

Mögest du immer dein Ruder halten
und ich die Saiten meiner Laute erklingen lassen,
während der Lotos in der Sonne lacht,
die Trauerweide sich im Wasser spiegelt
und Seine Stimme von den Saiten der Laute ertönt.

Tauche dein Ruder ins Wasser, Geliebter,
und lass mich auf der Laute spielen.
Es gibt einen Dichter in Nazareth,
der uns beide kennt und liebt.
Tauche dein Ruder ins Wasser, Geliebter,
und lass mich auf den Saiten der Laute spielen!

Anna von Bethsaida im Jahre 73

Die Schwester meines Vaters hatte uns in ihrer Jugend verlassen und war in eine Hütte gezogen, die am Rande der ehemaligen Weingärten ihres Vaters lag.
Dort lebte sie alleine. Die Landleute aus der Umgebung suchten sie bei Krankheiten auf, und sie heilte sie mit grünen Kräutern, mit Wurzeln und Blumen, die sie in der Sonne getrocknet hatte. Sie galt allgemein als eine Seherin, aber es gab auch Leute, die sie für eine Hexe oder eine Zauberin hielten.
Eines Tages sagte mein Vater zu mir: »Bring meiner Schwester diese Weizenbrote, den Krug Wein und den Korb Trauben!«
Alles wurde auf den Rücken eines Fohlens geladen, und ich machte mich auf den Weg zu meiner Tante, die sich über mein Kommen freute.
Als wir am Spätnachmittag – die Kühle des ausklingenden Tages genießend – draußen saßen, kam ein Mann an der Hütte vorbei. Er grüßte die Schwester meines Vaters und

sagte: »Einen schönen Abend, und der Segen der Nacht sei mit dir!«

Da stand meine Tante auf, blieb ehrfürchtig vor Ihm stehen und erwiderte: »Einen schönen Abend, Meister aller guten Geister und Besieger aller Dämonen!« Der Mann lächelte sie an und ging Seines Weges.

Ich lachte insgeheim, denn ich glaubte, dass die Schwester meines Vaters spinnig und wunderlich sei. Nun aber weiß ich, dass sie nicht närrisch war, sondern dass ich es war, die nichts verstanden hatte.

Ihr war mein unterdrücktes Lachen nicht verborgen geblieben. Ohne eine Spur von Unwillen sagte sie zu mir: »Hör gut zu, meine Tochter, achte auf mein Wort und bewahre es in deinem Gedächtnis! Dieser Mann, der gerade vorüberging wie der Schatten eines Vogels, der zwischen Himmel und Erde dahinfliegt, wird den Sieg über Kaiser und Kaiserreiche davontragen. Er wird mit dem gekrönten Stier Chaldäas kämpfen ebenso wie mit dem Menschenkopf tragenden Löwen Ägyptens. Er wird sie alle besiegen und die Welt beherrschen. Diese Erde aber, auf der Er jetzt schreitet, wird sich in nichts auflösen, und Jerusalem, das voller Stolz auf den Hügeln thront, wird in Rauch aufsteigen und mit dem Winde verwehen.«

Bei diesen Worten verwandelte sich mein Lachen in Sprachlosigkeit, und ich schwieg. Dann fragte ich sie: »Wer ist dieser Mann, aus welchem Land kommt Er und aus welchem Stamm? Und wie wird Er die großen Könige und ihre Königreiche besiegen?«

Sie antwortete: »Er ist in diesem Land geboren, aber unsere Sehnsucht erwartete Ihn seit Anbeginn der Zeiten. Er kommt aus allen Stämmen und dennoch aus keinem. Er wird siegen durch das Wort Seines Mundes und durch die Flamme Seines Geistes.«

Auf einmal erhob sie sich, und während sie aufrecht stand

wie ein Felsen, sagte sie: »Möge der Engel des Herrn mir verzeihen, wenn ich auch diese Worte noch ausspreche: Man wird Ihn töten und Seine Jugend wird in ein Leichentuch gehüllt werden. Schweigend wird man Ihn neben das Herz der Erde legen, und die Jungfrauen Judäas werden Ihn beweinen.«
Indem sie ihre Hand zum Himmel erhob, fuhr sie fort: »Doch nur Sein Körper wird getötet werden. Sein Geist wird aufsteigen und Sein Heer anführen auf dem Weg von dieser Erde, wo die Sonne geboren wird zu jenem Land, in das die Sonne bei ihrem Untergang versinkt. Und Sein Name wird der Erste sein unter den Menschen.«
Meine Tante war eine betagte Seherin, als sie mir all diese Dinge sagte, und ich war erst ein junges Mädchen, ein ungepflügter Acker, ein einzelner Stein, der noch nicht in eine Mauer gefügt worden war.
Aber alles, was sie im Spiegel ihres Geistes sah, ereignete sich zu meinen Lebzeiten.
Jesus von Nazareth ist von den Toten auferstanden, und Er führte Männer und Frauen zu dem Land des Sonnenuntergangs. Die Stadt, die Ihm den Prozess machte, fiel der Zerstörung anheim, und in der Gerichtshalle, wo Er verhört und verurteilt wurde, heulen jetzt die Eulen Klagelieder, während die Nacht den Tau ihres Herzens auf den zertrümmerten Marmor weint.
Ich bin inzwischen eine alte Frau geworden, und die Jahre haben mich gebeugt. Meine Familie ist ausgestorben, und meine Rasse wurde ausgelöscht.
Nur noch einmal habe ich Ihn nach dieser Begegnung bei der Schwester meines Vaters wiedergesehen, und einmal noch hörte ich Seine Stimme. Es war auf dem Gipfel eines Hügels, wo Er zu Seinen Freunden und Jüngern sprach.
Und nun bin ich alt und einsam, doch Er sucht mich oft in meinen Träumen auf.

Dann erscheint Er mir wie ein weißer, beflügelter Engel, der mit Seiner Sanftmut meine Furcht vor der Dunkelheit besänftigt und mich zu entfernten Träumen emporhebt.
Ich bin immer noch ein ungepflügter Acker, eine reife Frucht, die nicht fallen will. Alles, was ich besitze, ist die Wärme der Sonne und die Erinnerung an diesen Mann.
Ich weiß, dass aus dem Schoße meines Volkes weder Könige, Propheten noch Priester hervorgehen werden, wie es die Schwester meines Vaters prophezeite. Wir werden vergehen im Fluss der Zeit, und wir werden namenlos sein. Diejenigen aber, die Ihn im Strom ihres Lebens kreuzten, werden im Gedächtnis der Menschen weiterleben, weil sie in ihrem flüchtigen Leben Ihm begegneten.

Manesse, ein Rechtsanwalt in Jerusalem

Es ist wahr, ich pflegte mir Seine Reden anzuhören, denn Er hatte immer ein treffendes Wort auf den Lippen. Doch meine Bewunderung galt dem Menschen mehr als dem Führer.
In Seinen Predigten gab es etwas, das meinen Geschmack und möglicherweise auch meinen Verstand überstieg. Und außerdem dulde ich es nicht, dass jemand mir predigt.
Was mich beeindruckte, waren Seine Stimme und Seine Gesten, nicht der Inhalt Seiner Reden. Er faszinierte mich, ohne mich zu überzeugen, denn Er blieb zu verschwommen, zurückhaltend und ungenau, um meine Vernunft zu erreichen.
Ich kenne andere Männer wie Ihn. Sie sind weder beständig noch konsequent. Durch ihre Beredtsamkeit und nicht durch ihre Prinzipien fesseln sie dein Ohr und deine flüchtigen Gedanken, aber den Kern deines Herzens vermögen sie nicht zu erreichen.

Es ist bedauerlich, dass Seine Feinde Ihn bekämpften und auf diese Weise Sein Ende beschleunigten. Das wäre nicht nötig gewesen, denn ihre Feindschaft kommt Ihm nur zugute, indem sie Sein Ansehen vermehrt und Seine Sanftmut in Macht verwandelt.

Ist es nicht merkwürdig, dass ihr einen Menschen ermutigt, wenn ihr ihm entgegentretet? Und indem ihr seine Schritte hemmt, lasst ihr ihm Flügel wachsen.

Ich kenne Seine Feinde nicht. Ich bin aber sicher, dass sie Ihm in ihrer Furcht vor einem in Wirklichkeit harmlosen Menschen Kraft verliehen haben und Ihn gefährlich machten.

Jephta von Cäsarea

Gegen diesen Mann, der eure Tage füllt und euch in euren Nächten aufsucht, empfinde ich nichts als Abneigung. Dennoch plagt ihr meine Ohren mit Seinen Worten und meinen Geist mit Seinen Taten. Ich bin Seiner Worte und Taten überdrüssig. Schon Sein Name und der Name Seiner Region beleidigen mich. Ich will nichts von Ihm wissen.

Warum macht ihr einen Propheten aus einem Menschen, der nichts als ein Schatten war? Warum erblickt ihr einen Turm da, wo es lediglich eine Sanddüne gibt, und warum seht ihr die Regentropfen, die sich in dieser Fußspur sammeln, als einen See an?

Es ist nicht so, als würde ich Dinge gering schätzen wie das Echo der Höhlen in den Tälern oder die langen Schatten des Sonnenuntergangs. Aber ich will weder den in euren Köpfen summenden Schwindeleien ein Ohr leihen noch ihren Widerschein in euren Augen erblicken.

Welche Worte sprach Jesus, die nicht Halliel schon lange vor Ihm verkündete? Welche Weisheit offenbarte Er, die nicht von Gamaliel stammte? Was ist Sein Stottern im Vergleich zu der Stimme Philons? Welche Zimbeln schlug Er an, die nicht schon vor Ihm erklangen?

Ich lausche dem Echo der Höhlen in der Stille der Täler, und ich betrachte die langen Schatten des Sonnenuntergangs, aber ich dulde nicht, dass das Herz dieses Mannes nachbetet, was andere vor Ihm verkündeten, und ich lasse nicht zu, dass der Schatten eines Sehers sich als Prophet bezeichnet.

Welcher Mensch hat das Recht zu sprechen, nachdem Jesaja gesprochen hat? Wer wagt nach David noch zu singen? Und kann die Weisheit noch einmal zur Welt kommen, nachdem Salomo Seinen Vätern gefolgt ist?

Was ist mit unseren Propheten, deren Zungen Schwerter und deren Lippen Flammen waren? Ließen sie etwa noch einen Strohhalm zurück für diesen Ährenleser aus Galiläa? Oder eine gefallene Frucht für den Habenichts aus dem Norden? Es blieb nichts für Ihn übrig, als das Brot zu brechen, das unsere Vorfahren gebacken hatten, und den Wein einzugießen, den ihre heiligen Füße gekeltert hatten aus den Reben der Vergangenheit.

Was mich betrifft, so ehre ich des Töpfers Hand und nicht den Mann, der die Ware kauft. Ich ehre diejenigen, die am Webstuhl sitzen, um ein Gewebe zu verfertigen, und nicht denjenigen, der es trägt.

Wer war dieser Jesus von Nazareth und was ist Er? Ein Mann, der es nicht wagte, Seine Ideen zu leben. Deshalb geriet Er in Vergessenheit, und das ist Sein Ende.

Ich bitte euch, behelligt meine Ohren nicht mehr mit Seinen Worten und Taten. Mein Herz ist erfüllt von den Propheten der Vergangenheit, und das genügt mir.

Johannes, der geliebte Jünger in seinem Alter

Ihr möchtet, dass ich euch über Jesus berichte. Doch wie könnte ich das Passionslied der Welt in ein hohles Rohr bannen?

In jedem Augenblick des Tages gedachte Jesus Seines Vaters. Er sah Ihn in den Wolken und den Schatten der Wolken, die über der Erde schweben. Er sah des Vaters Antlitz sich in den stillen Teichen spiegeln und Er entdeckte Seine Fußspuren im Sand; oftmals schloss Er Seine Augen, um in Seine heiligen Augen zu blicken.

Die Nacht sprach zu Ihm mit der Stimme des Vaters; in der Einsamkeit hörte Er den Engel des Herrn Ihn rufen. Und wenn Er schlief, vernahm Er das Flüstern des Himmels in Seinen Träumen.

Oft war Er glücklich in unserer Gesellschaft und nannte uns Seine Brüder.

Stellt euch vor, Er, das erste Wort, nannte uns Brüder, obgleich wir nur Silben waren, die gestern gestammelt wurden.

Ihr wollt wissen, warum ich Ihn das erste Wort nenne? Hört zu, ich will es euch sagen: Am Anfang bewegte sich Gott im Raum, und aus Seinen unermesslichen Bewegungen entstand die Erde, aus der die Jahreszeiten geboren wurden.

Gott bewegte sich wieder, und das Leben strömte aus Ihm hervor. Und der Lebenswille erforschte seine Höhen und Tiefen und begehrte mehr Leben.

Dann sprach Gott, und Seine Worte waren der Mensch, und der Mensch war Geist, gezeugt von Gottes Geist.

Als Gott sprach, war Christus Sein erstes Wort, und dieses Wort war vollkommen. Bei der Geburt Jesu von Nazareth wurde dieses erste Wort an uns Menschen gerichtet, und Sein Klang wurde Fleisch und Blut.

Jesus, der Gesalbte des Herrn, war das erste Wort Gottes, das sich an die Menschen richtete, es war wie ein Apfelbaum im Obstgarten, der einen Tag früher blüht und Knospen treibt als alle anderen Apfelbäume, und in Gottes Garten entsprach dieser Tag einem Äon.

Wir alle sind Söhne und Töchter des Allerhöchsten, aber der Gesalbte war Sein Erstgeborener, den Jesus von Nazareth verkörperte; Er nahm Seinen Leib an, um unter uns zu wohnen.

Ich sage euch all dies, damit ihr nicht nur mit dem Verstande, sondern mit eurem Geist versteht. Der Verstand wägt und misst, aber der Geist ist es, der das Herz des Lebens erreicht und sein Geheimnis in sich aufnimmt. Und die Saat des Geistes ist unsterblich.

Der Wind mag sich erheben und wieder legen, die See mag ansteigen und abebben, doch das Herz des Lebens ist ein beständiger, heiterer Bereich. Der Stern, der darin aufstrahlt, wird für alle Zeiten leuchten und in Ewigkeit nicht untergehen.

Mannus aus Pompeji zu einem Griechen

Die Juden ertragen es ebenso wenig wie die Phönizier und Araber, dass ihre Götter sich einen Augenblick auf den Schwingen des Windes ausruhen. Sie schenken ihnen zu viel Aufmerksamkeit und wachen zu streng darüber, dass Gebet, Gottesdienst und Opfer von allen eingehalten werden.

Während wir Römer unseren Göttern Marmortempel errichten, diskutieren sie über die Natur ihrer Götter. Sind wir in Ekstase, singen wir und umtanzen die Altäre von Jupiter und Juno, von Mars und Venus. Wenn sie dagegen in Verzückung geraten, tragen sie Kleider aus Sackleinen, bedecken ihre Häupter mit Asche und beklagen den Tag, der sie zur Welt brachte.

Jesus, den Mann, der Gott als Wesen der Freude verkündete, folterten und töteten sie.

Diese Menschen werden nicht glücklich mit einem glücklichen Gott. Sie kennen nur die Götter ihrer Leiden.

Selbst die Freunde und Jünger Jesu, die Seine Heiterkeit und Fröhlichkeit kennen gelernt und Sein Lachen gehört hatten, stellen Ihn dar in einem Bild der Trübsal und des Leidens, und sie verehren dieses Bild. In ihrer Verehrung erheben sie sich nicht zu den Sphären ihrer Götter, vielmehr zerren sie die Götter auf ihre Ebene hinunter.

Dennoch bin ich der Meinung, dass dieser Philosoph Jesus, der Sokrates übrigens nicht unähnlich war, Einfluss auf Seine Rasse und andere Rassen ausüben wird. Wir sind nämlich alle Geschöpfe, die zur Traurigkeit und Besorgnis neigen. Wenn jemand sagt: »Lasst uns mit den Göttern fröhlich sein!«, so sollten wir seiner Stimme Gehör schenken. Umso merkwürdiger ist es, dass man die Leiden dieses Mannes ritualisiert und sie zum Objekt der Verehrung macht.

Diese Menschen sahen in Ihm wohl einen zweiten Adonis, den Gott, der im Wald getötet wurde. Wie schade, dass sie nicht mehr Augenmerk auf Sein Lachen richteten!

Doch lasst einen Römer einem Griechen ruhig eingestehen: Hören wir selbst denn das Lachen Sokrates' in den Straßen Athens? Wird es uns jemals gelingen, den Schierlingstrank zu vergessen, auch im Theater des Dionysos?

Pflegen unsere Väter nicht immer noch die Gewohnheit, an einer Straßenecke zusammenzustehen, um sich mit Bekannten über ihre Beschwerden zu unterhalten? Sie verschaffen sich einen Augenblick der Befriedigung, indem sie des traurigen Endes aller großen Persönlichkeiten gedenken.

Pontius Pilatus

Meine Frau hatte häufig von Ihm gesprochen, bevor Er mir vorgeführt wurde, aber ich hatte ihren Worten keine besondere Aufmerksamkeit geschenkt.

Meine Frau ist nämlich eine Schwärmerin, und wie viele römische Frauen ihres Ranges begeistert sie sich für die orientalischen Kulte und Riten. Dies ist gefährlich für das Reich, denn wenn jene Kulte einen Weg in die Herzen unserer Frauen finden, wirken sie zersetzend und zerstörend.

Mit Ägypten war es beispielsweise zu Ende, als die Hyksos aus Arabien den alleinigen Gott ihrer Wüste dort einführten. Griechenland wurde besiegt und zerfiel in Staub und Bedeutungslosigkeit, als der Kult Astartes und ihrer sieben Jungfrauen von den Küsten Syriens an die griechischen Küsten gelangte.

Was Jesus betrifft, so hatte ich Ihn nie gesehen, bevor Er mir als Missetäter überantwortet wurde, als ein Feind Seiner eigenen Nation und Roms.

Man führte Ihn mit gefesselten Händen in die Gerichtshalle, und ich saß vorne auf einem erhöhten Sitz. Er näherte sich mit festen Schritten, dann stand Er aufrecht und erhobenen Hauptes vor mir.

Bis jetzt kann ich nicht begreifen, was in diesem Augenblick in mir vorging, denn ich verspürte plötzlich den Wunsch – wenn auch nicht den Willen – aufzustehen, vom Podium hinabzusteigen und vor Ihm niederzufallen.

Es war mir, als hätte Cäsar die Halle betreten oder ein Mensch, der noch größer ist als Rom.

Diese Reaktion dauerte einen Augenblick. Dann sah ich nur noch einen Mann vor mir, den Sein eigenes Volk des Verrats beschuldigte, und ich war Sein Gebieter und Sein Richter.

Ich begann, Ihn zu verhören, aber Er antwortete nicht. Er

sah mich nur an, und in Seinem Blick lag Mitleid, als ob Er mein Gebieter und mein Richter sei.

Da erhob sich von draußen das Geschrei des Volkes, während Er schwieg und mich weiterhin voll Mitleid ansah.

Ich ging hinaus und zeigte mich auf den Stufen des Palastes. Als das Volk mich sah, hörten sie auf zu schreien, und ich fragte sie: »Was wollt ihr, das mit diesem Mann geschehe?«

Sie riefen wie aus einer Kehle: »Wir wollen Ihn kreuzigen! Er ist unser Feind und der Feind Roms.« Einige begannen zu rufen: »Hat Er nicht gesagt, dass Er den Tempel zerstören will? Und wollte Er sich nicht zu unserem König machen? Wir haben keinen König außer Cäsar.«

Ich verließ sie und kehrte in die Gerichtshalle zurück. Er stand dort alleine, und Sein Kopf war immer noch erhoben. Da erinnerte ich mich, bei einem griechischen Philosophen gelesen zu haben: »Der einsame Mensch ist der Stärkste von allen.« Und in diesem Moment war der Nazaräer größer als Seine Rasse. Ich schonte Ihn nicht, denn Er befand sich jenseits meiner Nachsicht.

Ich fragte Ihn: »Bist du der König der Juden?« Aber ich erhielt keine Antwort von Ihm. Ich fragte noch einmal: »Hast du nicht gesagt, dass du der König der Juden bist?«

Da schaute Er mich an und antwortete mit ruhiger Stimme: »Du selbst hast mich als König anerkannt! Vielleicht bin ich dazu geboren und in die Welt gekommen, um für die Wahrheit Zeugnis abzulegen.« Stellt euch einen Mann vor, der in diesem Augenblick von der Wahrheit spricht!

In meiner Ungeduld erwiderte ich mit lauter Stimme, und meine Frage war ebenso sehr an mich selbst wie an Ihn gerichtet: »Was ist Wahrheit? Und was bedeutet sie dem Unschuldigen, wenn die Hand des Henkers bereits auf Ihm liegt?«

Da entgegnete Jesus mit Entschiedenheit: »Niemand wird die Welt regieren außer im Geist und in der Wahrheit!«
Ich fragte: »Bist du aus dem Geist?«
Er antwortete: »Ebenso wie du, obgleich du dir dessen nicht bewusst bist.«
Welche Bedeutung haben eigentlich Geist und Wahrheit, wenn ich um der Staatsräson willen und aus Respekt den alten überlieferten Riten gegenüber einen Unschuldigen dem Tode auslieferte?
Kein Mensch, keine Rasse und kein Reich werden sich auf dem Weg zu ihrer Selbstverwirklichung von einer Wahrheit aufhalten lassen.
Ich fragte Ihn noch einmal: »Bist du der König der Juden?«
»Du selbst sagst es«, entgegnete Er, »ich habe die Welt vor dieser Stunde erobert.«
Diese Worte waren unziemlich, denn Rom allein hatte die Welt erobert. Nun erhoben sich wieder die Stimmen des Volkes, und der Tumult war lauter als zuvor.
Ich erhob mich von meinem Sitz und sagte zu Ihm: »Folge mir!«
Wieder erschien ich auf den Stufen des Palastes, und Er stand neben mir.
Als das Volk Ihn sah, tobte es wie dröhnender Donner. Und aus all dem Lärm und Geschrei vernahm ich nichts anderes als die Worte: »Kreuzige Ihn! Kreuzige Ihn!«
Da übergab ich Ihn den Priestern, die Ihn mir ausgeliefert hatten, und forderte sie auf: »Macht mit diesem Gerechten, was ihr wollt! Und wenn ihr es wünscht, nehmt römische Soldaten, um Ihn zu bewachen!«
Sie nahmen Ihn und führten Ihn ab. Ich ordnete noch an, dass man auf dem Kreuz über Seinem Kopf folgende Inschrift anbringen sollte: »Jesus von Nazareth, König der Juden«. Ich hätte stattdessen schreiben lassen sollen: »Jesus von Nazareth, ein König«.

Und dieser Mann wurde entblößt, gegeißelt und gekreuzigt. Es hätte in meiner Macht gestanden, Ihn zu retten, aber Seine Rettung hätte eine Revolution verursacht, und es ist ein Gebot der Klugheit – insbesondere für Gouverneure römischer Provinzen –, die religiösen Skrupel einer eroberten Rasse zu respektieren.

Ich glaube immer noch, dass dieser Mann mehr war als ein Rebell. Was ich anordnete, entsprach nicht meinem Willen, sondern geschah zum Wohle Roms.

Kurze Zeit später verließen wir Syrien, und von diesem Tag an wurde meine Gemahlin schwermütig. Manchmal sehe ich auf ihrem Gesicht – sogar in diesem herrlichen Garten hier – eine Tragödie, die sich in ihrer Seele abspielt.

Man hat mir berichtet, dass sie den Frauen Roms viel von Jesus erzählt.

Stellt euch vor, der Mann, den ich zum Tode verurteilte, kommt aus der Welt der Schatten zurück und kehrt in mein eigenes Haus ein!

In meinem Innern stelle ich mir immer wieder die Frage: »Was ist Wahrheit und was ist nicht Wahrheit?«

Könnte es zutreffen, dass dieser Syrer uns in den stillen Stunden unserer Nächte aufsucht, um uns zu unterwerfen und zu erobern? Das darf nicht geschehen! Rom muss über die Alpträume unserer Frauen den Sieg davontragen!

Bartholomäus von Ephesus

Die Feinde Jesu behaupten, dass Er sich mit Seiner Botschaft an Sklaven und Ausgestoßene gerichtet und sie gegen ihre Herren aufgewiegelt habe. Da Er selbst von einfacher Herkunft gewesen sei, sagen sie, habe Er sich an Seine eigene gesellschaftliche Schicht gewandt, obgleich Er stets versucht habe, Seine Herkunft zu verhehlen.

Doch lasst uns die Jünger Jesu betrachten und sehen, wie Er mit ihnen umging!

Zu Beginn wählte Er einige Männer aus dem Norden des Landes als Begleiter aus, die freie Männer waren. Sie besaßen eine kräftige Gestalt und einen kühnen Geist. In den vergangenen vierzig Jahren haben sie den Mut bewiesen, dem Tod mit Bereitwilligkeit und Entschlossenheit entgegenzutreten.

Könnt ihr euch vorstellen, dass solche Männer Knechte und Ausgestoßene waren?

Denkt ihr, die stolzen Prinzen vom Libanon und von Armenien hätten ihren hohen Rang abgelegt, als sie Jesus als den Propheten Gottes anerkannten?

Glaubt ihr etwa, dass die hochgeborenen Männer und Frauen aus Antiochien und Byzanz, aus Athen und Rom sich von der Stimme eines Sklavenhalters hätten beeindrucken lassen?

Nein, der Nazaräer war weder mit dem Knecht gegen seinen Meister noch mit dem Meister gegen seinen Knecht. Er unterstützte niemanden gegen einen anderen.

Er war ein Mensch über allen Menschen. Und die Kraft des Lebens, die durch Seine Nerven und Venen strömte, sang von Liebe und Macht zugleich.

Wenn Edelmut darin besteht, ein Beschützer der Unterdrückten zu sein, dann war Er der edelste aller Menschen.

Wenn sich die Freiheit in Gedanken, Worten und Taten äußert, so war Er der freieste aller Menschen.

Und wenn sich die gute Herkunft im Stolz manifestiert, der nur der Liebe den Vorrang einräumt, sowie in einer Zurückhaltung, die stets freundlich und wohlwollend ist, dann war Er der Höchstgeborene von allen Menschen.

Vergesst nicht, dass nur die Starken und Flinken das Rennen und den Lorbeer gewinnen! Und Jesus wurde sowohl von denjenigen gekrönt, die Ihn liebten, als auch von Sei-

nen Feinden, wenn sie sich dessen auch nicht bewusst waren.
Sogar bis jetzt wird Er täglich von den Priesterinnen der Artemis an einem geheimen Ort ihres Tempels gekrönt.

Matthäus

Eines Abends kam Jesus an dem Gefängnis vorbei, das sich im Davidstor befand, und wir gingen hinter Ihm her.
Plötzlich hielt Er an und berührte mit Seiner Wange die Steine der Gefängismauer und sprach: »Brüder aus alten Zeiten, mein Herz schlägt mit euren Herzen hinter den Gittern. Könntet ihr doch frei sein in meiner Freiheit und mit mir und meinen Freunden durchs Land ziehen!
Wohl seid ihr eingesperrt, aber ihr seid nicht alleine. Zahlreich sind die Gefangenen, die auf den Straßen frei herumlaufen. Ihre Flügel sind nicht beschnitten, doch sie flattern damit nur wie ein Pfau, statt sie zum Fliegen zu benutzen.
Brüder meines zweiten Tages, ich werde euch bald in euren Zellen besuchen und euch für eure Lasten meine Schulter leihen, denn der Schuldige und Unschuldige sind nicht getrennt, sondern den beiden Knochen des Vorderarmes gleich, gehören sie zusammen.
Brüder dieses Tages, der mein Tag ist, ihr seid gegen den Strom der allgemeinen Rechtsvorstellungen geschwommen und gefangen genommen worden. Man sagt, dass auch ich gegen diesen Strom schwimme. Vielleicht werde ich bald in eurer Mitte sein, ein Gesetzesbrecher unter Gesetzesbrechern. Brüder eines Tages, der noch nicht angebrochen ist, diese Wände werden niederfallen, und aus ihren Steinen werden andere Gebäude errichtet werden von dem, dessen Hammer das Licht ist und dessen Meißel der Wind ist. Und ihr werdet frei sein in der Freiheit meines neuen Tages.«

So sprach Jesus und ging weiter, während Seine Hand über die Gefängnismauer glitt, bis Er den Davidsturm hinter sich gelassen hatte.

Andreas

Die Bitterkeit des Todes ist weniger bitter als das Leben ohne Ihn. Seitdem man Ihn zum Schweigen brachte, sind die Tage stumm und reglos. Nur das Echo in meinem Gedächtnis wiederholt Seine Worte – nicht aber Seine Stimme.

Einmal hörte ich Ihn sagen: »Geht hinaus auf die Felder, wenn ihr Lust habt, und setzt euch zu den Lilien! Ihr werdet sie in der Sonne summen hören. Sie weben keine Stoffe für ihre Kleidung und bauen keine Häuser aus Holz und Stein, um darin Schutz zu suchen, und dennoch singen sie. Denn Er, der in den Nächten schafft, sorgt für sie, und der Tau Seiner Gnade liegt auf ihren Blütenblättern.

Sorgt Er nicht auch für euch, Er, der nie müde wird und der sich niemals ausruht?«

Ein anderes Mal hörte ich Ihn sagen: »Die Vögel des Himmels sind von eurem Vater gezählt, und ein jeder von ihnen ist registriert ebenso wie die Haare eures Kopfes. Ohne Seinen Willen wird kein Vogel zu Füßen des Schützen fallen und kein Haar eures Kopfes weiß werden oder ins Nichts zurückkehren.«

Wieder ein anderes Mal sagte er: »Ich hörte euch in euren Herzen flüstern: Unser Gott wird zu uns, den Kindern Abrahams, gnädiger sein als zu jenen, die Ihn nicht von Anfang an kannten. Ich aber sage euch, der Besitzer des Weingartens, der am Morgen einen Arbeiter für die Ernte einstellt und einen anderen gegen Sonnenuntergang und beiden den gleichen Lohn auszahlt, dieser Mann ist in

Wahrheit gerecht. Zahlt er nicht aus seinem eigenen Geldbeutel und nach seinem eigenen Willen?
So wird mein Vater die Tore Seiner Wohnung allen öffnen, die daran klopfen, den Heiden ebenso wie euch, denn Sein Ohr lauscht der neuen Melodie mit der gleichen Liebe und Freude, die Er für das oft gehörte Lied empfindet, und Er heißt das jüngste Lied besonders willkommen, denn es lässt eine neue Saite in Seinem Herzen anklingen.«
Und wieder ein anderes Mal hörte ich Ihn sagen: »Bedenkt, ein Dieb ist ein Mann in Not, und ein Lügner ist ein Mann in Angst. Der Jäger, der von dem Wächter eurer Nacht gejagt wird, wird ebenso vom Wächter seiner eigenen Dunkelheit gejagt.
Ich möchte, dass ihr mit allen Erbarmen habt!
Wenn sie an eurer Tür klopfen, öffnet ihnen euer Haus und ladet sie an euren Tisch ein. Denn wenn ihr sie zurückweist, könnt ihr euch nicht freisprechen von den Missetaten, die sie begehen werden.«
Eines Tages folgte ich Ihm – ebenso wie die anderen – zum Marktplatz von Jerusalem. Er erzählte uns das Gleichnis vom verlorenen Sohn und das von einem Kaufmann, der all seine Besitztümer verkaufte, um eine Perle zu erstehen.
Während Er noch sprach, schleppten die Pharisäer eine Frau heran, die sie als Hure bezeichneten. Sie stellten sich vor Jesus auf und sagten: »Diese Frau hat ihr Ehegelübde gebrochen und wurde bei der Tat überrascht!«
Jesus sah die Frau an, legte Seine Hand auf ihre Stirn und schaute ihr tief in die Augen. Danach wandte Er sich an die Männer, die sie gebracht hatten, und blickte sie lange an. Dann bückte Er sich und begann, mit Seinem Finger ihre Namen auf die Erde zu schreiben. Er schrieb den Namen jedes Mannes, und neben den Namen schrieb Er die Sünden und Fehler, die er begangen hatte. Und während Er noch schrieb, flohen sie beschämt, einer nach dem ande-

ren. Als Er zu schreiben aufhörte, standen nur noch jene Frau und wir um Ihn herum.
Wieder schaute Er der Frau in die Augen und sagte: »Du hast allzu viel geliebt, während diejenigen, die dich hierher brachten, zu wenig lieben. Sie brachten dich mir als Falle, in der ich mich verstricken sollte.
Nun geh in Frieden! Keiner von ihnen ist mehr hier, um dich zu verurteilen. Und wenn du dich dazu entschließen kannst, nach der Weisheit ebenso sehr wie nach der Liebe zu suchen, dann komm zu mir zurück, denn der Menschensohn wird dich nicht richten.«
Ich fragte mich damals, ob Er das zu ihr sagte, weil Er selber nicht ohne Schuld war.
Seit jenem Tag habe ich lange darüber nachgedacht. Doch nun weiß ich, dass nur derjenige, der reinen Herzens ist, dem Durst verzeiht, der zu trüben Wassern führt.
Und nur derjenige, der einen festen Schritt hat, kann dem Strauchelnden die Hand reichen.
Und noch einmal wiederhole ich, dass die Bitterkeit des Todes weniger bitter ist als das Leben ohne Ihn.

Ein reicher Mann

In Seinen Reden kamen die Reichen nicht gut weg. Eines Tages unterbrach ich Ihn und fragte: »Herr, was soll ich tun, um meinen Seelenfrieden zu finden?« Er forderte mich auf, all meine Besitztümer den Armen zu geben und Ihm zu folgen.
Doch Er besaß nichts, und Er kannte deshalb weder die Sicherheit und Freiheit, die solch ein Besitz verleiht, noch die Anerkennung und Selbstwertschätzung, die darin begründet liegt. In meinem Haus gibt es 140 Sklaven und Diener.

Einige davon arbeiten in meinen Wäldern und Weinbergen, andere steuern meine Schiffe zu entfernten Inseln.

Wenn ich Seiner Aufforderung Folge leisten würde und meinen gesamten Besitz den Armen gäbe, was geschähe dann mit meinen Sklaven und Dienern, mit ihren Frauen und Kindern? Sie wären gezwungen, an den Stadttoren oder in der Tempelhalle betteln zu gehen.

Nein, dieser gute Mann hat das Geheimnis des Reichtums nicht begriffen. Da Er und Seine Jünger von der Großzügigkeit und Wohltätigkeit anderer lebten, glaubte Er, dass alle Menschen so leben können.

Hier gibt es einen Widerspruch und ein Rätsel: Sollen die Reichen den Armen ihren gesamten Besitz überlassen, und sollen die Armen den Becher und den Laib Brot des Reichen erhalten, bevor er sie an seinen Tisch lädt? Hat der Besitzer der Burg es nötig, der Gast seiner Pächter zu sein, statt sich selber Herr seines Landes zu nennen?

Die Ameise, die einen Wintervorrat anlegt, ist weiser als die Heuschrecke, die einen Tag singt und den anderen Tag hungert.

Am vergangenen Samstag sagte einer Seiner Jünger auf dem Marktplatz: »Kein Mensch ist würdig, seinen Kopf auf die Schwelle zu legen, wo Jesus Seine Sandalen abgelegt hat.«

Ich aber frage mich, an der Schwelle welchen Hauses soll dieser ehrliche Vagabund Seine Sandalen abgelegt haben?

Er selbst besaß niemals ein Haus, nicht einmal eine Schwelle, und oft ging Er ohne Sandalen.

Johannes auf Patmos

Noch einmal lasst mich von Ihm sprechen. Gott gab mir eine Stimme und brennende Lippen – wenn sie auch der Beredtsamkeit entbehren. Ich bin einer erschöpfenden

Rede unfähig und unwürdig; doch ich werde mein Herz zu Hilfe rufen, damit es auf meinen Lippen sei.

Jesus liebte mich, und ich weiß nicht warum. Und ich liebte Ihn, denn Er beflügelte meinen Geist und ließ ihn zu Höhen aufsteigen, die jenseits meines Ahnens waren, und Er ließ ihn in Tiefen dringen, die jenseits meiner Betrachtungen lagen.

Liebe ist ein heiliges Geheimnis. Sie bleibt ewig sprachlos für diejenigen, die lieben. Denjenigen aber, die nicht lieben, erscheint sie wie ein herzloser Scherz.

Jesus rief mich und meinen Bruder, als wir auf dem Felde arbeiteten. Ich war damals noch sehr jung, und meine Ohren hatten erst die Stimmen der Morgendämmerung vernommen.

Seine Stimme aber war das Ende meiner Arbeit und der Anfang meiner Liebe.

Von da an gab es für mich nichts anderes mehr zu tun, als unter der Sonne zu wandeln und die Schönheit des Augenblicks zu verehren.

Könnt ihr euch eine Majestät vorstellen, die zu gütig ist, um majestätisch zu sein; und eine Schönheit, die zu strahlend ist, als dass man ihre Schönheit wahrnehme?

Könnt ihr in euren Träumen eine Stimme hören, die vor ihrer eigenen Leidenschaft Scheu empfindet?

Er rief mich, und ich folgte Ihm.

An diesem Abend kehrte ich nur ins Haus meines Vaters zurück, um meinen anderen Mantel zu holen. Ich sagte zu meiner Mutter: »Jesus von Nazareth will, dass ich Ihn begleite.«

Sie entgegnete: »Folge Ihm auf Seinem Weg wie dein Bruder!«

Und ich folgte Ihm. Sein Wohlgeruch zog mich an und nahm mich in Beschlag, um mich zu befreien.

Die Liebe ist ein wohlwollender, aufmerksamer Gastgeber

gegenüber den geladenen Gästen, doch für die ungebetenen Gäste ist ihr Haus eine Luftspiegelung.

Ihr wollt, dass ich euch die Wunder Jesu erläutere. Wir alle sind die wunderbare Geste des Augenblicks. Unser Herr und Meister war der Mittelpunkt dieses Augenblicks. Er wollte aber nicht, dass Seine Gesten bekannt werden.

Ich hörte Ihn zu dem Lahmen sagen: »Steh auf und geh heim! Doch erzähl den Priestern nicht, dass ich dich geheilt habe!«

Jesu Geist aber befasste sich mehr mit den Starken und Aufrechten als mit den Gebrechlichen. Er suchte und fesselte andere Geister, und Seine Seele hielt Ausschau nach anderen Seelen. Sein Geist verwandelte die Geister und Seelen derer, die Er traf.

Das erscheint wunderbar; für unseren Herrn und Meister aber war es so einfach wie das Einatmen der Luft des Tages. Und lasst mich noch von einer anderen Begebenheit berichten: Als Er und ich eines Tages alleine über ein Feld gingen, waren wir beide sehr hungrig. Schließlich gelangten wir zu einem wilden Apfelbaum, an dessen Zweigen nur zwei Äpfel hingen. Jesus umfasste den Stamm des Baumes mit Seinen Händen und schüttelte ihn, so dass die zwei Äpfel herunterfielen. Er hob sie auf und reichte mir einen. Ich nahm ihn und aß ihn vor lauter Hunger sofort auf.

Dann sah ich Ihn an und bemerkte, dass Er den anderen Apfel noch in Seiner Hand hielt. Er gab ihn mir und sagte: »Iss diesen auch!«

Ich nahm ihn, und in meinem schamlosen Hunger aß ich ihn.

Als wir weitergingen, sah ich in Sein Gesicht. Aber wie soll ich euch beschreiben, was ich sah?

Eine Nacht, in deren weiten Räumen Kerzen leuchteten! Einen Traum jenseits unseres Fassungsvermögens.

Einen Mittag, an dem Hirten in aller Ruhe und Beschaulichkeit rasteten, glücklich darüber, dass ihre Herden um sie herum friedlich grasen.
Abenddämmerung, friedliche Heiterkeit und Heimkehr. Seliges Ruhen und Träumen schließlich.
All diese Dinge sah ich auf Seinem Gesicht.
Er hatte mir beide Äpfel gegeben, obgleich Er genauso hungrig war wie ich. Doch ich sah, dass Er glücklich war, sie mir gegeben zu haben. Denn Er selbst aß von anderen Früchten eines anderen Baumes.
Ich möchte euch viel mehr von Ihm erzählen, aber wie vermag ich es? Wenn die Liebe unermesslich ist, wird sie sprachlos. Und wenn die Erinnerung übervoll ist, sucht sie die schweigenden Tiefen auf.

Petrus

Als wir wieder einmal in Kapharnaum waren, sprach mein Herr und Meister diese Worte:
»Euer Nächster ist euer anderes Ich, das hinter Mauern lebt. Durch Verständnis könnt ihr diese Mauern zum Einstürzen bringen! Wer weiß, ob euer Nächster nicht sogar euer besseres Ich ist, das in einem anderen Körper wohnt? Liebt ihn wie euch selber! Auch er ist ein Teil des Allerhöchsten, den ihr nicht kennt.
Euer Nachbar ist ein Feld, auf dem sich die Frühlinge eurer Hoffnungen in grünen Gewändern bewegen und wo die Winter eurer Wünsche von schneebedeckten Gipfeln träumen. Euer Nachbar ist ein Spiegel, in dem ihr euer Gesicht sehen könnt, verschönt durch eine Freude, die ihr selbst nicht kanntet, oder eine Sorge, die ihr selbst nicht littet.
Ich lege euch nahe, euren Nächsten so zu lieben, wie ich euch geliebt habe.«

Da fragte ich Ihn: »Meister, wie kann ich einen Mitmenschen lieben, der mich nicht liebt, der nach meinem Eigentum trachtet und mir meinen Besitz raubt?«
Er antwortete: »Wenn ihr euren Acker pflügt und euer Diener hinter euch hergeht, um die Saat in die offene Erde zu streuen, würdet ihr dann eure Arbeit unterbrechen und euch umschauen, um einen Spatz zu verscheuchen, der sich von einigen Samenkörnern nährt? Wenn ihr dies tut, dann seid ihr der Reichtümer eurer Ernte nicht würdig!«
Als Jesus dies sagte, war ich beschämt und schwieg. Aber ich konnte ohne Furcht und Sorge sein, denn Er lächelte mich an.

Ein Schuster in Jerusalem

Weder liebte ich Ihn noch hasste ich Ihn. Wenn ich Ihm zuhörte, dann war es nicht wegen der Worte, die Er sprach, sondern des Klanges Seiner Stimme wegen. Denn Seine Stimme gefiel mir.
Alles, was Er sagte, erschien mir verschwommen und nebelhaft, aber meine Ohren erfreuten sich an der Melodie Seiner Stimme.
Wenn mir nicht andere von Seiner Lehre berichtet hätten, so wäre ich nicht einmal imstande zu sagen, ob Er für oder gegen Judäa war.

Susanne von Nazareth, eine Nachbarin Marias

Ich kannte Maria, die Mutter Jesu, bevor der Zimmermann Joseph sie zur Frau nahm; wir beide waren damals noch unverheiratet. In jener Zeit hatte Maria manchmal Visionen, sie hörte überirdische Stimmen und erzählte von himmlischen Boten, die ihr in ihren Träumen erschienen.

Die Bewohner Nazareths schätzten sie sehr und beobachteten ihr Kommen und Gehen; sie blickten ihr aufmerksam und fasziniert nach, denn in ihrer Miene verbargen sich Höhen, und Weiten in ihren Schritten.
Einige Bewohner behaupteten, dass sie besessen sei, da sie im Gegensatz zu den meisten ihren eigenen Weg ging. Ich hielt sie für älter, als sie war, denn schon ihre Blütezeit enthielt den Erntesegen, und ihr Frühling war voll reifer Früchte. Mitten unter uns wurde sie geboren und aufgezogen, und dennoch war sie wie eine Fremde aus einem anderen Land. In ihren Blicken lag ständig die Verwunderung eines Menschen, der sich an unsere Gesichter noch nicht gewöhnt hat.
Sie war so stolz wie die Miriam aus alten Zeiten, die ihre Brüder vom Nil bis in die Wüste begleitete.
Dann heiratete Maria den Zimmermann Joseph.
Als sie Jesus erwartete, pflegte sie lange Spaziergänge durch die Täler und über die Hügel zu machen. Wenn sie in der Abenddämmerung zurückkehrte, waren ihre Augen voll Lieblichkeit und Kummer.
Bei der Geburt Jesu soll Maria zu ihrer Mutter gesagt haben:
»Ich bin ein unbeschnittener Baum. Kümmere du dich um diese Frucht!« Jedenfalls will Martha, ihre Hebamme, sie dies sagen gehört haben. Drei Tage später besuchte ich sie. Ihre Augen waren voller Staunen, ihre Brüste waren gerundet, und ihr Arm lag um ihren Erstgeborenen, wie eine Muschel die Perle umschließt.
Wir alle liebten Marias Kind, und wir ließen es nicht aus den Augen, denn Sein Wesen strahlte eine Wärme aus, und das Leben pulsierte in Ihm.
Die Zeit verging, und Er wurde ein kleiner Junge voller Lachen und Phantasie. Keiner von uns wusste, was Ihm im nächsten Moment einfallen würde. Er schien sich außer-

halb unserer Rasse zu bewegen. Und niemand tadelte Ihn, obgleich Er oftmals kühn und waghalsig war. Er spielte mit den Kindern, wenn diese Ihn auch selten zu ihren Spielen einluden.

Als Er zwölf Jahre alt war, führte Er einmal einen Blinden durch einen Bach bis zur sicheren Landstraße. Dankbar fragte Ihn der Blinde:

»Wer bist du, kleiner Junge?«

Er antwortete: »Ich bin kein kleiner Junge, ich bin Jesus.«

Der Blinde fragte weiter: »Und wer ist dein Vater?«

Er sagte: »Gott ist mein Vater.«

Der Blinde erwiderte lachend: »Das hast du gut gesagt, mein kleiner Junge. Und wer ist deine Mutter?«

»Ich bin nicht dein kleiner Junge«, entgegnete Jesus, »und meine Mutter ist die Erde.«

Da sagte der Blinde: »Also hat mich der Sohn Gottes und der Erde durch den Fluss geführt.«

Jesus gab ihm zur Antwort: »Ich werde dich führen, wohin du gehen willst, und meine Augen werden deine Schritte lenken.«

Er wuchs wie ein seltener kostbarer Palmbaum in unseren Gärten auf. Als Er neunzehn Jahre alt war, war Er so anmutig wie ein Hirsch, Seine Augen waren wie Honig und voller Staunen. Auf Seinen Lippen lag der Durst einer Karawane der Wüste nach den Wassern eines Sees.

Er hatte die Gewohnheit, lange, einsame Spaziergänge durch die Felder zu machen, und unsere Blicke folgten Ihm, ebenso wie die Augen aller jungen Mädchen von Nazareth.

Doch konnten wir uns nicht freimachen von einer gewissen Scheu, die wir Ihm gegenüber empfanden. Die Liebe begegnet der Schönheit wohl immer mit Zurückhaltung, wenn sie auch ständig auf der Suche nach der Schönheit ist.

Dann kamen die Jahre, in denen Er im Tempel und in den Gärten Galiläas predigte.

Manchmal folgte Maria Ihm, um Seinen Worten zu lauschen und die Melodie ihres eigenen Herzens zu hören. Wenn Er und Seine Freunde aber nach Jerusalem gingen, kam sie nicht mit.

Denn wir Menschen aus dem Norden werden in den Straßen von Jerusalem oft verspottet und verlacht, selbst dann, wenn wir unsere Opfergaben zum Tempel tragen. Und Maria war zu stolz, um sich dem Gespött der Menschen des Südens auszuliefern.

Jesus besuchte andere Länder im Osten und im Westen. Wir wissen nicht, welche Länder Er alle aufsuchte, aber unsere Herzen folgten Ihm.

Maria aber erwartete Ihn jedes Mal an der Schwelle des Hauses, und jeden Abend suchten ihre Augen den Weg ab in Erwartung Seiner Heimkehr.

Nach Seiner Ankunft pflegte sie zu uns zu sagen: »Er ist zu groß, um mein Sohn zu sein, und zu beredt für mein stilles Herz. Wie kann ich überhaupt einen Anspruch auf Ihn erheben?«

Es schien, als könnte sie nicht glauben, dass die Ebene ein Gebirge zur Welt gebracht hatte. In der Unbefangenheit ihres Herzens sah sie nicht, dass der Abhang des Hügels dem Pfad zum Gipfel vorausgeht. Sie kannte diesen Mann, aber da Er ihr Sohn war, wagte sie nicht, Ihn zu kennen.

Eines Tages, als Jesus zu den Fischern an den See ging, sagte sie zu mir: »Was ist der Mensch anderes als dieses rastlose Wesen, das sich von der Erde erhebt? Und wer ist der Mensch, wenn nicht eine Sehnsucht, welche die Sterne zum Ziel hat? Mein Sohn ist eine Sehnsucht, Er ist unser aller Sehnsucht nach den Sternen. Sagte ich mein Sohn? Möge Gott mir verzeihen! Und doch werde ich in meinem Herzen Seine Mutter sein.«

Es fällt mir schwer, mehr über Maria und ihren Sohn zu erzählen, aber obgleich meine Kehle heiser ist und meine Worte euch wie Krüppel auf Krücken erreichen, muss ich berichten, was ich gesehen und gehört habe.

Es war in der Jugend des Jahres, als die roten Anemonen an den Abhängen der Hügel blühten, da rief Jesus Seine Jünger zusammen und sagte zu ihnen: »Kommt mit mir nach Jerusalem und werdet Zeugen der Opferung des Lammes zum Paschafest!«

Am gleichen Tag kam Maria an meine Tür und sagte: »Er geht in die Heilige Stadt. Willst du mitkommen und Ihm mit mir und den anderen Frauen folgen?«

Wir machten uns auf den langen Weg nach Jerusalem und folgten Maria und ihrem Sohn. Als wir die Stadt erreichten, begrüßte uns eine Gruppe von Männern und Frauen, denn Seine Ankunft war Seinen Freunden angekündigt worden.

In der gleichen Nacht noch verließ Jesus die Stadt mit Seinen Jüngern. Man sagte uns, dass Er nach Bethanien gegangen sei. Maria blieb mit uns in der Herberge und wartete auf Seine Rückkehr.

Am Abend des folgenden Donnerstags wurde Er außerhalb der Stadtmauern gefangen genommen. Als wir von Seiner Festnahme hörten, sagte Maria kein einziges Wort, aber in ihren Augen zeigte sich die Erfüllung der Leiden und Freuden, die wir darin gelesen hatten, als sie noch eine Braut in Nazareth war.

Sie weinte nicht. Sie bewegte sich unter uns wie der Geist einer Mutter, die sich weigert, den Geist ihres Sohnes zu beweinen. Wir saßen auf dem Boden, während sie aufrecht blieb und im Raum hin und her ging. Manchmal blieb sie lange reglos am Fenster stehen und starrte gen Osten, dann strich sie sich mit den Fingern beider Hände die Haare zurück.

Bei Tagesanbruch stand sie immer noch unter uns wie ein einsames Banner, das auf einem von den Heeren verlassenen Schlachtfeld zurückgeblieben war. Wir weinten, denn wir wussten, was ihren Sohn morgen erwartete; sie weinte nicht, obwohl sie auch wusste, was auf Ihn zukam.
Ihre Knochen waren wie aus Bronze, ihre Nerven wie uralte Ulmen, und ihre Augen waren weit und furchtlos wie der Himmel.
Habt ihr je eine Drossel singen hören, während ihr Nest im Winde brennt?
Habt ihr je eine Frau gesehen, deren Leid zu groß ist, um sich in Tränen aufzulösen, oder ein verwundetes Herz, das sich über seinen Schmerz erhebt?
Ihr habt eine solche Frau nicht gesehen, denn ihr wart nicht mit uns in ihrer Gegenwart, umgeben von der unsichtbaren Mutter.
In diesem stummen Augenblick, als die dumpfen Hufe des Schweigens an die Brust der Schlaflosen klopften, kam Johannes, der junge Sohn des Zebedäus, und sagte: »Mutter Maria, Jesus geht fort! Komm, lass uns Ihm folgen!«
Maria legte ihre Hand auf Johannes' Schulter. Sie gingen hinaus, und wir folgten ihnen.
Als wir zum Davidsturm kamen, sahen wir Jesus Sein Kreuz tragen. Und eine große Menge umgab Ihn.
Zwei andere Männer trugen ebenfalls ihre Kreuze. Maria schritt erhobenen Hauptes hinter ihrem Sohn her; und ihr Schritt war fest und sicher.
Und hinter ihr schritten Zion und Rom, ja die ganze Welt ging hinter ihr her, um sich an einem freien Mann zu rächen.
Nachdem wir den Hügel erreicht hatten, wurde Er ans Kreuz geschlagen. In diesem Augenblick sah ich Maria an.
Ihr Gesicht war aber nicht das einer verratenen Frau. Es war das Gesicht der fruchtbaren Erde, die immer wieder

Kinder gebiert, um sie immer wieder zu beerdigen. Da erschien die Erinnerung der Kindheit vor ihren Augen, und sie sagte laut:
»Mein Sohn, der du nicht mein Sohn bist, Mann, der du einst in meinem Schoß warst, ich bin stolz auf deine Macht! Ich weiß, dass jeder Tropfen Blut, der von deinen Händen rinnt, der heilende Quell einer Nation sein wird. Du stirbst in diesem Unwetter, wie mein Herz einst starb bei einem Sonnenuntergang, und ich werde weder trauern noch klagen.«
In diesem Augenblick hätte ich am liebsten mein Gesicht mit meinem Umhang verhüllt und wäre weggelaufen ins Land des Nordens, aber plötzlich hörte ich Maria sagen:
»Mein Sohn, der nicht mein Sohn ist, was hast du zu dem Mann zu deiner Rechten gesagt, das ihn in seinem Todeskampf noch glücklich machte? Der Schatten des Todes liegt wie ein Licht auf seinem Gesicht, und er kann seine Augen nicht von dir abwenden. Jetzt lächelst du mich an, und weil du lächelst, weiß ich, dass du gesiegt hast.«
Jesus schaute Seine Mutter an und sagte:
»Maria, sei von nun an die Mutter des Johannes!«
Und zu Johannes sagte Er:
»Sei dieser Frau ein liebender Sohn! Geh zu ihr, und lass deinen Schatten die Schwelle des Hauses überschreiten, in dem ich einst zu Hause war. Tu dies zu meinem Gedenken!«
Maria hob ihre rechte Hand zu ihm empor, und sie glich einem Baum mit einem einzigen Ast. Sie rief noch einmal:
»Mein Sohn, der nicht mein Sohn ist, wenn dies alles von Gott kommt, möge Er uns Geduld und Einsicht geben. Wenn es aber vom Menschen stammt, möge Gott ihnen in Ewigkeit verzeihen. Wenn dies von Gott ist, wird der Schnee des Libanon dein Leichentuch sein, wenn es aber durch jene Priester und Soldaten geschieht, so habe ich

dieses Gewand, um deine Nacktheit zu bekleiden. Mein Sohn, der nicht mein Sohn ist, was Gott aufbaut, wird niemals zerstört werden, und was der Mensch zerstören will, ist unzerstörbar, wenn dies auch seinen Blicken verborgen bleibt.«
In diesem Augenblick übergab der Himmel Ihn der Erde als Schrei und Seufzer. Und Maria überließ Ihn den Menschen, Wunde und Balsam zugleich.
Maria sagte: »Schaut, Er ist dahingegangen! Die Schlacht ist geschlagen. Der Stern ist aufgeleuchtet. Das Schiff hat den Hafen erreicht. Er, der einst an meinem Herzen ruhte, lebt nun im Weltall.«
Wir näherten uns ihr, und sie sagte zu uns:
»Sogar in Seinem Tod lächelt Er. Er hat gesiegt. Ich bin zweifellos die Mutter eines Siegers.«
Maria kehrte nach Jerusalem zurück, gestützt auf Johannes, den jüngsten Jünger. Und sie war eine Frau, die ihre Erfüllung erlebt hatte.
Als wir das Stadttor erreichten, schaute ich in ihr Gesicht und war erstaunt. An diesem Tag erhob sich Jesu Haupt über die Häupter aller Menschen, aber Marias Haupt war nicht weniger aufrecht.
All dies ereignete sich im Frühling dieses Jahres. Und jetzt ist es Herbst. Maria, die Mutter Jesu, lebt wieder in ihrem Haus. Vor zwei Samstagen war mein Herz wie ein Stein in meiner Brust, denn mein Sohn hatte mich verlassen, um sich auf einem Schiff in Tyros anheuern zu lassen, denn er will Seemann werden. Beim Abschied sagte er, dass er nicht mehr zurückkehren werde.
An diesem Abend besuchte ich Maria. Als ich ihr Haus betrat, saß sie an ihrem Webstuhl – ohne zu weben. Stattdessen schaute sie in den Himmel über Nazareth.
Ich sagte: »Sei gegrüßt, Maria!«
Sie reichte mir ihre Hand und sagte: »Komm, setz dich zu

mir und lass uns die Sonne betrachten, wie sie ihr Blut über die Hügel ausgießt!«
Ich setzte mich neben sie auf die Bank, und wir schauten durch das Fenster gen Westen. Etwas später sagte Maria: »Ich frage mich, wer diesen Abend die Sonne kreuzigt.«
Da sagte ich:
»Ich komme zu dir, um Trost zu suchen. Mein Sohn hat mich verlassen, um auf hohe See zu gehen. Und nun bin ich alleine drüben im Haus.«
Maria entgegnete: »Ich würde dich gerne trösten, doch wie vermag ich es?«
Ich sagte: »Es genügt, wenn du von deinem Sohn sprichst, und ich werde getröstet sein.«
Da lächelte Maria mich an, sie legte ihren Arm um meine Schulter und sagte: »Ich werde dir von Ihm erzählen. Und was dich tröstet, wird auch mir Trost spenden.«
Dann erzählte sie von Jesus, und sie erzählte lange von allem, was von Anfang an geschehen war. Und es kam mir vor, als machte sie in ihrer Rede keinen Unterschied zwischen ihrem und meinem Sohn.
Sie sagte zu mir: »Mein Sohn ist auch ein Seefahrer. Warum vertraust du deinen Sohn nicht den Wellen an ebenso wie ich?
Die Frau wird immer Schoß und Wiege sein, aber niemals ein Grab. Wir sterben, um dem Leben das Leben zu geben, so wie unsere Finger das Garn für die Kleidung spinnen, die wir niemals tragen werden.
Wir werfen unser Netz aus für Fische, die wir niemals kosten werden.
Und darüber klagen wir, obgleich in all dem unsere Freude begründet ist.«
So sprach Maria zu mir.
Ich verließ sie und kehrte getröstet in mein Haus zurück. Wenn auch das Tageslicht bereits verloschen war, setzte ich

mich an meinen Webstuhl und setzte die Arbeit an meinem begonnenen Tuch fort.

Joseph, genannt Justus

Viele sagen, Er sei der gewöhnliche Abkömmling einer gewöhnlichen Saat gewesen, ein ungehobelter und ungestümer Mensch.
Sie sagen, dass nur der Wind Seine Haare kämmte und nur der Regen Seine Kleidung nässte. Manche hielten Ihn für besessen und schrieben Seine Worte Dämonen zu.
Doch seht, der verschmähte Mann verkündete eine Herausforderung, deren Echo sich endlos fortsetzt! Er sang ein Lied, dessen Melodie niemand aufhalten kann. Sie wird über den Generationen schweben, sich von Raum zu Raum erheben und stets der Lippen gedenken, die sie zur Welt brachten, und der Ohren, die ihr als Wiege dienten.
Er war ein Fremder unter uns, ein Wallfahrer auf Seinem Weg zu einem heiligen Schrein, ein Besucher, der an unsere Türen klopfte, ein Gast, der aus einem entfernten Land kam.
Und da Er bei uns keinen gastfreundlichen Gastgeber antraf, kehrte Er zurück an den Ort, woher Er gekommen war.

Philippus

Als unser Geliebter starb, starb die ganze Menschheit mit Ihm, alle Dinge waren eine Weile leblos, stumm und grau. Dann verfinsterte sich der Osten, ein heftiger Sturm kam auf und fegte über das ganze Land. Die Augen des Himmels öffneten sich, und ein Platzregen ergoss sich in Strömen über die Erde und schwemmte das Blut hinweg, das von Seinen Händen und Füßen floss. Auch ich starb. Doch in der Tiefe meiner Selbstvergessenheit hörte ich Ihn sagen: »Vater, vergib ihnen, denn sie wissen nicht, was sie tun!«

Und Seine Stimme bohrte sich in mein betäubtes Bewusstsein und meinen ertrinkenden Geist, und sie brachte mich ans sichere Ufer zurück.

Ich öffnete meine Augen und sah Seinen weißen Körper an einer Wolke. Seine Worte, die ich gerade gehört hatte, wirkten in mir, und ich wurde ein neuer Mensch. Ich hörte auf zu trauern und zu klagen.

Denn wer trauert über ein Meer, das Sein Antlitz enthüllt, oder über ein Gebirge, das in der Sonne lacht?

Hat es jemals ein Menschenherz gegeben, das zu solchen Worten fähig war, während die Lanze es durchbohrte?

Welcher andere Menschenrichter sprach Seine Richter frei?

Hat die Liebe je den Hass mit einer größeren Selbstsicherheit herausgefordert?

Hat man je den Schall einer solchen Trompete zwischen Himmel und Erde vernommen?

Gab es das jemals zuvor, dass der Geschlachtete Mitleid hatte mit Seinen Mördern? Oder dass ein Meteor Seinen Lauf für einen Maulwurf aufhielt?

Die Jahreszeiten werden sich erschöpfen und die Jahre altern, bevor jene Worte sich abnutzen: »Vater, vergib ihnen, denn sie wissen nicht, was sie tun.«

Du und ich werden sie im Gedächtnis bewahren, auch wenn wir mehrere Male wiedergeboren werden.

Und nun will ich in mein Haus gehen und vor Seiner Tür stehen als ein reich beschenkter Bettler.

Barbara von Yammuni

Jesus war geduldig mit den Schwerfälligen und Stumpfsinnigen wie der Winter, der gelassen den Frühling erwartet.
Er war geduldig wie ein Gebirge im Wind.
Er antwortete freundlich auf die listigsten und angriffslustigsten Fragen Seiner Gegner. Und Er schwieg angesichts von Spitzfindigkeit und Streitlust, denn Er war stark, und der Starke vermag nachsichtig zu sein.
Doch Jesus konnte auch ungeduldig werden.
Den Heuchler verschonte Er nicht. Und den Verschlagenen und Wortverdrehern machte Er keine Zugeständnisse. Auch ließ Er niemanden über sich bestimmen.
Mit denjenigen, die nicht an das Licht glauben, weil sie selber im Schatten leben, und mit denen, die nach Zeichen am Himmel Ausschau halten, statt ihr eigenes Herz zu befragen, konnte Er sehr ungehalten sein. Ebenso wie mit denjenigen, die Tage und Nächte wiegen und messen, bevor sie ihre Träume dem Morgenrot oder der Abenddämmerung anvertrauen.
Jesus war der Geduldigste aller Menschen und gleichzeitig der Ungeduldigste.
Er ließ euch das Tuch weben, auch wenn es bedeutete, dass ihr damit Jahre am Webstuhl zubringen musstet.
Doch Er ließ es nicht zu, dass jemand auch nur einen Zoll dieses gewebten Tuches zerriss.

Die Frau des Pilatus an eine römische Dame

Ich ging mit meinen Begleiterinnen durch Jerusalem, als ich Ihn zum ersten Mal sah. Er saß inmitten einer Gruppe von Männern und Frauen und sprach zu ihnen in einer Sprache, die ich nur zum Teil verstand.

Aber es bedarf keiner Worte, um eine Lichtsäule oder einen Berg aus Kristall wahrzunehmen. Das Herz versteht, was die Lippen nicht aussprechen und die Ohren nicht hören können.

Er sprach zu Seinen Freunden von der Liebe und der Macht. Ich weiß, dass Er über die Liebe sprach, denn Seine Stimme war eine sanfte Melodie. Und ich weiß auch, dass Er über die Macht sprach, denn in Seinen Gesten und Worten war die Kraft einer Armee.

Obgleich Er mit großer Sanftmut redete, hätte mein Gemahl nicht mit annähernder Autorität sprechen können.

Als Er mich vorbeigehen sah, unterbrach Er Seine Rede einen Augenblick und schaute mich an. Da fühlte ich mich winzig klein, und meine Seele wusste, dass ich einem Gott begegnet war.

Von diesem Tag an sehe ich Sein Bild, wenn niemand bei mir ist. Seine Augen brennen in meiner Seele, auch wenn meine Augen geschlossen sind. Und Seine Stimme erfüllt das Schweigen meiner Nächte. Ich bin Ihm für immer ausgeliefert. In meinem Leiden ist Frieden, und Freiheit in meinen Tränen.

Ein Mann aus der Umgebung Jerusalems über Judas

An jenem Freitag, am Abend des Paschafestes, kam Judas und klopfte heftig an meine Tür.

Als er eintrat, schaute ich ihn an; sein Gesicht war totenbleich, und seine Hände zitterten wie tote Zweige im Wind; seine Kleidung war so feucht, als hätte er gerade einen Fluss durchquert, es war nämlich an diesem Abend ein starkes Unwetter aufgekommen. Seine Augenhöhlen, aus denen er mich anschaute, glichen dunklen Grotten, und seine Augen waren blutunterlaufen.

»Ich habe Jesus von Nazareth Seinen und meinen Feinden ausgeliefert«, sagte er. Dann rang er verzweifelt seine Hände und fuhr fort: »Jesus hatte uns versichert, dass Er Seine Feinde und die Feinde unseres Volkes besiegen werde. Ich glaubte Ihm und schloss mich Ihm aus diesem Grund an.

Als Er uns einlud, Ihm zu folgen, versprach Er uns ein großes, mächtiges Königreich. In dieser Erwartung suchten wir Seine Gunst, um ehrenvolle Stellungen und hohe Ämter an Seinem Hof einzunehmen.

Wir sahen uns schon als Prinzen, welche die Römer so behandeln, wie sie uns behandelten. Jesus sprach oft von Seinem Königreich, und ich nahm an, dass Er mich als Heerführer Seiner Krieger und als Lenker Seiner Streitwagen ausgewählt hatte. Mit dieser Aussicht folgte ich bereitwillig Seinen Spuren.

Dann musste ich aber entdecken, dass Jesus mitnichten ein Königreich anstrebte und dass es nicht die Römer waren, von denen Er uns befreien wollte. Das Königreich, von dem Er sprach, war nichts anderes als das Herz des Menschen, und ich hörte Ihn immer mehr von Friedfertigkeit und Versöhnlichkeit reden. Die Frauen am Wegesrand hörten Ihm begeistert zu, während mein Herz mehr und mehr enttäuscht war.

Mein erhoffter König von Judäa hatte sich plötzlich in einen Flötenspieler verwandelt, der den Geist der Wanderer und Vagabunden besänftigte.

Ich habe Ihn geliebt, wie andere Stammesangehörige Ihn liebten. Ich sah in Ihm eine Hoffnung auf eine Befreiung vom Joch der Fremden. Aber als Er weder ein Wort sagte, noch Seine Hand bewegte, um dieses Joch von uns zu nehmen, und stattdessen sogar verlangte, Cäsar zu erstatten, was Cäsars ist, da packte mich die Verzweiflung, und meine Hoffnung wurde zunichte. Ich sagte mir: Derjenige, der meine Erwartungen zerstört hat, muss selbst vernichtet werden, denn meine Hoffnungen und Erwartungen sind kostbarer als ein Menschenleben.« Da knirschte Judas mit den Zähnen, beugte seinen Kopf und fuhr fort zu sprechen: »Ich habe Ihn verraten, und heute wurde Er gekreuzigt ... Doch als Er am Kreuze starb, da starb er als ein König. Im Unwetter starb Er, einem Befreier gleich, und wie große Menschen sterben, die jenseits von Leichentuch und Grabstein weiterleben. Während der ganzen Zeit Seines Todeskampfes zeigte Er ein Herz voller Güte, Milde und Barmherzigkeit. Sogar mit mir hatte Er Erbarmen, obgleich ich Ihn verraten hatte.«

Ich sagte zu meinem Gast: »Judas, du hast ein schweres Unrecht begangen!«

Judas entgegnete: »Er ist als König gestorben, warum hat Er nicht wie ein König gelebt?«

Ich wiederholte nur: »Du hast ein schweres Verbrechen begangen!« Da setzte er sich auf diese Bank dort und blieb so stumm wie ein Stein.

Ich aber ging im Raum auf und ab und sagte noch einmal: »Du hast eine große Schuld auf dich geladen, Judas!«

Er erwiderte kein einziges Wort und war so stumm wie die Erde. Nach einer Weile stand er auf und sah mich an. Er schien größer als zuvor, und als er sprach, hatte seine Stimme den Klang eines zerspaltenen Schiffes. Und er sagte: »Unrecht war nicht in meinem Herzen! Noch in dieser Nacht werde ich Sein Königreich aufsuchen. Ich werde vor Ihn treten und Ihn um Verzeihung bitten. Er starb als König, und ich werde als Verbrecher sterben. Aber in meinem Herzen weiß ich, dass Er mir vergeben wird.«

Nach diesen Worten legte er seinen nassen Umhang wieder an und sagte:

»Es war gut, dass ich in dieser Nacht zu dir kam, selbst wenn ich dir Kummer bereitet habe. Ich hoffe, du wirst mir verzeihen. Sag deinen Kindern und den Kindern deiner Kinder: Judas Iskariot lieferte Jesus Seinen Feinden aus, weil er glaubte, dass Er ein Feind Seiner eigenen Rasse war. Sag ihnen aber auch, dass er noch am gleichen Tag seines großen Irrtums dem König bis zu den Stufen Seines Thrones folgte, um seine eigene Seele Ihm auszuliefern und gerichtet zu werden. Ich werde Ihm sagen, dass mein Blut sich nach der Erde sehnte und dass mein verirrter Geist nach der Freiheit strebte.«

Dann lehnte Judas seinen Kopf zurück an die Wand und rief: »O Gott, dessen erhabenen Namen niemand aussprechen sollte, bevor seine Lippen von den Fingern des Todes berührt wurden, warum hast du mich verbrannt mit einem Feuer ohne Licht!

Warum gabst du dem Galiläer diese Leidenschaft für eine unbekannte Erde, und warum hast du mich mit dem einen Wunsch belastet, der sich über Familie und Heim hinwegsetzte?

Wer ist dieser Mann Judas, dessen Hände in Blut getaucht sind? Hilf mir, ihn abzustreifen wie ein altes Kleidungsstück oder wie einen ausgedienten Harnisch. Hilf mir, es in dieser Nacht zu tun! Lass mich aus diesen Mauern hinaustreten! Ich bin der Freiheit ohne Schwingen überdrüssig! Ich suche nach einer größeren Behausung!

Ich werde einen Strom von Tränen in den bittern Ozean vergießen. Lieber will ich von deiner Barmherzigkeit abhängen, als an die Türe meines eigenen Herzens klopfen zu müssen.«

So sprach Judas, dann öffnete er die Tür und lief hinaus in die stürmische Nacht.

Drei Tage später besuchte ich Jerusalem und erfuhr alles, was sich ereignet hatte. Man erzählte mir auch, dass Judas sich vom Gipfel des hohen Felsens hinabgestürzt hatte. Seit diesem Tag habe ich lange über alles nachgedacht, und ich

verstehe Judas. Er lebte sein kleines Leben; es schwebte wie ein Nebel über diesem Land, das von den Römern unterjocht wurde, während der große Prophet die Höhen erklomm.
Ein Mann sehnte sich nach einem Königreich, in dem er ein Prinz ist.
Ein anderer Mann trachtete nach einem Königreich, in dem alle Menschen Prinzen sind.

Sarkis, ein alter griechischer Hirte, genannt der Narr

In einem Traum sah ich Jesus und meinen Gott Pan, die im Herzen des Waldes zusammensaßen.
Sie lachten einer über die Worte des anderen, wobei das Lachen Jesu fröhlicher klang als das Lachen Pans. Beide unterhielten sich lange, während in ihrer Nähe ein kleiner Bach lustig plappernd vorbeifloss.
Pan erzählte von der Erde und ihren Geheimnissen, von seinen behuften Brüdern und seinen gehörnten Schwestern sowie von Träumen. Er sprach von Wurzeln und ihren Nestlingen, von dem Lebenssaft der Pflanzen, der im Frühling erwacht und aufsteigt und im Sommer singt.
Jesus erzählte von den jungen Sprösslingen des Waldes, von Blüten, Keimen und Früchten, welche die Pflanzen in einer noch nicht angebrochenen Jahreszeit tragen werden. Er sprach von den Vögeln in den Lüften und ihrem Gezwitscher in Himmelshöhen, von weißen Hirschen in der Wüste, die Gott selbst weidet. Und Pan ergötzte sich an den Reden des neuen Gottes, und seine Nasenflügel zitterten vor Entzücken.
Und in demselben Traum sah ich Pan und Jesus ruhig und schweigsam werden in der Stille der grünen Schatten.

Da nahm Pan seine Rohrflöte und spielte für Jesus.
Und bei ihren Klängen bebten die Bäume, das Farnkraut zitterte, und die Furcht ergriff mich.
Jesus sagte: »Lieber Bruder, du hast die Lichtung und den Felsengipfel in deinem Rohr!«
Da reichte Pan Jesus seine Rohrflöte und forderte Ihn auf: »Spiel du nun! Du bist an der Reihe!«
Jesus erwiderte: »Dein Instrument hat zu viele Rohre für meinen Mund. Ich nehme lieber diese Flöte.«
Er nahm die Flöte und begann zu spielen. Und ich hörte den Regen auf die Blätter tropfen, das Singen der Flüsse inmitten der Hügel und das Herabfallen des Schnees auf die Bergesgipfel.
Der Pulsschlag meines Herzens, der einst mit dem Wind im Gleichklang war, belebte mich wieder, und alle Wellen meines Gestern fanden sich an meinen Ufern ein. Ich war wieder Sarkis, der Hirte, und Jesu Flöte erschien mir wie die Schalmeien tausender Hirten, die ungezählte Herden herbeirufen.
Da sagte Pan zu Jesus: »Deine Jugend passt sich der Flöte besser an als meine Jahre. Lange vor diesem Tag vernahm ich in meinem Schweigen dein Lied und das Flüstern deines Namens.
Dein Name hat einen angenehmen Klang. Er wird mit dem Lebenssaft kräftig aufsteigen in alle Äste und Zweige, und mit seinen Hufen wird er über die Hügel hüpfen. Dein Name ist mir nicht fremd, obgleich mein Vater ihn mir nicht nannte. Es war deine Flöte, die ihn mir wieder ins Gedächtnis rief. Und nun lass uns zusammen auf unseren Instrumenten spielen!«
Und sie spielten gemeinsam.
Ihre Musik erfüllte Himmel und Erde, und Schrecken befiel alles Lebendige. Ich vernahm das Gebrüll der wilden Tiere und den Hunger des Waldes, ich hörte den Schrei der

Einsamen und die Klagen derer, die sich nach dem Unbekannten sehnen. Ich hörte das Seufzen der Jungfrau nach ihrem Geliebten und das Keuchen des glücklosen Jägers, der hinter seiner Beute herjagt.
Dann kam Frieden in ihre Musik, und Himmel und Erde sangen zusammen.
All dies sah und hörte ich in meinem Traum.

Annas, der Hohepriester

Er gehörte dem Pöbel an, war ein Räuber und Marktschreier und in sich selbst verliebt. Beifall spendeten Ihm nur die Unreinen und Entrechteten. So musste Er den Weg aller Ehrlosen gehen.
Er spottete über uns und unsere Gesetze, machte sich lustig über unsere Ehre und verhöhnte unsere Würde. Ja, Er war sogar so schamlos zu verkünden, dass Er den Tempel zerstören und die heiligen Stätten entweihen würde. Deshalb musste Er eines schändlichen Todes sterben.
Er war einer der Nichtjuden von Galiläa, ein Fremder aus dem Land des Nordens, wo Adonis und Astarte danach trachten, Israel und seinem Gott den Rang abzulaufen.
Seine Zunge lahmte, wenn Er sich der Sprache unserer Propheten bediente, doch wenn Er die Vulgärsprache des niederen Volkes sprach, redete Er laut und ohrenbetäubend. Was blieb mir anderes übrig, als Seinen Tod anzuordnen?
Bin ich nicht der Hüter des Tempels und der Verteidiger des Gesetzes? Konnte ich Ihm den Rücken zuwenden und mir sagen: Er ist ein Narr unter Narren! Lassen wir Ihn sich selbst leerlaufen in Seiner Schwärmerei! Solche Narren haben keine Bedeutung für Israel! Konnte ich mich Ihm gegenüber taub stellen, während Er uns als Lügner, Heuchler, Wölfe, Vipern und Söhne von Vipern bezeichnete?

Nein, ich konnte Ihn nicht einfach überhören, denn Er war kein Narr. Er war sich Seiner sicher, und mit Seinem lautstarken und gesunden Verstand beleidigte Er uns öffentlich und forderte uns heraus.
Deshalb ließ ich Ihn kreuzigen. Seine Kreuzigung sollte eine Warnung an diejenigen sein, die mit dem gleichen verdammten Siegel gezeichnet sind.
Ich weiß wohl, dass ich dieser Entscheidung wegen kritisiert wurde, sogar von einigen Ältesten im Hohen Rat. Aber ich bin nach wie vor überzeugt, dass es besser ist, wenn ein Mann für das Volk stirbt, als wenn das Volk von einem Mann in die Irre geführt wird.
Judäa wurde einmal von einem Feind von außen zerstört. Ich werde darüber wachen, dass es nicht ein zweites Mal von einem Feind von innen erobert wird.
Aus dem verfluchten Norden soll niemand in unser Allerheiligstes eindringen, noch soll der Schatten eines Fremden auf unsere Bundeslade fallen.

Eine Frau, eine der Nachbarinnen Marias

Am vierzigsten Tag nach Seinem Tod kamen alle Nachbarinnen in Marias Haus, um sie zu trösten und Klagelieder anzustimmen. Und eine der Frauen sang dieses Lied:

Wohin entfernst du dich, mein Frühling, wohin?
In welche Räume verströmst du deinen Wohlgeruch?
Welche Felder durchschreitest du,
und zu welchem Himmel blickst du auf,
um dein Herz zu erleichtern?

Unsere Täler werden unfruchtbar sein,
und unsere Felder werden vertrocknen.

Alles Grün wird in der Sonne welken,
unsere Obstgärten werden saure Äpfel hervorbringen
und unsere Weinberge bittere Trauben.
Wir werden nach deinem Wein dürsten
und uns nach deinem Duft sehnen.

Wohin gehst du, Blüte unseres ersten Frühlings, wohin?
Wirst du nicht mehr zurückkehren?
Wird dein Jasmin uns nicht mehr bezaubern?
Werden deine Alpenveilchen unseren Wegrand nicht mehr
    schmücken
und uns daran erinnern,
dass auch wir tief in der Erde wurzeln
und dass unser Atem sich beständig zum Himmel erhebt?

Wohin begibst du dich, Jesus,
Sohn meiner Nachbarin Maria
und Freund meines Sohnes?
Wohin wendest du dich, du unser erster Frühling?
Und welche Felder durchschreitest du nun?
Wirst du jemals zu uns zurückkehren?
Wirst du in der Flut deiner Liebe
die unfruchtbaren Strände unserer Träume
    überschwemmen?

Achaz, der stattliche Gastwirt

Ich erinnere mich gut an das letzte Mal, als ich Jesus von Nazareth sah. Judas war am Nachmittag jenes Donnerstags zu mir gekommen und hatte mich gebeten, für Jesus und Seine Freunde das Abendmahl zu bereiten.
Er gab mir zwei Silberstücke und sagte: »Kauf alles, was du für das Essen benötigst!«

Nachdem er gegangen war, sagte meine Frau zu mir: »Das ist eine große Auszeichnung für uns!« Denn Jesus war ein bekannter Prophet geworden und hatte zahlreiche Wunder gewirkt. In der Abenddämmerung kam Er mit Seinen Begleitern, und sie setzten sich wie immer im oberen Gemach um den Tisch. Doch dieses Mal waren sie schweigsam.
Auch im letzten Jahr und im Jahr zuvor hatten sie hier gespeist, aber da waren sie fröhlich und munter gewesen. Sie hatten das Brot gebrochen, Wein getrunken und unsere alten Weisen gesungen, und Jesus hatte bis Mitternacht zu ihnen gesprochen. Dann hatten sie Ihn allein gelassen und sich selbst in anderen Räumen zur Ruhe gelegt, denn es war Sein Wunsch, nach Mitternacht alleine zu sein.
Er war wach geblieben, und ich hatte von meinem Bett aus Seine Schritte im oberen Gemach gehört.
Dieses Mal aber waren Er und Seine Freunde nicht glücklich. Meine Frau hatte ihnen Fisch vom See in Galiläa zubereitet und Fasane aus Houran, die mit Reis und Granatapfelkernen gefüllt waren, und ich hatte ihnen einen Krug meines besten Zypressenweines auf den Tisch gestellt.
Dann verließ ich sie, denn ich spürte, dass sie allein sein wollten.
Sie blieben, bis es vollständig dunkel geworden war, dann kamen sie alle aus dem oberen Gemach herunter. Am Fuß der Treppe zögerte Jesus eine Weile. Er schaute mich und meine Frau an, legte Seine Hand auf den Kopf meiner Tochter und sagte: »Gute Nacht euch allen! Wir werden in euer oberes Gemach zurückkehren, und dann werden wir euch nicht so früh verlassen; vielmehr werden wir bleiben, bis die Sonne sich am Horizont zeigt. Nach einer kurzen Weile werden wir zurückkehren und mehr Brot und Wein verlangen. Du und deine Frau, ihr wart uns gute Gastgeber, und wir werden eurer gedenken, wenn wir in unsere Wohnung zurückkehren und uns dort zu Tische setzen.«

Ich erwiderte: »Herr, es war uns eine Ehre, euch zu bedienen! Die anderen Gastwirte beneiden mich um deine Besuche. Voller Stolz lache ich ihnen auf dem Marktplatz zu, und manchmal schneide ich ihnen sogar eine Grimasse.«
Er sprach: »Alle Gastwirte sollten stolz sein zu dienen! Derjenige, der Brot und Wein austeilt, ist der Bruder desjenigen, der die Garben mäht und auf die Tenne bringt, sowie desjenigen, der die Trauben in der Weinpresse zerdrückt. Ihr seid freundlich! Ihr gebt mit Großmut selbst denjenigen, die mit nichts anderem kommen als mit ihrem Hunger und ihrem Durst.«
Dann wandte Er sich an Judas Iskariot, der die Gemeinschaftskasse verwaltete, und sagte:
»Gib mir zwei Schekel!«
Judas gab sie Ihm, indem er darauf hinwies:
»Das sind die letzten Silbermünzen in meiner Kasse.«
Jesus schaute ihn missbilligend an und sagte:
»Bald, sehr bald wird deine Kasse mit Silber gefüllt sein!«
Er legte die beiden Geldstücke in meine Hand und sagte:
»Kauf deiner Tochter dafür einen seidenen Gürtel, und lass sie ihn am Paschafest im Gedenken an mich tragen!«
Noch einmal schaute Er meiner Tochter ins Gesicht, beugte sich zu ihr hinab und küsste ihr die Stirn. Dann sagte Er erneut:
»Gute Nacht euch allen!«
Und Er entfernte sich.
Man hat mir berichtet, dass alles, was Er zu uns sprach, von einem Seiner Freunde auf einem Pergament aufgezeichnet wurde. Ich aber wiederhole euch Seine Worte so, wie ich sie von Seinen eigenen Lippen vernahm.
Niemals werde ich den Ton Seiner Stimme vergessen, als Er zum Abschied sagte:
»Gute Nacht euch allen.«
Wenn ihr mehr von Ihm wissen wollt, fragt meine Toch-

ter. Sie ist mittlerweile eine Frau, und sie zehrt von den Erinnerungen ihrer Jugend. Ihre Rede ist gefügiger und gewandter als die meine.

Barabbas: die letzten Worte Jesu

Sie ließen mich frei und nahmen Ihn stattdessen. Da stieg Er auf und ich fiel hinab. Sie wählten Ihn zum Opfer für das Paschafest. Ich wurde von meinen Ketten befreit und ging in der Menschenmenge hinter Ihm her. Aber ich war ein lebendiger Leichnam, der zu seinem eigenen Grab geht. Ich hätte in die Wüste fliehen sollen, damit die Sonne meine Scham ausbrennt. Doch ich ging inmitten derjenigen, die Ihn ausgewählt hatten, mein Verbrechen zu sühnen.
Als sie Ihn ans Kreuz nagelten, stand ich dabei. Ich sah und hörte, aber es kam mir vor, als sei ich außerhalb meines Körpers.
Der Dieb, der zu Seiner Rechten gekreuzigt wurde, sprach zu Ihm: »Du blutest mit mir, du sogar, Jesus von Nazareth?«
Jesus antwortete: »Wäre nicht dieser Nagel, der meine Hand ans Holz heftet, so würde ich mich dir nähern und deine Hand drücken! Wir wurden zusammen gekreuzigt. Hätten sie nur dein Kreuz etwas näher an das meine gerückt!«
Dann schaute Er hinab und sah Seine Mutter und neben ihr einen jungen Mann. Er sagte:
»Mutter, sieh da deinen Sohn, der neben dir steht! Frau, sieh einen Mann, der die Tropfen meines Blutes ins Land des Nordens tragen wird!«
Als Er die Klagen der Frauen Galiläas hörte, sagte Er:
»Schaut, sie weinen, und ich habe Durst. Doch ich bin zu

hoch, um ihre Tränen zu erreichen. Ich will weder Essig noch Galle trinken, um diesen Durst zu löschen.«
Da öffneten sich Seine Augen weit zum Himmel, und Er rief:
»Vater, warum hast du uns verlassen!«
Und voll Mitleid fuhr Er dann fort:
»Vater, vergib ihnen, denn sie wissen nicht, was sie tun.«
Als Er diese Worte sprach, schien es mir, als sähe ich alle Menschen vor Gott niederfallen und Ihn um Verzeihung bitten für die Kreuzigung dieses einen Menschen.
Schließlich sagte Er mit lauter Stimme:
»Vater, in deine Hände gebe ich meinen Geist zurück!«
Und indem Er Seinen Kopf hob, fuhr Er fort:
»Nun ist es zu Ende – doch nur auf diesem Hügel.«
In diesem Augenblick teilten Blitze den finsteren Himmel, und ein gewaltiger Donner folgte.
Nun weiß ich, dass diejenigen, die Ihn an meiner Stelle töteten, meine lebenslange Folter damit erreichten.
Seine Kreuzigung dauerte nur eine Stunde. Ich aber bin bis ans Ende meiner Tage gekreuzigt.

Claudius, ein römischer Wachposten

Nachdem sie Ihn ergriffen hatten, übergaben sie Ihn mir. Pontius Pilatus befahl mir, Ihn bis zum folgenden Tag in Haft zu nehmen. Meine Soldaten brachten Ihn ins Gefängnis, und Er folgte ihnen willig.
Um Mitternacht verließ ich meine Frau und meine Kinder, um das Zeughaus zu besuchen. Ich hatte nämlich die Angewohnheit, jede Nacht eine Runde zu machen, nach meinen Bataillonen in Jerusalem zu sehen und festzustellen, ob alles in Ordnung ist. Diese Nacht besuchte ich das Zeughaus, in dem Er gefangen gehalten wurde.

Meine Soldaten und einige jüdische Jugendliche waren gerade dabei, ihren Spaß mit Ihm zu treiben. Sie hatten Ihm Seine Kleider ausgezogen und auf Seinen Kopf eine Dornenkrone aus wilden Rosen vom letzten Jahr gesetzt. Sie hatten Ihm einen Platz an einer Säule angewiesen, wo Er stand, während sie Ihn umtanzten und nach Ihm riefen. Und in Seiner Hand hielt Er ein Rohr, das sie Ihm gegeben hatten.

Als ich eintrat, rief jemand: »Sieh, Hauptmann, den König der Juden!«

Ich stand vor Ihm, sah Ihn an, und plötzlich schämte ich mich, ohne zu wissen, warum. Ich hatte in Gallien und Spanien gekämpft und mit meinen Soldaten dem Tod häufig ins Angesicht gesehen.

Niemals hatte ich Angst empfunden, und nie war ich feige gewesen. Aber als ich vor diesem Menschen stand und Er mich anblickte, verlor ich meine Unerschrockenheit. Es schien mir, als wären meine Lippen versiegelt und ich könnte kein Wort herausbringen. Ich verließ das Zeughaus auf der Stelle.

Dies geschah vor dreißig Jahren. Meine Söhne, die damals kleine Kinder waren, sind jetzt Männer. Und sie stehen im Dienst Cäsars und Roms.

Doch oft, wenn sie mich um Rat fragen, erzähle ich ihnen von Ihm, einem Mann, der dem Tod entgegenging mit dem Saft des Lebens auf Seinen Lippen und mit Erbarmen für Seine Schlächter in Seinen Augen.

Jetzt bin ich alt. Ich habe meine Jahre erfüllt gelebt. Und ich denke, dass weder Pompejus noch Cäsar in Wirklichkeit so große Herrscher waren wie dieser Mann aus Galiläa. Denn seit Seinem Tod, dem Er sich widerstandslos ergab, ist eine Armee aus der Erde aufgestanden, um für Ihn zu kämpfen. Und obgleich Er tot ist, dienen sie Ihm besser, als man Pompejus und Cäsar zu ihren Lebzeiten diente.

Jakobus, der Bruder des Herrn:
das letzte Abendmahl

Tausende Male hat mich die Erinnerung an diese Nacht heimgesucht, und ich weiß, dass sie mich noch mehrere tausende Male heimsuchen wird.
Die Erde wird die Furchen vergessen, die man in ihre Brust pflügte, eine Frau die Schmerzen und Freuden bei der Geburt eines Kindes, bevor ich jene Nacht vergessen werde.
Am Nachmittag hatten wir uns außerhalb der Mauern Jerusalems aufgehalten, dann hatte Jesus gesagt: »Lasst uns nun in die Stadt gehen und unser Abendmahl im Gasthaus einnehmen!«
Es war bereits dunkel, als wir das Gasthaus erreichten, und wir waren hungrig. Der Gastwirt begrüßte uns und führte uns in das Obergemach.
Jesus lud uns ein, uns um den Tisch zu setzen. Er selbst blieb stehen, und Seine Augen ruhten auf uns.
Da sagte Er zu dem Gastwirt: »Bring mir eine Schüssel, einen Krug Wasser und ein Handtuch!«
Er sah uns wieder an und forderte uns mit sanfter Stimme auf, unsere Sandalen auszuziehen. Wir verstanden nicht, was Er beabsichtigte, aber auf Sein Geheiß hin zogen wir sie aus. Nachdem der Gastwirt Ihm Schüssel und Krug gebracht hatte, sprach Jesus:
»Nun werde ich euch eure Füße waschen, um sie von dem Staub der alten Straßen zu befreien für einen neuen Weg.«.
Wir schwiegen verlegen und betreten.
Dann stand Simon Petrus auf und sagte:
»Wie kann ich es zulassen, dass mein Herr und Meister mir die Füße wäscht?«
Jesus erwiderte: »Ich möchte euch die Füße waschen, damit ihr euch immer daran erinnert, dass derjenige der Größte unter den Menschen sein wird, der ihnen dient.«

Während Er einen jeden von uns anblickte, fuhr Er fort: »Der Menschensohn, der euch als Seine Brüder auswählte, dessen Füße gestern mit Myrrhe aus Arabien gesalbt und mit den Haaren einer Frau getrocknet wurden, hat nun den Wunsch, eure Füße zu waschen.«
Er nahm die Schüssel und den Krug, kniete sich nieder und wusch einem jeden von uns seine Füße, indem Er bei Judas Iskariot begann.
Dann setzte Er sich mit uns an den Tisch, und Sein Gesicht war wie das Morgenrot, das sich nach einer Nacht der Kämpfe und des Blutvergießens über dem Schlachtfeld erhebt.
Der Gastwirt und seine Frau kamen und brachten uns Speisen und Wein. Und obgleich ich hungrig gewesen war, bevor Jesus zu meinen Füßen gekniet hatte, so war jetzt mein Appetit vergangen. In meiner Kehle gab es eine Flamme, die ich nicht mit Wein löschen wollte.
Da nahm Jesus einen Laib Brot, teilte ihn unter uns aus und sprach: »Vielleicht werden wir nicht mehr zusammen das Brot brechen. Essen wir dieses Brot also im Gedenken an unsere gemeinsame Zeit in Galiläa.«
Und Er goss Wein aus einem Krug in Seinen Becher, trank und gab uns davon, indem Er sagte: »Trinkt dies in Erinnerung an den Durst, den wir gemeinsam erlitten, und trinkt es in der Hoffnung auf eine neue Ernte. Wenn ich nicht mehr unter euch sein werde und das Leichentuch mich einhüllt, und wenn ihr euch hier oder woanders trefft, dann esst das Brot und trinkt den Wein im Gedenken an mich! Und wenn ihr dies tut, schaut euch um, vielleicht werdet ihr mich mit euch am Tische sitzen sehen.«
Nachdem Er dies gesagt hatte, begann Er, Stücke vom Fisch und Fasan auszuteilen, und Er speiste uns damit wie ein Vogel, der seine Brut füttert. Wir aßen wenig, dennoch fühlten wir uns gesättigt, und wir tranken nur einige Tropfen,

denn es kam uns vor, als schaffe der Becher einen Raum zwischen dieser Welt und einer anderen. Da sagte Jesus: »Bevor wir diesen Tisch verlassen, lasst uns uns erheben und die alten frohen Hymnen Galiläas singen!«

Wir erhoben uns und sangen zusammen, und Seine Stimme lag über unseren Stimmen, und es war ein Vibrieren in jedem Seiner Worte.

Dann blickte Er in unsere Gesichter und sprach:

»Nun sage ich euch Lebewohl. Verlassen wir die Stadt und gehen wir nach Gethsemane!«

Johannes, der Sohn des Zebedäus, fragte:

»Meister, warum willst du uns diese Nacht Lebwohl sagen?«

Jesus erwiderte:

»Lasst eure Herzen sich nicht beunruhigen. Ich verlasse euch nur, um euch einen Platz zu bereiten im Hause meines Vaters. Doch wenn ihr mich braucht, werde ich zu euch zurückkehren. Wo ihr mich rufen werdet, werde ich euch hören, und wo euer Geist mich suchen wird, da werde ich sein. Vergesst nicht, dass der Durst zur Weinkelter führt und der Hunger zum Hochzeitsmahl. Und eure Sehnsucht vermag dem Menschensohn zu begegnen, denn die Sehnsucht ist der Urquell der Ekstase, und sie ist der Weg, der zum Vater führt.«

Johannes sagte: »Wie können wir guten Mutes sein, wenn du uns verlassen willst? Und warum sprichst du überhaupt von Trennung?«

Jesus entgegnete:

»Der gejagte Hirsch erkennt den Pfeil des Jägers, bevor er ihn in seinem Herzen fühlt, der Fluss spürt das Meer, bevor er seine Küste erreicht. Und der Menschensohn hat die Wege der Menschen bewandert. Bevor noch ein anderer Mandelbaum seine Blüten der Sonne öffnet, werden meine Wurzeln in das Herz eines anderen Feldes reichen.«

Darauf sagte Simon Petrus:
»Meister, verlass uns jetzt nicht und versage uns nicht die Freude deiner Gegenwart! Wo du hingehst, da wollen auch wir hingehen, und wo du verweilen willst, da wollen auch wir bleiben.«
Jesus legte Seine Hand auf die Schulter von Simon Petrus und sagte lächelnd:
»Wer weiß, ob du mich nicht noch vor dem Ende der Nacht verleugnen wirst und ob du mich nicht verlässt, bevor ich dich verlasse?«
Dann sagte Er: »Gehen wir jetzt von hier weg!«
Er verließ das Gasthaus, und wir folgten Ihm. Als wir das Stadttor erreichten, war Judas Iskariot nicht mehr bei uns.
Wir durchquerten das Tal »Jahannam«, und Jesus ging uns voraus, während wir uns eng zusammenscharten. Als wir einen Olivenhain erreichten, wandte Er sich uns zu und sagte:
»Ruht euch hier eine Stunde aus!«
Der Abend war kühl, obgleich es bereits Frühling war. Die Maulbeerbäume trieben Knospen, die Apfelbäume standen in voller Blüte und süßer, betäubender Duft entströmte den Gärten.
Jeder von uns suchte sich einen Baum und legte sich darunter. Ich hüllte mich in meinen Mantel ein und legte mich unter eine Pinie.
Jesus verließ uns und betrat allein den Olivenhain. Ich beobachtete Ihn, während die anderen schliefen. Er ging hin und her, stand plötzlich still, ging auf und ab. Dies wiederholte sich mehrere Male.
Dann sah ich Ihn Sein Gesicht zum Himmel erheben und Seine Arme nach Osten und Westen ausbreiten. Früher hatte Er einmal gesagt: »Himmel, Erde und auch die Hölle sind des Menschen.« Jetzt musste ich an diese Worte denken, und ich verstand ihre Bedeutung: Dieser Mensch, der

jetzt im Olivenhain auf und ab ging, war der Mensch gewordene Himmel; auch der Schoß der Erde erschien mir nicht mehr als ein Anfang oder Ende, sondern eher als ein Mittel, eine Pause, ein Augenblick der Verwunderung und Überraschung. Und auch die Hölle erblickte ich in diesem Tal, das man nach ihr »Jahannam« nannte und das sich zwischen Ihm und der Heiligen Stadt ausbreitete.
Und als Er dort stand, während ich ein wenig weiter in meinem Mantel eingehüllt lag, hörte ich Ihn reden; aber Er sprach nicht zu uns. Dreimal hörte ich Ihn das Wort »Vater« aussprechen. Und das war alles, was ich verstehen konnte.
Nach einer Weile fielen Seine ausgebreiteten Arme hinab, und Er stand unbeweglich da wie eine Zypresse, die sich zwischen dem Himmel und meinen Augen aufrichtet.
Dann näherte er sich und sagte:
»Wacht auf und erhebt euch! Meine Stunde ist gekommen. Die Welt stürzt sich schon auf uns, gerüstet für eine Schlacht.«
Schließlich sprach Er:
»Vor einem Augenblick hörte ich die Stimme meines Vaters. Wenn ich euch nicht wiedersehen werde, erinnert euch daran, dass der Eroberer keinen Frieden haben wird, bis Er selbst besiegt ist.« Und als wir aufstanden und uns Ihm näherten, war Sein Gesicht wie der bestirnte Himmel über der Wüste.
Da küsste er einen jeden von uns auf die Wangen. Und als Seine Lippen meine Wange berührten, waren sie heiß wie die Hand eines Kindes, das Fieber hat.
Plötzlich hörten wir in einiger Entfernung Lärm und Geschrei wie von einer großen Menschenmenge. Als er immer näher drang, erkannten wir eine Gruppe Männer mit Laternen und Stöcken, die eilig auf uns zuliefen. Als sie den Rand des Hains erreicht hatten, verließ Jesus uns und ging

ihnen entgegen. Judas Iskariot führte die Gruppe an. Es waren römische Soldaten mit Schwertern und Lanzen und Männer von Jerusalem, die Keulen und Picken bei sich trugen.
Judas ging auf Jesus zu, küsste Ihn und sagte:
»Das ist der Mann!«
Jesus bemerkte:
»Judas, du warst geduldig mit mir! Du hättest dies gestern tun können!«
Darauf wandte Er sich an dessen bewaffnete Begleiter und sagte: »Nehmt mich jetzt gefangen, doch seht zu, dass euer Käfig groß genug ist für meine Flügel!«
Da fielen sie über Ihn her und ergriffen Ihn mit großem Geschrei. In unserer Furcht rannten wir alle weg und suchten zu fliehen. Ich lief durch den Olivenhain, ohne die Kraft zu haben, auf irgendetwas zu achten. In mir gab es nur die Stimme der Furcht, der ich gehorchte.
Während der zwei oder drei Stunden, die von der Nacht noch verblieben, war ich auf der Flucht, wobei ich mich immer wieder versteckte, wenn ich etwas hörte. In der Morgendämmerung befand ich mich schließlich in einem Dorf in der Nähe von Jericho.
Warum hatte ich Ihn verlassen? Ich wusste es nicht. Aber zu meinem großen Bedauern hatte ich es getan. Ich war feige gewesen und vor Seinen Feinden geflohen.
Ich war zutiefst betrübt und beschämt und kehrte umgehend nach Jerusalem zurück. Doch Er war bereits im Gefängnis, und keiner von uns konnte mehr mit Ihm reden.
Er wurde gekreuzigt, und Sein Blut erneuerte die Erde.
Und ich lebe noch; ich lebe auf der Honigwabe Seines süßen Lebens.

Simon von Cyrene

Ich war auf dem Weg zu meinem Feld, als ich Ihn das Kreuz tragen sah; eine Menschenmenge folgte Ihm. Und auf einmal ging auch ich hinter Ihm her.
Die Last, die Er trug, veranlasste Ihn, mehrmals anzuhalten, denn Sein Körper war kraftlos und erschöpft.
Da kam ein römischer Soldat auf mich zu und sagte:
»Komm, du bist stark gebaut, trag das Kreuz dieses Mannes!«
Bei diesen Worten wurde mein Herz weit, und ich war dankbar. Und ich trug Sein Kreuz.
Es war schwer, denn es war aus Pappelholz, das durchtränkt war vom Regen des Winters.
Jesus schaute mich an, und der Schweiß Seiner Stirn perlte über Seinen Bart. Wieder sah Er mich an und sagte:
»Musst auch du aus diesem Becher trinken? Wahrlich, du wirst dich bis zum Ende der Zeiten daran laben.«
Indem Er dies sagte, legte Er Seine Hand auf meine freie Schulter, und wir schritten gemeinsam zum Kalvarienberg.
Doch nun fühlte ich das Gewicht des Kreuzes nicht mehr. Ich fühlte nur noch Seine Hand. Und sie lag wie der Flügel eines Vogels auf meiner Schulter.
Dann erreichten wir den Gipfel des Berges, wo sie Ihn kreuzigten. Und ich fühlte erneut das Gewicht des Baumes.
Er sprach kein Wort, als sie die Nägel in Seine Hände und Füße schlugen, noch drang irgendein Laut aus Seinem Mund. Seine Glieder zuckten nicht einmal unter den Hammerschlägen. Es schien, als wären Seine Hände und Füße vorher gestorben, und sie könnten das Leben nur wieder erlangen, wenn sie in Blut gebadet würden. Man hätte sogar annehmen können, dass Er die Nägel begehrte wie ein Prinz das Zepter und dass Er sich danach sehnte, auf diesem Gipfel erhöht zu werden.

Mein Herz dachte nicht daran, Ihn zu bemitleiden, denn es war erfüllt von Staunen.
Und nun ist der Mann, dessen Kreuz ich trug, mein Kreuz geworden. Wenn sie mir noch einmal sagen würden: »Trag das Kreuz dieses Mannes!«, so würde ich es tragen, bis mein Weg an meinem Grab endet. Doch ich würde Ihn bitten, Seine Hand auf meine Schulter zu legen.
Dies geschah vor vielen Jahren. Aber immer noch, wenn ich die Furchen meines Feldes entlanggehe, und jedes Mal vor dem Einschlafen denke ich an diesen geliebten Mann. Und ich fühle Seine flügelleichte Hand hier auf meiner Schulter.

Ciborea, die Mutter Judas'

Mein Sohn war ein guter und rechtschaffener Mann; er war besorgt um mich und stets freundlich zu mir. Er liebte seine Verwandten und Landsleute und hasste unsere Feinde, die verfluchten Römer, die purpurne Gewänder trugen, obgleich sie keinen Faden spannen und an keinem Webstuhl saßen, und die ernteten und sammelten, wo sie weder gepflügt noch eine Saat ausgestreut hatten.
Mein Sohn war erst siebzehn Jahre alt, als er erwischt wurde, wie er Pfeile auf die Soldaten der römischen Legion abschoss, die durch unsere Weinfelder zogen. Schon in diesem Alter sprach er zu den anderen Jugendlichen vom Ruhm Israels sowie von vielen sonderbaren Dingen, die ich nicht verstand.
Er war mein Sohn, mein einziger Sohn. Er trank das Leben an diesen Brüsten, die jetzt trocken sind, er machte seine ersten Schritte in diesem Garten, und er klammerte sich an diese Finger, die nun wie zitternde Rohre aussehen.
Mit meinen Händen, die damals jung und frisch waren wie

die Trauben des Libanon, hüllte ich seine ersten Sandalen in ein Leinentuch, das meine Mutter mir gegeben hatte, um sie aufzuheben. Ich bewahre sie immer noch auf in dieser Truhe neben dem Fenster.

Er war mein Erstgeborener, und als er seine ersten Schritte machte, machte ich sie mit ihm, denn Frauen bewegen sich erst, wenn ihre Kinder sie führen.

Und nun sagt man mir, dass er sich selbst getötet hat. Aus Reue darüber, dass er seinen Freund Jesus verraten habe, soll er sich vom Hohen Felsen gestürzt haben.

Ich weiß, dass mein Sohn tot ist. Doch ich weiß auch, dass er Jesus nicht verraten hat; er liebte nämlich seine Verwandten und Freunde und hasste niemanden außer die Römer.

Mein Sohn suchte den Ruhm Israels, und nichts anderes als dieser Ruhm war je auf seinen Lippen und in seinen Taten.

Als er Jesus auf der Landstraße traf, verließ er mich, um Ihm zu folgen. Und in meinem Innern wusste ich, dass er nicht gut daran tat, irgendeinem Mann zu folgen.

Als er sich von mir verabschiedete, sagte ich ihm, dass er Unrecht habe, aber er hörte nicht mehr auf mich. Unsere Kinder achten ja nicht darauf, was wir ihnen sagen. Wie die Flut von heute nehmen sie von der Flut von gestern keinen Rat an.

Ich bitte euch, stellt mir keine weiteren Fragen mehr über meinen Sohn.

Ich liebte ihn, und ich werde ihn immerfort lieben. Wenn die Liebe ihren Platz im Fleisch hätte, würde ich sie mit einem heißen Eisen ausbrennen und meinen Frieden haben. Doch sie befindet sich in der Seele und ist unerreichbar.

Und nun sage ich nichts mehr. Fragt eine andere Frau, die achtbarer ist als die Mutter von Judas.

Geht zur Mutter Jesu. Das Schwert ist auch in ihrem Herzen. Sie wird euch von mir erzählen, und ihr werdet verstehen.

Die Frau von Byblos, ein Klagelied

Weint mit mir, Töchter der Astarte,
und alle, die Tamuz lieben,
lasst eure Herzen tauen
und blutige Tränen weinen,
denn der Gott aus Gold und Elfenbein
ist nicht mehr.
Im finsteren Wald besiegte Ihn der Keiler,
dessen Hauer Sein Fleisch durchbohrten.
Nun liegt Er da,
begraben unter den Blättern von gestern.
Seine Fußspuren werden die Saaten nicht mehr wecken,
die im Herzen des Frühlings schlummern.
Beim Morgenrot wird Seine Stimme nicht mehr
an mein Fenster dringen,
und ich werde für immer alleine sein.

Weint mit mir, Töchter der Astarte,
und alle, die Tamuz lieben,
denn mein Geliebter ist entflohen,
Er, dessen Rede den Flüssen glich,
dessen Stimme eine Zwillingsschwester der Zeit war.
Sein Mund war die in Süßigkeit verwandelte rote Wunde,
und auf Seinen Lippen wurde Galle zu Honig.

Weint mit mir, Töchter der Astarte,
und alle, die Tamuz lieben;
um Sein Totenlager geschart weint mit mir,
wie die Sterne weinen!

Weint wie die mondförmigen Blütenblätter,
die auf Seinen verwundeten Körper fallen!
Nässt mit euren Tränen die seidenen Decken
   meines Bettes,
wo in meinen Träumen einst mein Geliebter lag,
den ich nicht mehr fand, als ich erwachte.

Ich flehe euch an,
Töchter der Astarte,
und alle, die Tamuz lieben,
entblößt eure Brüste, weint
und tröstet mich,
denn Jesus von Nazareth ist tot.

Maria Magdalena, dreißig Jahre später

Noch einmal wiederhole ich, dass Jesus den Tod durch den Tod besiegte und dass Er vom Grabe auferstand als ein Geist und eine Kraft. Er durchschritt unsere Einsamkeit und besuchte die Gärten unserer Passion. Er liegt nicht mehr dort in der Felsenspalte hinter dem Stein.
Wir, die wir Ihn liebten, sahen Ihn mit diesen unseren Augen, die Er sehend machte, und wir berührten Ihn mit diesen unseren Händen, die Er lehrte, weiter als gewöhnlich zu reichen.
Ich kenne euch, die ihr nicht an Ihn glaubt. Ich war eine von euch. Jetzt seid ihr noch zahlreich, aber eure Zahl wird schnell abnehmen.
Ist es nötig, dass man eine Harfe oder Leier zerbricht, um die Musik darin zu entdecken?
Ist es erforderlich, einen Baum zu fällen, um daran glauben zu können, dass er Früchte trägt?

Ihr lehnt Jesus ab, weil jemand aus dem Land des Nordens behauptete, dass Er Gottes Sohn sei. Und ihr verachtet euch gegenseitig, weil jeder von euch sich zu erhaben dünkt, um der Bruder seines Nächsten zu sein.

Ihr hasst Ihn, weil jemand behauptete, dass Er von einer Jungfrau geboren wurde und nicht aus dem Samen eines Mannes. Ihr kennt nämlich weder Mütter, die als Jungfrauen begraben werden, noch Männer, die, an ihrem eigenen Durst erstickt, zu Grabe getragen werden.

Ihr wisst nicht, dass die Erde mit der Sonne vermählt wurde und dass es die Erde ist, die uns in die Berge und Wüsten aussendet.

Es gibt einen klaffenden Abgrund zwischen denjenigen, die Ihn lieben, und denjenigen, die Ihn hassen, zwischen denen, die an Ihn glauben, und denen, die nicht an Ihn glauben.

Wenn aber die Jahre eine Brücke über diesen Abgrund geschlagen haben werden, dann werdet ihr wissen, dass derjenige, der in uns lebte, unsterblich ist, dass Er der Sohn Gottes ist, wie wir selber Kinder Gottes sind, dass Er aus einer Jungfrau geboren wurde, wie wir aus der Erde geboren werden, die – ohne einen Gemahl zu kennen – das Leben schenkt.

Es mag seltsam erscheinen, dass die Erde den Ungläubigen weder die Wurzeln verleiht, um sie an ihrer Brust zu stillen, noch die Flügel, damit sie sich in die Lüfte aufschwingen und am Tau des Himmels erquicken.

Ich aber weiß, was ich weiß, und das genügt mir.

Ein Mann aus dem Libanon,
neunzehn Jahrhunderte später

Meister, Meister aller Sänger,
Meister der unausgesprochenen Worte,
siebenmal wurde ich geboren,
und siebenmal bin ich gestorben
seit deinem kurzen Besuch
und unserer knappen Begrüßung,
und siehe, ich lebe aufs Neue.
Ich erinnere mich an einen Tag und eine Nacht,
die wir im Gebirge verbrachten,
emporgehoben von deiner Flut.
Danach durchquerte ich zahlreiche Länder und Meere,
und wohin mich Sattel oder Segel auch brachten,
überall begegnete ich deinem Namen,
sei es im Gebet oder im Streitgespräch;
entweder verherrlichten dich die Menschen
oder sie verfluchten dich,
der Fluch, ein Protest gegen Misslingen,
die Verherrlichung, eine Hymne des Jägers,
der proviantbeladen aus den Bergen
zu seiner Gefährtin zurückkehrt.

Deine Freunde sind immer noch unter uns, Meister,
um uns zu trösten und zu ermutigen,
und deine Feinde sind noch da,
um uns herauszufordern und zu stärken.
Auch deine Mutter ist in unserer Mitte;
ich sehe den Glanz ihres Antlitzes
in den Zügen aller Mütter,
ihre Hände wiegen das Neugeborene
zärtlich in den Schlaf,
und ihre Hände falten sanft das Leichentuch.

Auch Maria Magdalena lebt noch unter uns,
sie, die den Essig des Lebens trank,
bevor sie seinen Wein kostete.
Und Judas, der Mann großer Mühen
und kleinlicher Ambitionen,
geht noch über diese Erde, er nagt an sich selber,
wenn sein Hunger kein anderes Opfer findet.
Und er sucht sein besseres
Ich durch Selbstzerstörung.

Johannes, dessen Jugend die Schönheit liebte,
ist ebenfalls unter uns zugegen.
Er singt, selbst wenn niemand ihn beachtet.
Der übereifrige Simon Petrus,
der dich verleugnete, um länger für dich zu leben,
sitzt wie eh und je an unserem Feuer.
Es mag sein, dass er dich noch einmal verleugnet,
bevor die Sonne eines neuen Tages aufgeht.
Dennoch wird er sich für dich kreuzigen lassen
und sich dabei solcher Ehre für unwürdig halten.
Und Kaiphas und Annas
thronen heute noch auf ihrem Richterstuhl,
sie verurteilen den Schuldigen
ebenso wie den Unschuldigen.
Sie schlafen gut auf ihren weich gefederten Betten,
während der Unschuldige, den sie verurteilten,
mit Ruten ausgepeitscht wird.

Die Frau, die man in flagranti
beim Ehebruch ertappte, geht immer noch
durch die Straßen unserer Städte.
Sie hungert nach einem Brot,
das noch nicht gebacken ist,
sie lebt alleine

in einem verlassenen, menschenleeren Haus.
Auch Pontius Pilatus steht noch
scheu und ehrfürchtig vor dir.
Er fährt fort, dich auszufragen,
doch er wagt es nicht,
seine Stellung zu gefährden,
seinen Posten zu riskieren
oder eine andere Rasse zu brüskieren.
Immer noch wäscht er seine Hände in Unschuld.
Jerusalem hält die Schale
und Rom den Wasserkrug,
um tausend und abertausend Hände reinzuwaschen.

Meister, Meister aller Dichter,
Meister der gesungenen und gesprochenen Worte,
die Menschen bauten Tempel,
um deinen Namen zu beherbergen.
Auf jedem Gipfel richteten sie dein Kreuz auf,
um ihre unberechenbaren Füße dorthin zu lenken,
nicht aber in Richtung deiner Freude.
Deine Freude ist ein Gipfel
jenseits ihrer Vorstellungen.
Sie denken nicht daran,
in deiner Freude Erfüllung zu finden.
Sie ehren den Mann, den sie nicht kennen.
Doch welchen Trost kann jemand spenden,
der wie sie selber ist,
dessen Güte ihrer Güte gleicht,
dessen Barmherzigkeit nach der ihren bemessen ist?

Sie rühmen nicht diesen lebendigen Menschen,
den ersten, der seine Augen öffnete
und in die Sonne schaute,
ohne mit der Wimper zu zucken.

Nein, sie kennen ihn nicht
und wollen ihm nicht gleichen.
Sie ziehen es vor, unbekannt in der Menge zu bleiben.
Lieber wollen sie Kummer ertragen, ihren Kummer,
als in deiner Freude Erquickung zu finden.
Ihre schwermütigen Herzen suchen Trost
weder in deinen Worten
noch in der Melodie deiner Worte.
Ihr stummer, gestaltloser Schmerz
macht einsame Kreaturen aus ihnen.
Obgleich sie umgeben sind von Verwandten und
    Bekannten,
leben sie ohne Freunde, verzehrt von der Angst,
und sie beklagen sich, alleine zu sein.
Sie wenden sich nach Osten,
wenn der Westwind weht.
Sie nennen dich König, in der Hoffnung,
deinem Hofstaat anzugehören.
Sie nennen dich den Messias
und würden am liebsten selber
mit dem heiligen Öl gesalbt.
Ja, sie möchten auf deine Kosten leben.

Meister, Meister aller Sänger,
deine Tränen waren wie Maischauer
und dein Lachen wie die gischtweißen Wellen des Meeres,
deine Worte waren das ferne Flüstern
vom Feuer entfachter Lippen.
Du lachtest für ihren innersten Nerv,
der noch nicht zum Lachen bereit war,
du weintest für ihre Augen,
die noch trocken waren.
Deine Stimme zeugte ihre Gedanken und Erkenntnisse,
deine Stimme brachte ihre Worte und ihren Atem zur Welt.

Siebenmal wurde ich geboren,
und siebenmal bin ich gestorben.
Und siehe, ich lebe wieder
und schaue dich an,
den Kämpfer unter Kämpfern,
den Dichter der Dichter,
den König über allen Königen,
den halb nackten Weggefährten.
Täglich neigt der Bischof sein Haupt,
wenn er deinen Namen ausspricht.
Täglich betteln die Bettler:
»Gib uns – Jesus zuliebe – einen Pfennig,
um Brot zu kaufen.«
Wir rufen einander um Hilfe,
doch in Wirklichkeit rufen wir zu dir,
wie die Flut –
im Frühling unserer Bedürfnisse und Wünsche,
und wie die Ebbe –
beim Nahen unseres Herbstes.
Laut oder leise,
dein Name ist stets auf unseren Lippen,
Meister unendlichen Erbarmens.

Meister unserer einsamen Stunden,
da und dort, zwischen Wiege und Sarg
begegne ich deinen schweigenden Brüdern,
den ungefesselten, freien Menschen,
Söhne deiner Mutter, der Erde
und des Weltenraums.
Sie sind wie die Vögel des Himmels
und wie die Lilien des Feldes.
Sie leben dein Leben,
denken deine Gedanken
und singen dein Lied,

aber ihre Hände sind leer.
Zu ihrem großen Kummer
erleiden sie keine Aufsehen erregende Kreuzigung,
nur täglich kreuzigt die Welt sie
in unscheinbarer Weise,
ohne dass der Himmel erschüttert ist
und die Erde sich auflehnt.
Sie werden gekreuzigt,
und niemand ist Zeuge ihrer Agonie.
Sie wenden ihr Gesicht nach rechts und links
und erblicken keinen,
der ihnen einen Platz in seinem Königreich verspricht.
Und doch würden sie sich jeden Tag
aufs Neue kreuzigen lassen,
damit dein Gott ihr Gott sei
und dein Vater ihr Vater.

Meister, Meister der Liebenden,
in ihrer duftenden Alkove
erwartet dich die Prinzessin
und die verheiratete, unverheiratete Frau
in ihrem Gefängnis.
In den Straßen ihrer Scham
wartet die Prostituierte auf der Suche nach Brot
und die ehelose Nonne in ihrem Kloster.
Die kinderlose Frau sitzt am Fenster,
wo der Frost den Wald an die Scheiben malte,
sie findet dich in dieser Symmetrie,
bemuttert dich und ist getröstet.

Meister, Meister aller Dichter,
Meister unserer verschwiegenen Wünsche,
das Herz der Welt pocht
mit dem Pulsschlag deines Herzens,

doch es entflammt nicht
beim Hören deines Liedes.
Die Welt sitzt da,
deinem Lied fröhlich lauschend,
aber sie erhebt sich nicht vom Sitz,
um die Gipfel deiner Berge zu erklimmen.
Dem Menschen gefällt es,
deine Träume zu träumen,
doch er will nicht erwachen
beim Anbruch deiner Morgenröte,
die sein schönster Traum ist.
Er möchte mit deinen Augen sehen,
aber nicht seine schweren Füße
zu deinem Thron schleppen müssen.
Viele wurden in deinem Namen gekrönt
und erhielten dank deiner Macht die Mitra.
Deinen goldenen Besuch
verwandelten sie in Kronen für ihre Köpfe
und in Zepter für ihre Hände.

Meister, Meister des Lichts, dessen Auge
in den tastenden Fingern des Blinden wohnt,
immer noch wirst du verachtet und verschmäht,
als Mensch, der zu schwach und kraftlos ist,
um Gott zu sein,
und als Gott, der zu menschlich ist,
um anbetungswürdig zu sein.
Ihre Messen und Hymnen,
ihre Sakramente und Rosenkränze
gelten ihrem eingekerkerten Ich.
Du aber bist ihr entferntes Ich,
ihr weit tragender Schrei
und ihre Passion.

Doch webst du auch diesen Tag,
Herz, so hoch erhoben wie der Himmel,
Ritter unserer glücklichsten Träume.
Weder Bogen noch Lanzen
können deinen Schritt aufhalten.
Du schreitest inmitten unserer Pfeile,
aus deinen Höhen lächelst du uns zu.
Und bist du auch der Jüngste von uns allen,
so bist du dennoch unser aller Vater.

Dichter, Sänger, unermessliches Herz,
möge Gott deinen Namen segnen,
den Schoß, der dich trug,
und die Brust, die dich stillte.
Und möge Gott uns allen verzeihen.

Nachwort

Lassen sich in Gibrans *Prophet* Anklänge an den Islam finden, so ist das Werk *Jesus Menschensohn* der Zentralfigur des Christentums gewidmet. Es »berichtet« über Jesus, den Menschensohn, wie Er sich selbst nannte, und zwar aus der Sicht *von Menschen, die Ihn kannten*, wie es im Titel ergänzend heißt. Dieses Buch ist zwar nicht das Ergebnis einer jahrzehntelangen Arbeit – wie beim *Propheten* –, wohl aber einer lebenslangen Beziehung zu Jesus.

Gibrans Sekretärin und Biografin, Barbara Young, berichtet, dass er am 12. November 1926 spontan seine Arbeit am Fortsetzungswerk des *Propheten* unterbrach und plötzlich – wie einer Eingebung folgend – ihr den Text des Judas und des Jakobus diktierte. (Young 114f) Von da an ließ er die anderen Arbeiten beiseite und arbeitete ununterbrochen an diesem Buch, bis das Manuskript am 11. Dezember 1927, dem Geburtstag seiner Freundin Mary Haskell, fertig gestellt wurde, sodass er es ihr gleich als Geburtstagsgeschenk zusenden konnte. Am 12. Oktober 1928 erschien *Jesus Menschensohn* im Verlag Alfred A. Knopf mit 14 Illustrationen des Autors. 70 Personen – zum Teil aus den Evangelien bekannte, zum Teil fiktive Personen – erzählen darin begeistert bis kritisch von ihrer Begegnung mit Jesus. So entsteht ein ergreifendes Mosaikbild seiner Person, wie es nur ein Orientale zeichnen konnte.

Gibran war zeitlebens fasziniert von Jesus. Seine geliebte Mutter Kamila, die Tochter eines maronitischen Priesters, und sein Großvater, Abuna Istefan, legten bei ihm schon früh die Fundamente des christlichen Glaubens. Infolge eines Unfalls im Gebirge wurde er als Kind mit einer gebrochenen Schulter 40 Tage lang auf eine Schiene gespannt, wobei er sich mit dem Gekreuzigten identifizierte, dem er jeden Karfreitag selbstgepflückte Blumen brachte.

Nach einigen in Amerika verbrachten Jahren ging er für vier Jahre in den Libanon zurück, um an der renommierten Sagesse-Hochschule (Schule der Weisheit) die arabische Sprache und Literatur zu studieren. In der Sagesse lebten die Studenten wie Seminaristen mit täglichen Messen und Schriftlesungen. In Paris las er Ernest Renans *Leben Jesu*, und er sagte einmal bei einer Unterhaltung über Christus zu Mary Haskell: »Ich habe alles gelesen, was ich über Jesus finden konnte. Ich besuchte sein Land von Syrien bis Südpalästina. Während meines ganzen Lebens ist meine Bewunderung für Ihn stets gewachsen. Er ist der größte aller Künstler und Dichter.« (Dahdah 279f)

Oft träumte er von Jesus. In einem Brief vom 7. Februar 1912 schreibt er an Mary: »Heute ist mein Herz voll! ... Letzte Nacht sah ich Jesus in meinem Traum. Das gleiche warmherzige Gesicht. Die großen, dunklen Augen, die gütig leuchten. Seine staubbedeckten Füße. Sein einfaches grau-braunes Gewand. Der lange, gekrümmte Stab. Und der gleiche Geist, der Geist von jemandem, der nichts anderes tut, als ruhig und wohlwollend das Leben zu betrachten. Mary, Mary, warum kann ich Ihn nicht jede Nacht in meinen Träumen sehen? Warum kann ich nicht halb so ruhig das Leben betrachten wie Er? Warum kann ich in dieser Welt niemanden finden, der so wohltuend einfach und warmherzig ist wie Er?« (Geliebte Mary 35)

In fast allen Werken Gibrans gibt es mindestens einen Text über Jesus. In *Eine Träne und ein Lächeln* steht der eindringliche Weihnachtstext »Des Kindes Liebe«, in *Gebrochene Flügel* das Kapitel »Astarte und Christus« und in dem Buch *Die Stürme* der erschütternde Passionstext »Der gekreuzigte Jesus« sowie »Am Vorabend des Festes«, um nur einige Beispiele zu nennen.

So liebevoll seine Texte über Jesus sind, so aggressiv fallen seine Texte über die Priester aus. Seine heftige Kritik gilt dem Klerus im Libanon, der oft mit den Feudalherren gemeinsame Sache machte und das Volk ausbeutete, anstatt auf der Seite der Entrechteten und Armen zu stehen, wie es das Evangelium verlangt. In seinen arabischsprachigen Texten appelliert Gibran deshalb an seine Landsleute, sich aus der Bevormundung der Priester zu befreien; jeder solle sein eigener Priester sein. Enttäuscht stellt er fest, dass der Jesus der Kirchen nicht mehr viel gemein hat mit dem Jesus des Evangeliums. In seiner Aphorismensammlung *Sand und Schaum* schreibt er diesbezüglich: »Einmal alle hundert Jahre trifft Jesus von Nazareth den Jesus der Christen in einem Garten zwischen den Hügeln des Libanon. Und sie sprechen lange; und jedes Mal geht Jesus von Nazareth fort, indem er zum Jesus der Christen sagt: ›Mein Freund, ich fürchte, wir werden niemals, niemals übereinstimmen‹.« (Sämtliche Werke, Bd. 3, 274)

Als *Jesus Menschensohn* erschien, gab es in der amerikanischen Presse einstimmig gute Kritik. Die Zeitung *Springfield Union* schreibt: »Gibrans Englisch ist von solcher Schönheit und Klarheit, dass es anderen Autoren, deren Muttersprache Englisch ist, als Vorbild dienen könnte.« *The Manchester Guardian* zählt Gibran zu den sechs größten englischsprachigen Schriftstellern und schreibt weiter: »Der Leser, der überdrüssig ist, nachdem er in den endlosen Bücherwäldern umhergeirrt ist ... empfindet eine lebhafte Freude, wenn er dieses Werk von besonderer Originalität und sinnenhafter Schönheit entdeckt.« (Dahdah 485f) John Haynes Holmes von der Community Church New York stellte das Buch *Jesus Menschensohn* als das fünfte Evangelium nach Gibran vor.

Die Götter der Erde

Als die Nacht des zwölften Äon anbrach,
und ihr Schweigen – einer großen Flut gleich –
die Hügel überspülte,
erschienen auf Bergesgipfeln
die drei erdgeborenen Götter,
die gewaltigen Herren des Lebens.

Flüsse netzten ihre Füße,
Nebel umwölkte ihre Brust,
und ihre Köpfe ragten
hoheitsvoll über der Welt auf.

Als sie zu sprechen begannen,
klang es wie entfernter Donner,
der über Steppen rollt.

ERSTER GOTT

Der Wind bläst ostwärts;
ich werde mein Gesicht
nach Süden wenden,
denn meine Nase wittert
den Geruch der Verwesung.

ZWEITER GOTT

Es ist der Geruch
verbrannten Fleisches,
süß und belebend zugleich,
ihn einzuatmen,
findet mein Gefallen.

ERSTER GOTT

Geruch der Sterblichkeit,
auf eigener schwacher Flamme röstend.
Er hängt schwer in der Luft,
wie stinkender Mundgeruch aus einer Senke
beleidigt er meine Sinne.
Ich werde mein Gesicht
nach Norden wenden.

Zweiter Gott

Es ist der aufsteigende Duft
brütenden Lebens;
jetzt und immer will ich
mich an ihm berauschen.
Die Götter leben von Opfern,
ihr Blut stillt ihren Durst,
und geopferte junge Seelen
versöhnen ihre Herzen;
die endlosen Seufzer derer,
die mit dem Tod leben,
stärken ihre Kraft.
Auf der Asche von Generationen
sind unser Throne errichtet.

Erster Gott

Mein Geist ist müde
und aller Kreatur überdrüssig.
Ich würde keine Hand bewegen,
weder um eine Welt zu schaffen
noch um eine Welt zu vernichten.
Wenn ich sterben könnte,
würde ich nicht mehr leben,
denn schwer lastet auf mir
das Gewicht von Äonen,
und das ewige Stöhnen der Meere
raubt mir den Schlaf.
Könnte ich nur meiner Bestimmung entgehen
und wie eine Sonne verglühen!
Könnte ich die Attribute
der Göttlichkeit abstreifen,

meine Unsterblichkeit
in den Weltraum aushauchen
und aufhören zu existieren!
Ach, könnte ich ausgelöscht werden
aus dem Gedächtnis der Zeit
und eingehen
in die Leere des Nichts!

DRITTER GOTT

Hört meine Brüder,
meine älteren Brüder!
Drüben im Tal
singt ein Jüngling.
Singend schüttet er
der Nacht sein Herz aus.
Seine Leier ist aus
Gold und Ebenholz,
seine Stimme
aus Silber und Gold.

ZWEITER GOTT

So töricht wäre ich nicht,
mich nach dem Nichts zu sehnen.
Ich wähle lieber den steilen Weg,
ertrage die Bürde der Jahre
und folge den Jahreszeiten:
ich bin bemüht,
die Saat zu säen
und darauf zu achten,
wie sie aus dem Boden treibt;

die Blumen zu rufen
aus ihrem Versteck,
ihnen die Kraft zu verleihen,
ihr Leben zu behaupten,
und sie zu brechen,
wenn der Sturm im Walde lacht;
den Menschen aus dunklem Schoß
ans Licht zu führen
und dafür Sorge zu tragen,
dass seine Wurzeln
in der Erde verhaftet bleiben,
ihn dürsten zu lassen
nach dem Leben,
doch ihm den Tod
zum Mundschenk geben,
ihn mit der Liebe zu locken,
die im Leid wächst,
in der Sehnsucht zunimmt
und in der ersten Umarmung
wieder abklingt.
Seine Nächte auszustatten
mit Träumen von besseren Tagen
und seine Tage mit Visionen
von glücklicheren Nächten,
und sie dennoch einzuebnen
zu eintöniger Gleichförmigkeit;
seine Phantasie zu beflügeln,
dass sie dem Adler der Berge gleicht,
und sein Denken zu bewegen
wie Sturm über dem Meer,
ihm aber Hände zu geben,
die sich nur langsam bewegen,
sowie Füße, die sich
nur schwer in Gang setzen;

ihm Frohsinn zu verleihen,
damit er vor uns singt,
und schwer wiegende Sorgen,
damit er uns anruft;
ihn zu Fall zu bringen,
wenn die Erde hungrig
nach Nahrung schreit;
seine Seele zu erheben
hoch übers Firmament,
so dass er einen Vorgeschmack erhält
von unserem Morgen,
und seinen Körper gleichzeitig
der Schwerkraft zu unterwerfen,
damit er am Boden kriecht
und sein Gestern nicht vergisst.
So sollen wir herrschen
über den Menschen
bis zum Ende der Zeiten;
wir sollen Obacht geben
auf seinen Atem,
der mit dem Schrei
seiner Mutter begann
und mit der Trauerklage
seiner Kinder endet.

Erster Gott

Mein Herz dürstet,
aber ich weigere mich,
das Blut von Schwächlingen
zu trinken,
der Becher ist besudelt,
der Wein, den er enthält,

schmeckt meinem Mund bitter.
Wie du knetete ich
den Lehm der Erde
und formte ihn
zu atmenden Wesen, die mir
aus tropfenden Fingern krochen
in Täler und auf Hügel.
Wie du entfachte ich
die dunklen Abgründe
beginnenden Lebens,
ich sah es aus Höhlen hervor kommen
und Felsengipfel besteigen.
Wie du rief ich den Frühling herbei
und legte ihm das schönste Gewand an –
als Köder für die Jugend,
um sie anzuregen,
sich fortzupflanzen
und zu vermehren.
Von Schrein zu Schrein
führte ich den Menschen
– wie du es tatest –;
seine nackte Angst
vor dem Unbekannten
verwandelte ich in
furchtsamen Glauben an uns.
Wie du zähmte ich
den wilden Sturm seiner Gefühle,
bis er sich uns
ehrfürchtig unterwarf,
und ich erschütterte die Erde
unter seinen Füßen,
bis er uns um Hilfe rief.
Wie du entfesselte ich den Ozean
und ließ ihn gegen die Inseln branden,

auf denen er sich niedergelassen hatte,
bis er uns sterbend
um Gnade rief.
All dies tat ich und mehr,
und alles, was ich tat,
ist sinnlos und leer.
Vergebens ist das Wachen,
nichtig ist der Schlaf,
und dreimal nichtig und vergebens
ist der Traum.

DRITTER GOTT

Brüder, meine ehrwürdigen Brüder,
unten im Myrtenhain
tanzt im Mondschein ein Mädchen,
in ihren Haaren
tausend Sterne aus Tau,
und um ihre Füße
tausend Flügel.

ZWEITER GOTT

Wir pflanzten den Menschen
als unseren Weinstock,
wir pflügten seine Erde
im purpurfarbenen Nebel
der ersten Morgenröte;
wir sahen seine zarten Zweige
stetig wachsen;
in all den Jahren
ohne Jahreszeiten
hegten wir seine jungen Blätter;

wir schützten seine Knospen
vor rauen Elementen
und bewahrten seine Blüten
vor dunklen Geistern.
Doch nun, wo unser Weinstock
Reben hervor bringt,
nun willst du sie nicht
zur Kelter bringen
und deinen Becher nicht füllen
mit ihrem Wein?
Welche mächtigere Hand als deine
sollte die Früchte ernten?
Welch höherem Zweck
sollte der Wein dienen
als deinem Durst?
Der Mensch ist Nahrung
für die Götter,
sein Ruhm beginnt erst,
wenn sein nichtiger Atem
die heiligen Lippen
der Götter berührt.
Alles Menschliche
hat in sich keinen Wert:
weder die Unschuld der Kindheit
noch die Ekstase der Jugend,
weder die gebändigte Leidenschaft
des Mannes
noch die Weisheit des Alters,
nicht die Pracht der Könige
und nicht der Siegestaumel
der Krieger,
weder der Ruhm der Dichter
noch die Ehre der Träumer
und Heiligen;

all dies, und alles,
was das Leben noch enthält,
ist Brot für die Götter,
und es bleibt ungesegnetes Brot,
wenn die Götter es nicht kosten.
So wie sich das stumme Korn
in Liebeslieder verwandelt,
wenn es der Nachtigall
als Nahrung dient,
so wird der Mensch
als Brot der Götter
selber ein Teil der Gottheit.

Erster Gott

Ja, Fleisch für die Götter
ist der Mensch; und alles,
was mit ihm in Zusammenhang steht,
gelangt auf unsere ewige Tafel:
die Beschwerden der Schwangerschaft,
die Schmerzen der Geburt,
der blinde Schrei des Neugeborenen,
der die Nacht durchdringt,
die Angst der Mutter,
die mit dem Schlaf ringt
und es nicht erwarten kann,
das erschöpfte Leben
ins All zu verströmen,
der heiße Atem gemarterter Jugend,
die Seufzer unterdrückter Leidenschaft,
die schweißfeuchte Stirn des Mannes,
der seinen kargen Acker bestellt,
die Bedrängnisse des hohen Alters,

wenn das Leben – gegen den Lebenswillen –
dem Ende zugeht;
ja, das ist der Mensch,
ein Geschöpf, aus Hunger erzeugt,
und als Nahrung geschaffen
für hungrige Götter.
Ein Weinstock, der im Staub wächst,
unter den Füßen
unsterblicher Götter.
Eine Blume, die in den Nächten blüht,
zwischen finsteren Schatten;
Trauben trauriger Tage
voll Schrecken und Scham.
Und du forderst mich auf,
davon zu essen und zu trinken.
Du lädst mich ein,
in der Gesellschaft
verhüllter Gesichter zu sitzen,
Leben zu trinken
von Lippen aus Stein,
und meine Ewigkeit zu beziehen
aus welken Händen.

Dritter Gott

Brüder, meine hehren Brüder,
dreimal inniger singt der Jüngling
und dreimal herzergreifender
ist sein Lied.
Seine Stimme erschüttert den Wald
und durchdringt den Himmel.
Die süße Melodie
vertreibt den Schlaf der Erde.

Zweiter Gott

(dem dritten Gott
noch immer nicht zuhörend)

Eine Biene summt wohl
unsanft in deinem Ohr,
und der Honig schmeckt
deinen Lippen bitter.
Gern will ich dich trösten,
doch wie soll ich's anstellen?
Nur die Abgründe vernehmen es,
wenn Götter mit Göttern reden,
denn unermesslich ist die Entfernung,
die zwischen Gottheiten liegt,
und windstill ist der Weltraum.
Dennoch will ich es versuchen,
deine bewölkten Sphären aufzuheitern;
und sind wir auch gleich gestellt
in Macht und Urteilsvermögen,
so will ich dich heute ermahnen
und dir mit Rat zur Seite stehn.

Als die Erde aus dem Chaos entstand, und wir – Söhne der ersten Stunde – uns zum ersten Mal im hellen Licht erblickten, kam von unseren Lippen ein erster zögernder Laut, der Luft und Meere belebte.
Hand in Hand gingen wir dann über die neu geborene Welt, und aus dem Echo unserer schlaftrunkenen Schritte wurde die Zeit geboren, eine vierte Gottheit, die in unsere Fußstapfen tritt und uns folgt wie ein Schatten unserer Gedanken und Wünsche, und die mit unseren Augen auf diese Welt blickt. Da begann das Leben auf der Erde, und auf das Leben folgte der Geist, die beflügelte Melodie des

Universums. Wir herrschten über Leben und Geist, und niemand außer uns kannte weder das Maß der Jahre noch das Gewicht der schattenhaften Träume, welche die Jahre träumten, bis wir zur Mittagszeit des siebten Äon das Meer mit der Sonne vermählten.

Aus dem Brautgemach ihrer hochzeitlichen Ekstase ging der Mensch hervor, unser Geschöpf. Und wenn er auch unentschlossen und willensschwach ist, so ist er doch geprägt von seinen Erzeugern.

Dank des Menschen, der über die Erde geht, während er seinen Blick auf die Sterne richtet, finden wir die Pfade zu den entlegensten Gegenden dieser Welt. Aus ihm, dem schwankenden Rohr neben dunklen Gewässern, machen wir eine Flöte, durch deren ausgehöhltes Herz wir unsere Stimme in dieser stummen Welt erklingen lassen.

Vom sonnenarmen Norden
bis zum sonnenverbrannten Sand
des Südens,
vom Land des Lotos,
wo die Tage zum Leben erwachten,
bis zu den gefährlichsten Inseln,
wo die Zeit untergeht,
wagt sich der kleinmütige Mensch
mit Leier und Schwert,
wenn wir ihn ermutigen.
Unser ist der Wille,
der ihn beseelt,
unser die Herrschaft,
die er ausübt.
Die schmalen Pfade,
die ihn die Liebe bahnen lässt,
sind Flüsse
zum Meer unserer Wünsche.

Wir auf Bergeshöhen,
wir träumen unsere Träume
im Schlaf des Menschen.
Wir leiten ihn an,
seine Zeit nicht zu vergeuden
im Tale des Zwielichts,
sondern die Gipfel zu besteigen
und ins Weite zu schauen.
Unsere Hände lenken die Stürme,
die über Täler und Meere fegen,
und sie führen den Menschen
vom trägen Nichtstun
zu fruchtbarem Streben
und zum verdienten Erfolg.
In unseren Augen ist die Vision,
die des Menschen Seele inspiriert
zu ergiebiger Einsamkeit,
zu prophetischer Aufruhr
bis zur Kreuzigung.
Der Mensch ist geboren,
um sich uns zu unterwerfen,
in der Unterwerfung
liegt seine Bestimmung
und sein Lohn.
Im Menschen suchen wir
ein Sprachrohr für uns,
und in seinem Leben
unsere Bestätigung.
Wessen Herz sollte
unserer Stimme Echo sein,
wenn der Staub
des Menschen Herz betäubt?
Und wer wird
unsere Herrlichkeit bewundern,

wenn Nacht des Menschen Auge blendet?
Und was hast du vor mit dem Menschen,
dem Kind unseres jugendlichen Herzens,
unserem Ebenbild?

Dritter Gott

Brüder, meine mächtigen Brüder,
die Füße der Tänzerin
sind trunken von Liedern,
ihr rhythmisches Klopfen
beim Berühren des Bodens
erfüllt die Luft mit Musik.
Tauben gleich
schweben ihre Hände
in der Luft.

Erster Gott

Die Lerche ruft die Lerche,
hoch über ihnen
schwebt der Adler
und versäumt es nicht,
dem Lied zu lauschen.
Du willst mich Eigenliebe lehren,
die sich stützt
auf die Verehrung der Menschen
und Selbstherrlichkeit,
die aus seiner Ergebenheit resultiert.
Doch meine Eigenliebe ist
maßlos und unbegrenzt;
sie erhebt sich über alles,

was erdgebunden und sterblich ist,
um über Himmeln zu thronen.
Meine Arme wollen
den Weltraum umschließen
und seine Sphären umfassen.
Die Milchstraße will ich
als Bogen benutzen
und die Kometen
als meine Pfeile,
und mit dem Unendlichen
will ich das Unendliche erobern.
Dir käme das nicht
in den Sinn,
selbst wenn es
in deiner Macht stünde.
Denn so sehr der Mensch
sich vom Menschen unterscheidet,
so sehr unterscheiden sich auch
die Götter untereinander.
Du glaubst, mich zu trösten
durch die Erinnerung
an längst vergangene Zeiten,
die wir im Nebel verbrachten,
als ich nach meiner Seele suchte
auf den Gipfeln der Berge
und meine Augen nach ihrem Bild
in jedem Gewässer.
Doch meine Mutter »Gestern«
starb bei meiner Geburt,
ihr Schoß birgt nichts mehr
als Schweigen,
und vom Winde verwehter Sand
schmiegt sich an ihre Brust.

O Mutter Gestern, totes Gestern,
du Mutter meiner gefesselten Gottheit,
welcher Übergott fing dich ein
auf deinem Höhenflug
und ließ dich im Käfig
Leben hervor bringen?
Welche Riesensonne
wärmte deinen Schoß,
um mir das Leben zu schenken?
Weder beglückwünsche ich dich dazu,
noch verfluche ich dich deswegen;
denn so wie du mir
die Last des Lebens aufgebürdet hast,
so gab ich sie dem Menschen weiter.
Doch ich war weniger grausam als du:
Ich, der Unsterbliche
schuf den Menschen
als vorbeiziehenden Schatten;
du aber hast mich sterbend
unsterblich zur Welt gebracht.

Gestern, tote Mutter Gestern,
wirst du zurückkehren
im entfernten Morgen,
auf dass ich dich verklagen kann
und dich dem Gericht ausliefere?
Wirst du erwachen
beim zweiten Morgengrauen,
auf dass ich dein Andenken
von dieser Erde tilgen kann?
Könntest du doch mit allen Toten
von einst
zu neuem Leben auferstehen,
bis das Land erstickt

an seinen bitteren Früchten,
bis die Meere stagnieren
vor lauter Toten
und das sinnlose Leiden
die sinnlose Fruchtbarkeit
der Erde erschöpft.

DRITTER GOTT

Brüder, meine heiligen Brüder,
das Mädchen hat den Gesang vernommen
und sucht nun den Sänger.
Wie ein junges Reh
in freudigem Erstaunen
hüpft sie über Klippen und Bäche
und blickt sich um
nach allen Seiten.
O diese Freude der Sterblichen
in der Erwartung!
Diese Blicke keimenden Verlangens!
Dies Lächeln zitternder Lippen
in der Erwartung
verheißender Wonnen!
Welche Blume fiel vom Himmel,
welche Flamme stieg aus der Hölle,
die das stumme Herz erregten
zu atemloser Freude und Furcht?
Welchen Traum träumten wir
auf den Gipfeln der Berge
und welche Gedanken säten wir
in die vier Winde,
die das schlummernde Tal weckten
und die Nacht aufmerksam machten?

ZWEITER GOTT

Der heilige Webstuhl
wurde dir anvertraut
sowie die Kunst,
den Stoff zu weben.
Die Kunst und der Webstuhl
sind für immer dein,
ebenso wie der dunkle
und der helle Faden,
der purpurrote und der goldene.
Doch du missgönnst dir selber
ein Kleidungsstück.
Deine Hände haben einst
des Menschen Seele gesponnen
aus Luft und aus Feuer,
und nun willst du
den Faden durchschneiden
und deine geübten Finger
trägem Müßiggang überlassen.

ERSTER GOTT

Nein, ich will Hand anlegen
an ungeformter Ewigkeit,
und zu unbetretenen Pfaden
meine Schritte lenken.
Denn welche Freude findet man
an oft gehörten Liedern?
Ihren Klang vernimmt
das Ohr der Erinnerung,
noch ehe die Lippen
ihn dem Wind preisgeben.

Mein Herz verlangt nach dem,
was das Bekannte übersteigt.
Zum Unbekannten,
das die Erinnerung nicht bewohnt,
drängt es meinen Geist.
Lock mich nicht
mit Ruhm, den ich besaß,
noch mit deinen und meinen Träumen,
denn alles, was ich bin,
alles, was die Erde enthält
und was die Zukunft bringen wird,
kann das Verlangen
meiner Seele nicht stillen.
O meine Seele,
stumm ist dein Angesicht,
und in deinen Augen
schlummern die Schatten der Nacht.
Aber furchtbar ist dein Schweigen,
furchtbar wie du selbst.

Dritter Gott

Brüder, meine erhabenen Brüder,
das Mädchen hat den Sänger entdeckt.
Sie sieht sein ergriffenes Gesicht.
Wie ein Panther huscht sie
leichtfüßig
durch raschelnden Wein und Farn,
und während er sein Klagelied singt,
erblickt er sie.

O meine Brüder,
meine unachtsamen Brüder,

gibt es einen anderen Gott,
der dieses Gewebe webte
aus Scharlachrot und Weiß?
Welcher eigenwillige Stern
verließ seine Bahn?
Wessen Geheimnis verbirgt
die Nacht dem Morgen?
Wer hält seine Hand
über unsere Welt?

Erster Gott

O meine Seele,
meine Seele, du brennender Kreis,
der mich umgibt!
Wie soll ich deinen Lauf zügeln,
zu welchen Horizonten
deinen Eifer lenken?

O meine Seele,
meine Seele ohne Gefährten,
in deiner Sehnsucht
zehrst du an dir selbst,
und mit deinen eigenen Tränen
löschst du deinen Durst;
denn die Nacht
füllt ihren Tau
nicht in deinen Becher,
und der Tag
bietet dir keine Früchte an.

O meine Seele,
meine Seele, du gestrandetes Schiff,

beladen mit Sehnsucht,
woher wird der Wind kommen,
der deine Segel strafft,
und welche Fluten
werden das Steuerrad ersetzen?
Dein Anker ist gelichtet,
deine Flügel sind ausgebreitet,
doch der Himmel über dir
schweigt –,
und die regungslose See
macht sich lustig
über deine Unbeweglichkeit.

Welche Hoffnung gibt es noch
für dich und für mich?
Welche Veränderungen von Welten,
welche neuen Ziele im Himmel,
die dich fordern werden?
Trägt der Schoß der ewigen Jungfrau
den Samen deines Erlösers,
der mächtiger ist
als deine Vision,
und dessen Hand
dich befreien wird
aus deiner Gefangenschaft?

Zweiter Gott

Hör auf mit deinem
unerträglichen Klagen,
halt an den Odem
deines brennenden Herzens,
denn taub ist das Ohr

der Unendlichkeit
und achtlos der Himmel.
Wir sind es, die jenseits
der Welt leben,
wir sind die Allerhöchsten,
zwischen uns
und der grenzenlosen Ewigkeit
befindet sich nichts
als unsere unfassbare Leidenschaft
und ihr Beweggrund.
Du beschwörst das Unbekannte,
nach dem du strebst,
aber dies Unbekannte
– in Nebel verhüllt –
wohnt in unserer Seele.
Ja, in deiner Seele
schlummert dein Erlöser,
und im Schlaf sieht er,
was dein Auge im Wachen
nicht sieht.
Das ist das Geheimnis
unseres Seins.
Willst du deine Ernte
etwa nicht einbringen,
weil es dich drängt,
die Furchen der Träume
aufs Neue zu besäen?
Und warum sendest du Wolken
über ungepflügte, öde Felder,
während deine Herde dich sucht,
um sich in deinem Schatten
zu versammeln?
Hab Geduld! Und wende deinen Blick
nicht ab von dieser Welt!

Sieh die Kinder,
die deiner Liebe noch nicht
entwöhnt sind!
Die Erde ist dein Standort,
die Erde ist dein Thron.
Hoch über des Menschen
weitreichendste Hoffnung
hält deine Hand
sein Geschick.
Du darfst dich dem Menschen
nicht entziehen,
der nach dir strebt
in Freud und Leid!
Du darfst dein Gesicht
nicht abwenden
von der Not
in seinem Auge!

Erster Gott

Hält die Morgendämmerung
das Herz der Nacht
an ihrem Busen fest?
Kümmert sich das Meer
um die Toten in seinen Tiefen?
Wie das Morgenrot
erhebt sich meine Seele,
unverhüllt und ungehindert.
Und wie das rastlose Meer
versenkt mein Herz
in seinen Tiefen
jedes untergegangene Wrack
der Menschen oder der Erde.

Ich klammere mich nicht an das,
was sich an meine Fersen heftet.
Vielmehr will ich mich aufschwingen
in unerreichte Höhen.

Dritter Gott

Brüder, seht meine Brüder,
sie begegnen sich!
Zwei Geister
zu den Sternen unterwegs,
begegnen sich im Weltraum.
Er singt nicht mehr,
doch in seiner Kehle
vibriert noch das Lied;
und in ihren Gliedern
ist der beschwingte Tanz
nur angehalten,
nicht abgebrochen.

Brüder, meine wunderlichen Brüder,
die Nacht schreitet voran,
der Mond scheint heller,
und zwischen Matten und Meer
ruft euch und mich
eine leidenschaftliche Stimme.

Zweiter Gott

Sein und wachsen sollen wir,
brennen vor der brennenden Sonne,
leben und Leben schützen
in finsteren Nächten,
so wie Orion uns beschützt,
den Stürmen entgegen treten
mit erhobenem, gekröntem Haupt,
und die Krankheiten der Menschen heilen
durch unseren sanften Atem.
Der Zeltmacher sitzt im Dunkeln
an seinem Webstuhl,
der Töpfer dreht vertrauensvoll
seine Töpferscheibe,
nicht wissend, wie sein Werk gelingt.
Doch wir Wissenden
und wir Schlaflosen
verlassen uns nicht
auf den Zufall.
Weder rasten wir,
noch warten wir auf eine Eingebung.
Wir stehen über
allen Zweifeln und Skrupeln.
Sei zufrieden,
erwach aus deinen Träumen!
Lass uns wie zwei Ströme
unverletzt von Felsenkanten
ins Meer fließen!
Eingetaucht im Schoße des Meeres
werden wir uns weder streiten
noch um das Morgen kümmern.

ERSTER GOTT

O diese Martern
endlosen Mutmaßens,
dieses unaufhörliche Wachen,
bis der Tag in Dämmerung übergeht,
und die Nacht ins Morgengrauen!
Diese Gezeiten
ständigen Erinnerns
und ständigen Vergessens,
das andauernde Säen von Schicksalen,
von denen wir nichts ernten
außer Hoffnung!
Das beständige Aufsteigen
vom Staub zum Nebel,
um dann wieder Staub zu werden,
und sich mit größerem Verlangen
als Nebel zu erheben;
dieses zeitlose Messen der Zeit.
Muss meine Seele denn
ein Meer sein,
in dem die Ströme
für immer verschmelzen,
oder ein Himmel,
in dem sich widerstreitende Winde
zum Orkan vereinen?

Wenn ich ein Mensch wäre,
ein winziger Teil der Schöpfung,
ertrüge ich es mit Geduld;
auch wenn ich die höchste
Gottheit wäre,
die der Menschen und der Götter
Leere mit Sinn erfüllt,

so wäre ich zufrieden.
Doch du und ich
wir sind weder Menschen
noch der Allerhöchste.
Wir sind Dämmerung,
immer aufleuchtend
von Horizont zu Horizont,
und immer verblassend.
Wir sind Götter,
die eine Welt halten,
während sie selber
gehalten werden.
Wir sind Wesen,
die Trompeten blasen,
wobei der Atem und die Musik
von außerhalb kommen.
Dagegen lehne ich mich auf.
Ich möchte mich lieber
bis zur Ohnmacht erschöpfen,
möchte ausgeblendet sein
aus deiner Vision
und aus unserer Erinnerung.
Ich will mich entfernen
aus deinen Blicken
und aus dem Andenken
dieses schweigsamen Jünglings,
unseres jüngeren Bruders,
der neben uns sitzt
und unverwandt ins Tal blickt,
ohne ein Wort hervor zu bringen,
obgleich sich seine Lippen bewegen.

Dritter Gott

Aber ich spreche doch,
meine unachtsamen Brüder,
ich spreche wirklich,
doch ihr hört nur
eure eigenen Worte.
Ich lade euch ein,
euer ruhmvolles Werk
zu betrachten,
aber ihr wendet euch ab,
ihr schließt eure Augen
und erschüttert eure Throne.
Ihr Machthaber, die ihr
sowohl die Welt über euch
als auch die unter euch
beherrschen wollt,
ihr selbstgefälligen Götter,
euer Gestern ist eifersüchtig
auf euer Morgen,
ihr seid euch selbst überdrüssig,
und versucht, euch durch Reden
von eurem Missmut zu befreien,
und den Himmel mit Donner
zu überziehen!
Eure Fehde ist wie der Klang
einer alten Leier,
deren Saiten vergessen wurden
von den Fingern dessen,
der Orion als Harfe spielt
und die Plejaden als Zimbeln.
Gerade jetzt, während ihr murrt,
erklingt seine Harfe,
ertönen seine Zimbeln,

und ich bitte euch,
seinem Spiel zu lauschen.

Seht den Mann und die Frau,
Flamme neben Flamme
in heller Ekstase!
Wurzeln, trinkend an den Brüsten
purpurfarbener Erde,
Flammenblumen am Herzen
des Himmels.
Und wir sind die purpurne Brust,
wir sind der bleibende Himmel.

Die Seele des Lebens
und unsere Seelen,
eure und die meine,
wohnen heute Nacht
in der vibrierenden Kehle
eines Jünglings
und in den geschmeidigen Gliedern
eines Mädchens.
Euer Zepter ist außerstande,
ihr Schicksal zu lenken.
Euer Unbehagen
gründet in eurer Ehrsucht.
Sie wird ausgelöscht
durch die leidenschaftliche Liebe
eines Mannes und eines Mädchens.

ZWEITER GOTT

Was soll diese Liebe
von Mann und Frau?

Schau, wie der Ostwind
mit ihren Füßen tanzt,
und wie der Westwind
seine Lieder fort trägt.
Sieh unsere heilige Autorität,
nun entthront
durch die Hingabe
eines singenden Geschöpfes
an einen tanzenden Körper!

ERSTER GOTT

Es widerstrebt mir,
meine Blicke nach unten zu richten,
auf die Eitelkeiten der Erde,
auf ihre Kinder
in ihrer langsamen Agonie,
die ihr Liebe nennt.
Was ist eure Liebe anders
als eine gedämpfte Trommel,
die eine lange Prozession
süßer Ungewissheit anführt
zu einer anderen Agonie?
Nein, ich will nicht
nach unten schauen!
Was ist da auch schon zu sehen,
außer einem Mann und einer Frau
in einem Wald, der dazu aufwuchs,
ihnen Fallen zu stellen,
damit sie sich selbst entsagen
und neue Geschöpfe zeugen
für unser ungeborenes Morgen.

Dritter Gott

O diese Niedergeschlagenheit
der Wissenden,
dieser sternenlose Schleier,
den wir auf die Welt legten,
diese Herausforderung
an die menschliche Geduld!
Wir legen eine wachsweiche Gestalt
unter einen schweren Stein
und sagen: Sie ist aus Lehm,
und zu Lehm soll sie
zurückkehren!
Wir halten in unserer Hand
eine weiße Flamme
und sagen in unserem Herzen:
sie ist ein Stück von uns selbst,
das zu uns zurückkehren wird,
Odem von unserem Odem,
der unseren Lippen entströmte,
und nun plagt er uns,
weil er mit mehr Duft zurückkehrt.

Götter der Erde, meine Brüder,
wenn wir auch auf Bergeshöhen thronen,
sind wir dennoch erdverbunden
durch den Menschen, der sich sehnt
nach den goldenen Stunden
menschlichen Schicksals.
Soll unsere Weisheit seinen Blicken
das Schöne vorenthalten?
Soll unser Maß
seine Begeisterung dämpfen
oder sie der unseren unterwerfen?

Was wollen eure Armeen
von Argumenten bewirken,
wo die Liebe ihr Lager
aufgeschlagen hat?
Diejenigen, welche die Liebe
bereits erobert hat,
über deren Körper
ihre Triumphwagen eilen,
vom Meer zu den Bergen
und von den Bergen zum Meer,
sie stehen gerade in scheuer Umarmung.

Blütenblatt an Blütenblatt
atmen sie den heiligen Duft,
Seele an Seele geschmiegt,
entdecken sie die Seele des Lebens,
und auf ihren Augenlidern
liegt ein Gebet zu euch
und zu mir.

Liebe ist eine Nacht,
die sich vor heiliger Laube neigt,
sie ist ein Himmel,
verwandelt in eine Wiese
und seine Sterne,
verwandelt in Leuchtkäfer.
Es ist wahr,
dass wir die Höchsten sind,
die im Jenseits wohnen;
aber die Liebe
übersteigt unser Planen,
die Liebe schwingt sich
höher auf als unser Lied.

Zweiter Gott

Suchst du dir einen
anderen Himmelskörper,
willst du nicht diesen Stern
nochmals ins Auge fassen,
wo deine Kräfte wurzeln?
Im ganzen Weltraum
findest du keine Mitte,
außer dort, wo das Ich sich
mit dem Ich in Eintracht paart,
und wo die Schönheit als Trauzeuge
und Priester zugleich fungiert.

Betrachte die Schönheit,
ausgebreitet zu unseren Füßen,
Schönheit, die unsere Hände füllt,
um unsere Lippen zu beschämen.
Das Entfernteste ist das Nächste.
Und wo die Schönheit ist,
da findet sich auch alles andere.

Du stolzer, träumender Bruder,
kehr zu uns zurück
aus dem dunklen Grenzland
der Zeit!
Löse deine Füße vom Niemandsland,
verlass die Zeit,
die nicht existiert,
und wohne mit uns
in der vertrauten Sicherheit,
die deine Hand – zusammen mit unseren –
Stein auf Stein gebaut hat.
Wirf ab den Mantel der Grübelei,

und geselle dich zu uns,
zu uns, den Herren
der grünen, warmen Erde.

Erster Gott

O ewiger Altar,
verlangst du diese Nacht wirklich
einen Gott als Opfergabe?
Nun denn, ich komme,
und mich nähernd
bringe ich dir dar
meine Liebe und mein Leid.
Sieh, dort ist die Tänzerin,
geformt aus unserem uralten Verlangen,
und der Sänger singt
meine eigenen Lieder in den Wind.
Bei diesem Tanz
und bei diesem Gesang
stirbt ein Gott in meinem Innern.
Mein göttliches Herz
in menschlicher Brust
ruft mein göttliches Herz
im Weltenraum.
Der menschliche Abgrund,
der meine Geduld erschöpfte,
ruft die Gottheit an,
und die Schönheit,
die wir von Anfang an suchten,
schreit zur Gottheit.
Ich achte auf den Schrei,
wäge ihn ab,
und nun ergebe ich mich.

Die Schönheit ist ein Weg,
der zur Hingabe des Ich führt.
Schlag deine Saiten an!
Ich bin bereit,
diesen Weg zu gehen.
Er führt stets
zu einer neuen Morgenröte.

DRITTER GOTT

Die Liebe triumphiert:
sei es das Weiß und Grün
der Liebe an einem See,
ihre stolze Pracht
in einer Burg
oder auf einem Balkon,
ihre Natürlichkeit
in einem Garten
oder inmitten der Wüste;
wo immer sie auftritt
ist die Liebe
unser Herr und Meister.
Sie ist nicht
ausschweifende Lust,
nicht Begierde des Fleisches,
kein Splitter des Verlangens,
im Widerstreit mit dem Ich,
auch kein Teil des Fleisches,
das gegen den Geist
zu Felde zieht.
Denn die Liebe
lehnt sich nicht auf.
Sie verlässt nur

die ausgetretenen Pfade
vergangener Geschicke
und tauscht sie aus
gegen den heiligen Hain,
um darin ihr Geheimnis
zu singen und zu tanzen
in alle Ewigkeit.
Liebe ist Jugend
in zerbrochenen Ketten,
sie ist Männlichkeit,
befreit von Lasten
und Lastern der Erde
und Fraulichkeit, gewärmt
an heiliger Flamme,
die himmlisches Licht
ausstrahlt, das tiefer ist,
als unser Himmel.
Liebe ist ein fernes Lächeln
aus den Falten des Geistes,
oder ein Sturmangriff,
der dich plötzlich weckt.
Sie ist eine neue Morgenröte
auf der Erde,
ein ferner, unerreichter Tag
in meinen Augen,
doch bereits angebrochen
in der Liebe größerem Herzen.
Brüder, meine Brüder,
die Braut kommt
aus dem Herzen der Morgenröte
und der Bräutigam
aus dem Abendrot.
Es wird eine Hochzeit geben
im Tal,

einen Tag, zu schön,
um ihn zu beschreiben.

Zweiter Gott

So war es
seit dem ersten Morgen:
freie, friedliche Täler
bis zu den Hügeln,
und so wird es bleiben
bis zum letzten Abend.
Aus unseren Wurzeln
gingen hervor
die tanzenden Zweige
im Tal,
und aus unseren Blüten
der Lieder Düfte,
die zu den Höhen aufsteigen.
Unsterbliche und Sterbliche
sind Zwillingsflüsse,
unterwegs zum gleichen Meer.
Es gibt keine Abgründe
zwischen einem Ruf
und dem anderen,
wenn es dem Ohr
auch so scheint.
Die Zeit schärft unser Gehör
und verstärkt die Erwartung.
Nur der Zweifel am Sterblichen
bringt den Klang zum Schweigen.
Wir aber haben den Zweifel
überwunden.
Der Mensch ist ein Kind

unseres jugendlichen Herzens.
In ihm ist ein Gott,
der sich allmählich
zur Gottheit entfaltet;
zwischen seiner Freude
und seinem Leid
liegt unser Schlaf
mit seinen Träumen.

Erster Gott

Lasst den Sänger singen
und das Mädchen
ihr Tanzbein schwingen.
Und lasst mich
eine Weile in Ruhe.
Gönnt meiner Seele
in dieser Nacht
ihre Heiterkeit.
Vielleicht werde ich schlafen,
und im Schlaf
eine hellere Welt erblicken
und strahlendere Geschöpfe,
die meinem Geist
willfährig sind.

Dritter Gott

Nun will ich aufbrechen,
mich Raum und Zeit entziehen,
ich will tanzen
auf freiem Feld,

und die Füße einer Tänzerin
werden sich tanzend
mit mir drehen;
ich will singen
in den Höhen,
und in meiner Stimme
wird eine menschliche
Stimme widerhallen.

Wir werden hinüber ziehen
ins entfernte Abendrot
und wohl erwachen
im Morgenrot
einer neuen Welt.
Aber die Liebe
wird bleiben,
und ihre Spuren
werden nicht verlöschen.

Die heilige Esse brennt,
die Funken fliegen,
und jeder Funke
ist eine Sonne.
Es ist ratsam, Brüder,
uns einen schattigen
Winkel zu suchen,
und zu schlafen
in unserer Erdengöttlichkeit,
lasst die Liebe,
menschlich und zart,
den neuen Tag regieren!

Nachwort

Die Götter der Erde ist das letzte Werk Gibrans, das noch zu seinen Lebzeiten erschien und zwar am 14. März 1931, fast einen Monat vor seinem Tod. Der ursprüngliche Titel *Die drei Götter der Erde* wurde vom Verleger um die Zahl drei gekürzt. (Najjar 854)
Seit 1915 hatte Gibran parallel zum *Vorboten* und *Propheten* an diesem Werk gearbeitet. In dieser Zeit reifte in ihm eine ganz persönliche Wahrnehmung Gottes heran, die er seiner amerikanischen Freundin und Förderin Mary Haskell in seinen Briefen mitteilt. Am 6. Januar 1916, seinem Geburtstag, schreibt er ihr: »Ich denke daran, dem ersten Gedanken Ausdruck zu verleihen, der mein inneres Leben verändert: Gott, die Erde und die Seele des Menschen. Ich warte auf die passenden Worte.« (Geliebte Mary 91)
Gut drei Wochen später, am 30. Januar 1916, schreibt er der gleichen Adressatin: »Diese neue Erkenntnis Gottes wohnt Tag und Nacht in mir. Ich kann nichts anderes mehr tun, als mich von ihr bewegen zu lassen … Meine Augen scheinen dieses sich langsam entwickelnde Bild Gottes festzuhalten. Ich sehe ihn aufsteigen wie der Nebel aus dem Meer … Gott wünscht, dass der Mensch und die Erde wie Er werden, ein Teil von Ihm. Gott wächst seinem Wunsch gemäß, und der Mensch, die Erde und alles, was auf der Erde ist, erheben sich aufgrund ihrer Sehnsucht zu Gott. Und die Sehnsucht ist die innewohnende Kraft, die alle Dinge verändert … Sie ist das Gesetz aller Dinge und allen Lebens.« (Geliebte Mary 92)
»Die Tage und Nächte sind voll beseligender Hochstimmung«, heißt es im Schreiben vom 10. Februar 1916 an

Mary. »Nun ist gegenwärtig, wonach mein Herz sich immer sehnte. Ich liebe das Leben und alle Dinge im Leben – und du weißt, Mary, dass ich das Leben nie besonders liebte. Zwanzig Jahre lang empfand ich nur diesen quälenden Hunger und diesen brennenden Durst nach etwas, was ich nicht kannte. Jetzt ist alles anders ... überall sehe ich die gleiche machtvolle Kraft, das gleiche mächtige Gesetz, das die Seele erblühen lässt und sie auf Gott ausrichtet ... So wie warme Luft die Höhen sucht und das Wasser das Meer, so sucht die Seele Gott ... Und alle Seelen verlangen danach, in Gott zu sein.« (Geliebte Mary, 91ff)

Diese neue Erkenntnis Gottes, von der er Mary Haskell in seinen Briefen berichtet, ist auch die Genese seiner folgenden Bücher, in denen er über Gott spricht: die Prophetenbücher sowie *Die Götter der Erde*. Die drei Götter des letztgenannten Buches haben nichts gemein mit der christlichen Trinität. In diesem kleinen Werk handelt es sich um drei Erdengötter, die vielmehr drei Tendenzen im Menschen verkörpern: Der erste Gott ist seiner Unsterblichkeit und Machtfülle überdrüssig; er sieht alles als sinnlos an und sehnt sich nach einer Nichtexistenz. Dagegen genießt der zweite Gott seine Macht und Möglichkeit, das Schicksal der Menschen nach seinem Willen zu steuern.

Die beiden Götter diskutieren ausgiebig und philosophieren über ihre gegensätzlichen Positionen, ohne auf den dritten, den jüngsten Gott, zu achten, der sich an diesem Dialog kaum beteiligt. Stattdessen schaut er auf die Erde und beobachtet einen singenden Jüngling und ein im Mondschein tanzendes Mädchen, die sich im Tal begegnen. In ihrer Liebe entdeckt der dritte Gott das Geheimnis des Lebens. In dem Maße, wie die beiden ersten Götter verstummen, wird nun der dritte Gott beredt und predigt seinen Götterbrüdern die Schönheit und die Liebe als den einzigen Sinn des Lebens:

»Die Liebe wird bleiben und ihre Spuren werden nicht verlöschen. Die heilige Esse brennt, die Funken fliegen, und jeder Funke ist eine Sonne ... lasst die Liebe, menschlich und zart, den neuen Tag regieren!« (322)
Die drei Erdengötter verkörpern also den Nihilismus, die Liebe zur Macht und die Macht der Liebe. Gibrans Biograf Dahdah sieht in den drei Göttern eine Projektion des Ich seines Autors. (Dahdah 494) Demnach verkörpert der erste Gott seine bittere Leidenszeit, als seine Schwester, sein Bruder und seine Mutter innerhalb eines Jahres starben, was ihn zu den Kommentaren veranlasste: »Gott ist gestorben, als Sultana starb« und »Mein Leben ist jetzt mit ihr begraben« – gemeint ist seine Mutter Kamila.
Durch die Begegnung mit seiner Förderin Mary Haskell erlebte er einen neuen Aufbruch, und als sie ihm einen zweijährigen Studienaufenthalt in Paris finanziert, erwachen sein Tatendrang und seine Zukunftsträume, die er dem zweiten Gott in den Mund legt.
Was den dritten Gott angeht, der die Liebe predigt, so hat Gibran die Sympathie, Zuneigung und Liebe mehrerer Frauen erfahren. Es seien hier nur drei genannt: seine Gönnerin Mary Haskell, seine Sekretärin und Biografin Barbara Young und nicht zuletzt seine orientalische Muse May Ziadeh. In seinem letzten Brief an May bedankt er sich für diese Liebe: »Ich selbst verdanke alles, was mein Ich ausmacht ... der Frau. Es war die Frau, die mir die Fenster meiner Blicke und die Tore meines Geistes öffnete.« (Liebesbriefe 117)
Barbara Young berichtet, dass Gibran eine besondere Vorliebe für dieses kleine Buch hegte, dessen Niederschrift er mit einer Schwangerschaft und einer Entbindung verglich. »Als er das Buch erhielt«, schreibt sie, »begann er nachdenklich darin zu blättern und laut und bedächtig zu lesen: ›Wir werden hinüberziehen ins entfernte Abendrot und

wohl erwachen im Morgenrot einer neuen Welt. Aber die Liebe wird bleiben, und ihre Spuren werden nicht verlöschen‹.« (Young 128)

Der Unsichtbare

Personen:
AL AHDAB, *Ministerpräsident*
MUBARAKA, *Sekretärin*
BULOS, *Sekretär*
ein Türhüter
eine Abordnung der Bauern
EMIR YUSSUF KHALDUN, *er vertritt die Großgrundbesitzer*
zwei Nonnen
der unsichtbare Mann

Ort:
Ein Königreich jenseits des Horizonts

Zeit:
Hinter den Wolken

> *Ein Saal im Flügel eines Schlosses, in dem sich das Ministerium befindet; im Vordergrund ein riesiger Schreibtisch; dahinter eine große Tür; an den Seitenwänden jeweils eine kleinere Tür; die gesamte Ausstattung des Raumes ist von königlicher Pracht. Es ist Abend. Man sieht die Sekretärin Mubaraka an einer Seite des Schreibtisches sitzen und auf den Ministerpräsidenten warten; in ihrer Hand hält sie ein Schreibgerät, und vor ihr liegen Akten und Papiere auf dem Pult. Ihr gegenüber an der anderen Seite des Schreibtisches sitzt Bulos. Zu beiden Seiten der großen Tür steht ein Wächter.*
> *Der Ministerpräsident betritt den Raum durch die rechte Seitentür; sein Rücken ist gebeugt, und er gleicht eher*

einem alten Löwen als einem Menschen; sein Äußeres ist abstoßend, und was seine Gliedmaßen betrifft, so schleift er seine Füße über den Boden, und seine Hände gleichen vertrockneten Zweigen.
Die beiden Wächter geleiten ihn bis zu seinem Platz am Schreibtisch. Er legt seine lahmen Hände, die wie trockene Zweige im Wind zittern, vor sich auf den Tisch. Wäre nicht der Klang seiner Stimme, die aus dem Herzen eines Riesen zu kommen scheint, so könnte man glauben, dass er kein Mensch, nicht einmal ein Affe ist, sondern vielmehr eine mumifizierte Kreatur, in deren Inneres man einen Apparat eingesetzt hat, der seine Nerven in Bewegung setzt. Doch in seinen Augen leuchtet ein merkwürdiges Licht, das nicht von dieser Welt ist. Mubaraka und Bulos sind bei seinem Erscheinen aufgestanden.
Mubaraka ist eine schlanke Frau in den Dreißigern mit heller Hautfarbe und strahlenden Augen; ihre Gesichtszüge lassen auf Herzensbildung und Ordnungssinn schließen; sie trägt ein weißes Kleid. Bulos ist ein Mann in den Vierzigern; seine Kleidung ist äußerst elegant und verrät seinen Ehrgeiz und sein Trachten nach Geselligkeit. Nachdem die Wachtposten den Ministerpräsidenten an seinen Platz geleitet haben, kehren sie wieder zur Tür zurück, wo sie sich aufstellen.
Der Ministerpräsident wendet sich an Mubaraka.
AL AHDAB Setz dich, meine Tochter, setz dich! *Und zu Bulos* Bitte, setz dich! *Nach kurzem Schweigen fährt er fort* Dann lasst uns wieder ans Werk gehen! Die Arbeit hat kein Ende – nicht einmal im Schlaf! Wer weiß, vielleicht gibt es für uns sogar eine Arbeit nach dem Tod. *Er schweigt einen Augenblick.* Doch sag mir, Mubaraka, was gibt es heute zu tun? Wenn ich mich recht erinnere, gab es drei oder vier Probleme, mit denen wir uns heute zu beschäftigen haben. *Er wendet sich an Bulos.* Ich bitte

dich, mitzustenografieren, was ich diktiere, jedenfalls das meiste. *Zu Mubaraka* Also, womit beginnen wir, meine kleine Freundin?

MUBARAKA *blickt auf die Papiere, die vor ihr liegen, und sagt* Dieser Brief hier, Exzellenz, ist vom Kultusminister.

AL AHDAB Ja, ja, reich ihn mir rüber! Was für ein schöner Brief! Dieser Minister ist sehr gebildet und schöngeistig. Ich tat gut daran, ihm dieses Amt anzuvertrauen. *Er blickt ein zweites Mal auf den Brief und fährt fort* Was soll ich ihm nur antworten? *Er sieht Mubaraka an und sagt* Schreib ihm dies! ›Sehr geehrter Herr Minister, lieber Freund, ich danke Ihnen für Ihr Schreiben, das ebenso inhaltsreich wie anregend ist. Alles was Sie über die Kunst im Allgemeinen und über die Schönheit im Besonderen zu sagen geruhten, hat mich tief beeindruckt; doch erlauben Sie mir zu sagen – obgleich ich weder ein Dichter noch ein Künstler bin –, dass die Schönheit im Innersten jeder Kreatur schlummert, ebenso wie im Herzen des Lebens selber. Sie und ich, wir vermögen nicht zu sehen, was sich hinter dem Schleier des Lebens verbirgt. Wenn wir es aber könnten – glaube ich –, würden wir nichts anderes dahinter entdecken als die Schönheit. Wir sollten nicht vergessen, mein lieber Freund, dass die Schönheit vor allem im freien Menschen sichtbar wird und in den Bildern, welche die Hand des großen Schöpfers gemalt hat … zum Beispiel in einem Blatt, das der Herbst vergoldet hat und das vom Baum in deine Hand fällt, oder in einem Felsen, der sich zwischen dir und der Abendröte erhebt … in einem Kind, das hingebungsvoll spielt und tanzt, oder in einem Greis, der am Abend seines Lebens am Kamin sitzt und ins Feuer schaut, während es in seinen Augen einen Blick gibt, den man nie zuvor in ihnen sah … Ohne Zweifel erfassen Sie den Sinn meiner Worte, nämlich dass das Schöne im Innersten unserer Seelen schlummert, bis die Liebe es weckt. Ich werde Ihnen gerne mehr darüber schreiben, doch ich befürchte, noch zu einem Dichter zu werden, wenn ich bei diesem Thema verweile, statt der Diener Seiner Majestät des Königs zu sein, und das ist nicht meine Absicht. Haben Sie Ihrer Gemahlin meine Grüße bestellt, und haben Sie mich bei ihr entschuldigt, dass ich noch keine Gelegenheit hatte, ihren Garten zu besuchen? Haben Sie ihr gesagt, dass der Geist dies wünscht, doch der Körper bisher nicht dazu im Stande war? Seien Sie, lieber Freund, meiner aufrichtigen Hochachtung versichert.‹ *Der Ministerpräsident seufzt, dann sieht er Mubaraka an und sagt* Ich habe volles Vertrauen in diesen Mann. Sein Kunstsinn ist nicht an die Tradition angekettet. Man kann einem solchen Menschen nicht schreiben, ohne in seinem Herzen eine Brise der Jugend zu spüren und ohne sich der Worte zu bedienen, die eines Dichters würdig sind! *Nach einer Weile sagt er zu Mubaraka* Gib mir den nächsten Brief!

Mubaraka reicht ihm den nächsten Brief; er nimmt ihn und betrachtet ihn lange; dann sagt er Ja, ja, er ist von unserem Freund, dem Politiker! Er ist ein vorzüglicher Mensch; doch er weiß seine Vorzüge nicht richtig einzusetzen. Er gleicht einem reichen Gastgeber, der auf seine Gäste wartet; doch er wartet vergeblich; seine Gäste kommen nicht … Antworten wir ihm auf seinen Brief! *Er diktiert* ›Mein lieber Freund, lange habe ich über den Inhalt Ihres Briefes nachgedacht. Er hat mir deutlich gemacht, was ich nicht erwartet hätte. Erlauben Sie mir, Ihnen zu sagen, dass die Entschlossenheit des Staates noch existiert; doch bemisst sie sich immer auf der Grundlage der ärmsten und geringsten seiner Bewohner. Die Regierung kann sich nicht über die zu Regierenden erheben! Was die Gesetze betrifft, die Sie anzuwenden gedenken, so haben sie die Tendenz, zu unterbinden und zu verbieten. Wenn Sie versuchen werden, diese Gesetze anzuwenden, so werden Sie die Menschen zum Streik und zur Revolution herausfordern. Mein Herz ist und bleibt stets bei den Menschen, die sich bevormundenden Gesetzen widersetzen und deren Herzen schneeweiß sind‹ ... *Zu Mubaraka* Vergiss nicht, »schneeweiß« zu schreiben! *Er fährt fort zu diktieren* ›Und zwar meine ich damit jene Gesetze, die von Menschen gemacht sind und dieser Reinheit entbehren. Grüßen Sie Ihre liebe Mutter von mir! Sie war so liebenswürdig, mir vor zwei Tagen ein Päckchen mit Süßigkeiten zu senden. Sie sind umso köstlicher, da sie sie selbst zubereitet hat, wie sie mich in ihrem freundlichen Brief wissen ließ. Ich werde ihr vor Ende dieses Tages noch darauf antworten. Seien Sie, mein Freund, sich meiner aufrichtigen Wertschätzung gewiss.‹ *Al Ahdab neigt den Kopf auf seine Brust.* Ich bin ein wenig müde und lustlos, meine Tochter, doch wir haben noch all diese Papiere vor uns, die zu bearbeiten sind.

MUBARAKA *mit einer Stimme voller Mitgefühl und Sympathie* Dieser Brief ist vom Bischof. Wollen Sie, dass ich ihn Ihnen vorlese?

Al Ahdab nimmt den Brief und schaut ihn sich an. In diesem Augenblick erscheint in der rechten Seitentür ein überaus großer, ehrwürdiger Mann. Er hat ein so schönes Aussehen und ein so strahlendes Gesicht, als gehöre er nicht dem Menschengeschlecht an, sondern als sei er der Bewohner einer besseren und erhabeneren Welt als dieser. Er schreitet mit erhobenem Haupt und federndem Gang zur linken Seitentür. Außer Mubaraka sieht ihn keiner von den Personen, die im gleichen Raum sind. Sie erhebt sich ehrfurchtsvoll und schreit laut auf. Feder und Papiere fal-

len aus ihrer Hand auf den Boden. Sie streckt ihre Arme nach der schönen Gestalt aus und sieht sie mit erstaunten und fragenden Blicken an; dann schreit sie ein zweites Mal wie jemand, der eine Vision hat. Die Erscheinung verschwindet in der linken Seitentür. Mubaraka setzt sich wieder hin; doch der Blick einer Verliebten, der Blick seligen Vertrauens bleibt in ihren Augen. Al Ahdab legt den Brief aus seinen Händen auf den Tisch und fragt

AL AHDAB Was ist passiert, meine Tochter, was ist los?

MUBARAKA Nichts, nichts! *Sie schließt die Augen; dann legt sie die Hände auf ihr Gesicht, als wolle sie die Vision in ihr Gedächtnis zurückholen. Nach einer Weile nimmt sie Feder und Papiere wieder zur Hand.* Was wollen Sie auf diesen Brief antworten?

AL AHDAB *sieht sie forschend an* Bist du müde von der Arbeit? Unser Tag war lang! Doch bald kommt der Abend. Bald werden wir uns in der Stille der Nacht ausruhen. *Mit einer Stimme voller Verständnis und Geduld wiederholt er seine Frage* Bist du übermüdet, meine Tochter?

MUBARAKA Nein, nein! Ich bin nicht müde. Und ich werde niemals müde sein, solange ich mit Ihnen arbeite.

AL AHDAB Ich danke dir. Ich danke dir. Und nun zum Brief des Bischofs! *Er diktiert* ›Exzellenz, mit großem Bedauern muss ich Ihnen mitteilen, dass ich am Mittwoch der Karwoche leider nicht zu Ihnen in Ihre Diözese kommen kann. Wollten Sie denn in Wirklichkeit diese Bürde auf die Schultern Ihrer Gemeinde laden? Mit dieser Bürde meine ich mich selbst. Sie und Ihre Gemeinde halten mich für einen Staatsdiener. In Wirklichkeit bin ich ein Rennwagen ohne Rennpferd … Ich habe den Eindruck, Monseigneur, dass Sie nicht an mich schreiben, sondern an jemand anderen, an jemanden, der mich von Zeit zu Zeit besucht, und für den ich nur eine Hand bin – und dazu eine paralysierte Hand. Doch Sie haben mir geschrieben! Entschuldigen Sie also meine Abwesenheit und erlauben Sie mir, dass ich am kommenden Mittwoch im Geiste bei Ihnen bin, um mit Ihrer Pfarrei zusammen zu feiern und zu beten. Möge Gott Sie Ihrem treuen Freund bewahren.‹ *Er sieht Mubaraka an.* Ich bin müde! Ich bin erschöpft, meine Freundin! Ich bin nur noch eine gelockerte Saite auf einer alten Gitarre. Wenn dieser Tag zu Ende ist, werde ich ein wenig schlafen; dann erscheint der neue Tag in anderem Licht. Die Gitarre mit der lockeren Saite wird von dem großen Instrumentenstimmer gestimmt werden, und es werden schönere Töne aus ihr erklingen als jetzt ... *Nach einer kurzen Pause* Ich spüre mein Herz wie einen ruhigen See. Es gibt keine Brise, die auf seine Oberfläche schreiben wird, was die Winde auf die Flächen der Seen oder in ihre Tiefen schreiben wollen.

MUBARAKA Wollen Sie sich nicht ein wenig ausruhen? Wir können die restlichen Briefe morgen beantworten.

AL AHDAB Morgen, morgen! Wird unser Morgen denn länger sein als unser Heute? Und unser Heute versucht, dem Leid und der Hoffnung zu entfliehen.

Der Türhüter tritt in diesem Augenblick ein. Er verbeugt sich vor dem Ministerpräsidenten.

TÜRHÜTER Eine Abordnung der Bauern aus dem Norden ist da. Sie bitten um Erlaubnis, dich zu sprechen.

AL AHDAB Ja, ja, das sind tüchtige Leute! Lass sie eintreten!

Drei Männer betreten den Raum, angeführt von einem ehrwürdigen, alten Scheich; sie verbeugen sich vor dem Ministerpräsidenten. Bulos nimmt ein Heft, um das Gespräch mitzustenografieren. Mubaraka verhält sich ruhig und schaut erwartungsvoll zu.

AL AHDAB Was kann ich für euch tun, meine Freunde?

DER ANFÜHRER DER DELEGATION Wir repräsentieren, Exzellenz, die Bauern des Nordens.

AL AHDAB Ja, ich weiß, was sind eure Beschwerden?
ANFÜHRER Exzellenz, bis zum letzten Jahr waren die Steuern für unsere Felder gerecht und annehmbar; doch in diesem Jahr wurden sie auf unzumutbare Weise erhöht, und zwar erhöhten sie die Abgaben auf die kultivierten Felder, welche Obstbäume tragen, ebenso wie auf die Ländereien, die man nicht bepflanzen kann und die nichts hergeben. Unsere Bauern sind arm, und sie leiden unter der Last ungerechtfertigter Steuern. So haben sie uns beauftragt, mit Euch zu reden.
AL AHDAB Nein, das ist wahrhaftig nicht gerecht! Die Regierung darf euch nicht mehr abverlangen als ihr an Unterhalt verdient. *Reibt seine Stirn mit der Hand, denkt einen Augenblick nach und fährt fort* Ich habe eine Idee, hört zu! Geht zu euren Leuten, und sagt ihnen: Die Regierung verlangt von uns für jeden Quadratmeter Land, den wir besitzen, Steuern. Damit wir weder uns noch der Regierung etwas vorenthalten, lasst uns jedes Stück Land bearbeiten. Sagt euren Leuten: Wir und die Regierung befinden uns in einem edlen Wettstreit, wobei die Regierung die Macht auf ihrer Seite hat und wir die Entschlossenheit. Kommt, eilen wir dem Ziel entgegen, sehen wir zu, wer von uns gewinnt. Laufen wir, von unserer Arbeitsfreude getrieben, und neben uns läuft die Regierung. Wir treffen uns am Morgen bei der Arbeit, und wir ruhen uns erst aus, nachdem wir den Schweiß unserer Stirn auf unsere Felder vergossen haben, während sich die Regierung in ihren Schlössern ausruht … *Er erhebt seine schlaffe Hand und fährt fort* in Schlössern wie diesem hier. Und nun geht zu euren Leuten, und sagt ihnen, sich auf diesen Wettstreit einzulassen … Wenn ich morgen noch hier bin, so werde ich mit meinen eigenen Händen dem Gewinner eine Lorbeerkrone aufsetzen, und zwar demjenigen, der kein noch so klei-

nes Stück der Erde unbepflanzt lässt und es mit dem Schweiß seiner Stirne tränkt. Ich sage euch Auf Wiedersehen, meine Freunde!

Die Delegation verlässt den Raum. Nach einer Weile betritt der übergroße Mann durch die linke Seitentür die Bühne; würdevoll durchschreitet er den Raum mit gemessenen Schritten, indem er einen Ort weit hinter den Mauern fixiert. Mubaraka steht wieder auf, streckt ihm ehrerbietig ihre Hände entgegen und ruft

MUBARAKA O du, der du über den Köpfen der Menschen schreitest, du Erleuchteter, halt einen Augenblick an und sieh mich an, damit ich dein Gesicht anschauen kann! *Der übergroße Mann verschwindet in der rechten Seitentür. Mubaraka setzt sich auf ihren Stuhl und flüstert* Er ist wieder verschwunden! Er ist wieder verschwunden! *Der Ministerpräsident und Bulos sehen Mubaraka voller Sorge und Furcht an.*

AL AHDAB Was ist los mit dir, meine Tochter? Welches Geheimnis gibt es in deinem Herzen? Was hast du gesehen, und warum schreist du?

MUBARAKA *indem sie mit der Rechten ihre Augen bedeckt* Nichts ist geschehen. Entschuldigen Sie! Es ist nichts passiert!

In diesem Moment tritt der Türhüter ein. Er verbeugt sich vor dem Ministerpräsidenten

TÜRHÜTER Der Emir Yussuf Khaldun möchte Eure Exzellenz sprechen!

AL AHDAB Lass den Emir eintreten! *Er sagt es in einem Ton, als ob er zu sich sagen würde:* ›Nun müssen wir uns mit dem versilberten Staub treffen und uns über die ererbte Ehre unterhalten. Wie groß ist mein Mitleid mit diesem Adel, der dem Untergang geweiht ist! Sie klammern sich an den Rest ihrer Entschlossenheit, um die schwimmenden Planken zu erfassen, doch sie ertrinken in den Tiefen, und

ihre Köpfe werden sich nie mehr über die Gischt des Meeres erheben.‹ Der Türhüter erscheint erneut
TÜRHÜTER Der Emir Yussuf Khaldun! *Der Emir tritt ein.*
AL AHDAB *zeigt auf einen Stuhl in der Nähe des Schreibtisches, und der Emir setzt sich* Sie kommen gewiss, mein Fürst, um mir über ihre Meinungsverschiedenheit mit den Bauern zu berichten.
EMIR YUSSUF Ja, und ich habe viel dazu zu sagen!
AL AHDAB Ich bitte Sie, nichts zu sagen, sondern mir einen Augenblick Ihr Gehör zu leihen – vorausgesetzt, Sie halten es nicht für unter Ihrer Würde, mir zuzuhören. Ansonsten müssten Sie selbst auf die Felder gehen, wo Sie das Summen der Arbeitsbienen vernehmen werden, die den Blütenhonig der Königin des Bienenstocks bringen.
EMIR YUSSUF Ich höre.
AL AHDAB *ruhig und bedächtig* Der Prinz und die Gutsherren sollten die Bauern als ihre Teilhaber betrachten. Natürlich wird es eine Zeit lang dauern, bis jeder Arbeiter ein Teilhaber dessen sein wird, was seine Hände erarbeitet haben. Weder die Prinzen noch die Gutsherren werden dadurch Verluste erleiden an den Früchten der Erde, an Öl oder an Salz. Die Arbeiter werden zufriedener und mehr arbeiten, wenn sie an allem, was die Erde hervorbringt, ihren Anteil erhalten. Erhabener Prinz, ich habe Ihnen im Augenblick nichts anderes als dies zu sagen. Ich bitte Sie, über meine Worte nachzudenken, wenn Sie gegangen sind, und meinem Vorschlag gemäß zu handeln. Möge Gott den Abend des Prinzen segnen! *Der Prinz steht auf, grüßt und geht.*
AL AHDAB *zu Mubaraka* Ich bin müde, meine Kleine! Mein Bogen ist noch in meiner rechten Hand, doch in meinem Köcher bleibt nur noch ein einziger Pfeil ... Der Tag geht zur Neige ... Sag mir, was uns noch zu tun bleibt.

MUBARAKA   Ich erinnere mich, Exzellenz, dass Sie den Nonnen versprochen haben, sie zu empfangen, und jetzt warten sie draußen vor der Tür. Wenn Sie sich aber ausruhen wollen, können die Schwestern morgen oder übermorgen wiederkommen.

AL AHDAB   Lasst die Schwestern eintreten!

TÜRHÜTER   *tritt ein und meldet* Zwei Schwestern vom Kloster Mkalles stehen draußen und erwarten Ihren Befehl.

AL AHDAB   Sag ihnen, dass ich sie erwarte!

Der Türhüter verlässt den Raum; nach einer Weile kehrt er zurück mit zwei Schwestern im Gefolge,

AL AHDAB   *mit einer Stimme voller Sympathie* Setzen Sie sich, und entschuldigen Sie, dass mein schwacher Körper sich nicht vor Ihnen erheben kann. Doch was meinen Geist betrifft, so erhebt er sich voller Respekt vor den Dienerinnen der Menschheit. *Die beiden Schwestern setzen sich,*

OBERIN   Wie nobel Exzellenz ist, und wie freundlich seine Worte sind!

AL AHDAB   Sagen Sie mir, was Sie wünschen, und ich hoffe, dass ich fähig bin, Ihre Wünsche zu erfüllen.

OBERIN   In unmittelbarer Nähe unseres Klosters gibt es ein Grundstück, das wir für unser Waisenhaus gut brauchen könnten. Leider hat der Emir Yussuf Khaldun seine Hand auf dieses Stück Erde gelegt. Er beansprucht es kraft seiner Machtbefugnisse und ohne Recht. Wir aber wollen dieses Terrain aus Notwendigkeit erwerben, der Emir nur, um sein bereits riesiges Terrain um ein weiteres Stück zu vergrößern. Aus diesem Grund kommen wir zu Ihnen, Exzellenz.

AL AHDAB   *stützt seinen Kopf in seine Hand* Ihr Mütter, die ihr nicht geboren habt und die ihr Mitleid habt mit den Kindern der Mütter, die verborgen sind hinter den Schleiern der Tage. Ihr habt das volle Recht auf ein

Grundstück, um Findelkinder darauf zu beherbergen und ihnen ein Bett anzubieten. Ich hatte und habe immer ein Herz für die Frauen, die sich verlassener Kinder annehmen, um sie mit der Liebe ihrer reinen Herzen zu beschenken. Ich beglückwünsche Sie, weil Sie Ihre Liebe und Zärtlichkeit denjenigen geben, die sie so dringend benötigen ... *Er verharrt eine Weile schweigend, um nachzudenken, dann fährt er fort* Lasst mich einen Augenblick überlegen! Es gibt in unserem Staat ein Gesetz, das Folgendes besagt: Wenn fünfzehn Jahre vergangen sind, ohne dass ein Feld, Weinberg oder Garten weder bepflanzt noch irgendwie genutzt wurden, so verliert der Besitzer das Recht an diesem Stück Erde, und es fällt dem König zu. Ich werde den König bitten, Ihnen dieses Terrain zur Verfügung zu stellen als Dank für Ihren kostbaren Dienst an den Menschen. *Er wendet sich an Bulos.* Geh in die Bibliothek und suche das Buch »Dokumente für eine Besitznahme«. Ich glaube, im siebten Kapitel steht, wie der König mit unkultivierten Grundstücken verfahren kann. Setze für die Schwestern eine Urkunde auf, und schick sie dem König! *Bulos verlässt den Saal,* Seien Sie unbesorgt, Schwester Oberin, Mutter der Kinder ohne Mütter! Sie haben mich glücklich gemacht, dass ich Ihnen diesen Dienst erweisen konnte. *Die Schwestern erheben sich.*

OBERIN Ich danke Ihnen, Exzellenz! Wir danken Ihnen aus tiefstem Herzen!

AL AHDAB Es ist an mir, Ihnen zu danken. Wollen Sie mir nicht erlauben, für einen Augenblick Vater zu sein? *Die beiden Schwestern bekreuzigen sich.*

OBERIN Möge unsere Mutter, die Jungfrau Maria, unser aller Mutter, Sie behüten! Und möge unser Herr Jesus Sie segnen, unser Hirte, der seine Herde auf grüne Weiden führt!

Als die beiden Schwestern den Raum verlassen, verneigt sich der Ministerpräsident vor ihnen; nach einer Weile sagt er

AL AHDAB Wie gut sie sind! Es sind die besten Frauen, die ich kenne. Sie betteln um Brot, um den Hunger Unbekannter zu stillen. Doch stehen wir nicht alle bettelnd vor der Tür des Tempels? Und alle betteln wir, um den Hunger eines anderen zu stillen. *Nach einer längeren Pause gibt er den zwei Wachtposten an der Tür ein Zeichen zu gehen; dann sieht er Mubaraka an.* Du hast dich heute rechtschaffen geplagt, meine Tochter! Ich sehe, dass du erschöpft bist, meine kleine Freundin! Und schon kommt die Finsternis, um uns in ihren Schleier zu hüllen. *Mubaraka steht auf und zündet einige Kerzen im Raum an; dann kehrt sie an ihren Platz zurück und stellt sich neben ihrem Stuhl auf.*
Unser Tagwerk ist beendet. Du kannst dich nun ausruhen von den Mühen dieses Tages, meine kleine Freundin, bis das Morgenrot eines neuen Tages anbricht. Die Ermüdung hat ihre schwere Hand auf mein Herz gelegt. Doch es gibt noch viel zu tun hier; da muss eine Brücke gebaut werden und dort ein Hochhaus, und in den Tiefen der Nacht gibt es eine Stimme, deren Botschaft ich jenen mitteilen muss, die wachen. Aber jetzt bin ich zu müde. Gute Nacht, Mubaraka, meine kleine Freundin!
Er streckt die Hände auf dem Tisch aus und legt seinen Kopf darauf; er schaut Mubaraka an und seufzt; dann fällt er zusammen, und jede Bewegung in seinem Körper erlischt. In diesem Augenblick erscheint der übergroße Mann in der Tür; er geht auf die Mitte des Zimmers zu und bleibt wie eine Lichtsäule neben dem regungslosen Körper des Ministerpräsidenten stehen. Er legt seine Hand auf ihn und blickt in die Ewigkeit. Mubaraka sieht den übergroßen Mann an und streckt ihre Hände nach ihm aus. In

ihren Augen leuchtet ein geheimnisvolles Licht, und mit einer Stimme, die in allen Winkeln des Schlosses widerhallt, sagt sie

MUBARAKA Ich wusste immer, dass du schön und ehrwürdig bist! Von Anfang an wusste ich, dass du so bist, wie du dich mir nun zeigst. O mein Freund, mein lieber Freund! Möge die ganze Welt dich sehen, wie ich dich jetzt sehe! Mögen alle Menschen wissen, was ich wusste und in dieser Stunde weiß!
Der Vorhang fällt.

Nachwort

Der Unsichtbare ist einer der sieben Einakter, die erst in den 70er- und 80er-Jahren des letzten Jahrhunderts veröffentlicht wurden. Und zwar erst nach dem Tod seiner Freundin Mary Haskell und seiner Schwester Mariana, die beide hochbetagt in Pflegeheimen starben und in deren Nachlass sich die Stücke wohl befanden. Der Einakter *Der Unsichtbare* thematisiert den Tod, der für Gibran, der an die Unsterblichkeit der Seele glaubte, das Tor zum Leben bedeutet. So war der Tod für ihn auch kein Anlass zur Trauer, sondern zur Freude.

In einem Text über »Die Schönheit des Todes«, den er Mary gewidmet hat, schreibt er: »*Hört auf zu klagen, Freunde / sondern singt Lieder der Jugend und der Freude! / … Tragt keine schwarzen Trauerkleider / Legt weiße Festtagskleider an, / um mit mir die Ewigkeit zu feiern! / Streut Blütenblätter von Rosen und Narzissen auf meinen Körper / und bestäubt meine Haare mit zerriebenem Moschus!*« (Sämtliche Werke, Bd. 1, 280f)

Im Text »Die feurigen Buchstaben«, in dem er auf einen Vers von John Keats reagiert, heißt es: »*In der zukünftigen Welt werden wir allen Wellenbewegungen unserer Gefühle und jedem Erschauern unseres Herzens wieder begegnen, und wir werden unsere göttliche Natur erkennen.*« (Sämtliche Werke, Bd. 1, 164)

Der Unsichtbare berichtet von einem guten Menschen, der die Macht und Möglichkeiten seines hohen Amtes als Ministerpräsident zum Wohl der Menschen einsetzt, besonders wenn es sich um Arme und Benachteiligte handelt. Wir werden Zeuge, wie er einen Streit zwischen einem Emir und einigen Bauern, die ihm ungerechtfertigte Steuern zahlen sollen, zugunsten der Bauern schlichtet, und wie er mit Hilfe eines alten, vergessenen Gesetzes den Nonnen zu einem Grundstück für ein Waisenhaus verhilft, das der Emir vereinnahmen wollte. Auch seinen Mitarbeitern und Untergebenen gegenüber verhält er sich höflich und menschlich.

Seine Sekretärin Mubaraka, was übersetzt »die Gesegnete« heißt, sieht seinen Tod voraus, indem sie eine große, ehrwürdige Gestalt von schönem Aussehen und strahlendem Gesicht zweimal den Raum durchschreiten sieht, ohne dass die anderen Anwesenden sie bemerken. Beim dritten Mal legt diese Gestalt ihre Hand auf die Schulter des toten Ministerpräsidenten und bleibt wie eine Lichtsäule neben ihm stehen. Das Stück schließt mit Mubarakas Worten zum Tod: »*Ich wusste immer, dass du schön und ehrwürdig bist! O mein Freund ... Möge die ganze Welt dich sehen, wie ich dich jetzt sehe. Mögen alle Menschen wissen, was ich ... in dieser Stunde weiß.*« (342)

In Gibrans Werk *Sand und Schaum* gibt es einen Aphorismus, der wie für diesen Einakter geschrieben ist. Er lautet: »*Möglicherweise ist ein Begräbnis unter Menschen ein Hochzeitsfest unter Engeln.*« (Sämtliche Werke, Bd. 3, 264)

Die Rückkehr des Propheten

Almustafa, der Erwählte und Geliebte, der seiner Zeit als Mittag des Lebens galt, kehrte im Monat Tischrin[1] auf die Insel zurück, wo er das Licht der Welt erblickt hatte.
Als sein Schiff den Hafen erreichte, stand er am Bug, umgeben von den Seeleuten. Und Freude über die Heimkehr erfüllte sein Herz.
Mit einer Stimme, in der das Meer nachhallte, sagte er: Seht die Insel unserer Geburt! Hier hat uns die Erde hervorgebracht – als Lied und als Rätsel; als Lied für den Himmel und als Rätsel für die Erde. Und welche Macht zwischen Himmel und Erde könnte das Lied emportragen und das Rätsel lösen, wenn nicht die Liebe?
Einmal mehr bringt uns die See an diese Küste zurück. Wir sind nur eine ihrer Wellen. Sie sendet uns aus, ihre Botschaft zu verkünden; doch wie sollen wir dies tun, ohne die Symmetrie unseres Herzens aufzubrechen zwischen Felsen und Sand?
Denn dies ist das Gesetz der Seefahrer: Wenn ihr die Freiheit sucht, müsst ihr zu Nebel werden. Das Formlose strebt immer nach Form, so wie die zahlreichen Nebel danach streben, Sonnen und Monde zu werden. Und wir, die wir lange suchten und nun in fest umrissener Gestalt auf diese Insel zurückkehren, müssen wieder zu Nebel werden und von den Anfängen lernen. Was könnte leben und sich zu den Höhen aufschwingen, wenn es nicht zuvor gebrochen wird vom Leid und von der Freiheit? Immer werden wir auf der Suche nach den Küsten sein, wo wir singen und wo

[1] Oktober

unser Gesang gehört wird. Doch was ist mit der Welle, die bricht, ohne dass ein Ohr es vernimmt? Es ist das Ungehörte in uns, das uns Kummer bereitet. Und es ist das Ungehörte, das unserer Seele Form verleiht und unser Geschick gestaltet.

Da trat einer der Seeleute auf ihn zu und sagte: Meister, du hast unsere Sehnsucht nach diesem Hafen entfacht und bestärkt. Und siehe da, kaum sind wir hier, da sprichst du von Leid und gebrochenen Herzen.

Er entgegnete: Sprach ich nicht auch von Freiheit und vom Nebel, der unsere größere Freiheit ist? Doch gebe ich zu, dass ich auch Trauer empfinde auf meiner Pilgerfahrt zu der Insel meiner Geburt, und ich fühle mich wie der Geist eines Erschlagenen, der zurückkehrt, um vor denjenigen zu knien, die ihn erschlugen.

Ein anderer Seemann sagte: Sieh die Menschen am Kai. Sie haben den Tag und die Stunde deines Kommens vorausgeahnt, und sie verließen ihre Felder und Weinberge in dem Verlangen, dich willkommen zu heißen.

Almustafa schaute auf die Menschenmenge in der Ferne; er wurde sich ihrer großen Sehnsucht bewusst und schwieg.

Da erhob sich ein Schrei aus der Menge, ein Schrei der Wiedersehensfreude und der Erwartung.

Er blickte auf die Seeleute und sprach: Was habe ich ihnen mitgebracht? Ich war ein Jäger in fernen Landen. Zielsicher und kraftvoll verschleuderte ich die goldenen Pfeile, die sie mir gaben, und machte doch keine Beute. Ich folgte nicht einmal den Pfeilen. Vielleicht fliegen sie jetzt unter der Sonne, in den Flügeln verwundeter Adler, die nicht auf die Erde fallen wollen; oder sie sind in die Hände von Menschen gelangt, die ihrer bedurften, damit sie Brot und Wein hätten. Ich weiß nicht, was ihnen während des Fluges widerfahren ist, aber ich weiß, sie haben ihre Bahnen am Himmel gezogen.

Doch die Hand der Liebe ruht auf mir und ihr Seeleute habt mich und meine Vision an diese Küste gelenkt, darum werde ich nicht stumm bleiben. Ich werde laut reden, wenn sich die Hand der Jahreszeiten auf meine Kehle legt, und ich werde meine Worte singen, wenn meine Lippen brennen.

Sie waren ergriffen in ihren Herzen, als er so sprach, und einer von ihnen sagte: Meister, lehre uns alles! Vielleicht werden wir dich verstehen, denn dein Blut fließt in unseren Adern, und in unseren Atem mischt sich dein Wohlgeruch. Darauf antwortete er ihnen mit einer Stimme, in der man den Wind wehen hörte: Habt ihr mich auf die Insel meiner Geburt zurückgebracht, damit ich euer Lehrer sei? Bis jetzt bin ich noch kein Gefangener der Weisheit. Zu jung und unerfahren bin ich, um von etwas anderem zu sprechen als von mir selbst und meinem Herzen, das nach mehr Tiefe ruft.

Lasst den, der nach Weisheit sucht, sie in der Butterblume finden oder in einer Hand voll Tonerde. Ich bin immer noch ein Singender. Immer wieder werde ich die Erde besingen wie unsere verlorenen Träume, die unsere Tage heimsuchen zwischen einem Schlaf und dem anderen.

Und das Schiff lief in den Hafen ein und erreichte die Kaimauer. Almustafa betrat die Insel seiner Geburt und stand wieder unter seinen Landsleuten. Aus ihrer Menge erscholl lautes Rufen, so dass die Einsamkeit in seinem Herzen verflog.

Alle warteten gespannt auf ein Wort, doch er schwieg, denn die Erinnerung überfiel ihn und stimmte ihn traurig. Und er sagte zu sich: Habe ich geglaubt, dass ich singen werde? Nein, ich kann nur meinen Mund öffnen, damit die Stimme des Lebens daraus hervortrete und sich mit dem Wind vermische zur Freude und zum Trost der Zuhörer. Da sagte Karima, mit der er im Garten seiner Mutter gespielt hatte, als sie Kinder waren: Zwölf Jahre lang hast du dein Antlitz vor uns verborgen, und zwölf Jahre lang haben wir nach deiner Stimme gehungert und gedürstet.

Er sah sie mit unermesslicher Zärtlichkeit an, denn sie hatte die Augen seiner Mutter geschlossen, als die weißen Schwingen des Todes sie umfingen.

Und er antwortete ihr: Zwölf Jahre? Sagtest du zwölf Jahre, Karima? Ich maß meine Sehnsucht nicht mit dem Sternenrohr und ihre Tiefe nicht mit dem Lot. Denn die Liebe und erst recht das Heimweh denken nicht daran, Zeit zu messen oder auszuloten.

Es gibt Momente, die erscheinen uns wie Ewigkeiten der Trennung. Doch was ist Abschied anderes als eine Erschöpfung des Geistes, und vielleicht waren wir gar nicht getrennt?

Almustafa blickte auf die Menschenmenge, und er sah sie alle: die Jungen und die Alten, die Starken und die Schwachen, die von Sonne und Wind Gebräunten und solche blasser Hautfarbe. Und auf all ihren Gesichtern leuchtete die Sehnsucht neben fragenden Blicken.

Einer von ihnen sagte: Meister, das Leben hat unsere Hoffnungen und Wünsche bitter enttäuscht. Wir sind beunruhigt, und wir verstehen nicht warum. Ich flehe dich an, tröste uns und enthülle uns den Sinn unseres Leids!

Sein Herz war von Mitleid bewegt, und er sagte: Das Leben ist älter als alle Lebewesen; die Schönheit erstrahlte, bevor das Schöne auf Erden Gestalt annahm, und das Wahre war Wahrheit, ehe es ausgesprochen wurde.

Das Leben singt in unserem Schweigen, und es träumt in unserem Schlaf. Selbst wenn wir betrübt und niedergeschlagen sind, triumphiert das Leben in uns. Und wenn wir weinen, dann lächelt es in den Tag, und es bleibt frei, selbst wenn wir gefesselt sind. Oft nennen wir das Leben trist, doch nur, wenn wir selber traurig und bitter sind; und oft halten wir es für nutzlos und leer, doch nur, wenn unsere Seelen sich an trostlosen Plätzen aufhalten und wenn das Herz trunken ist von Selbstüberschätzung.

Das Leben ist tief, prächtig und weit; und obgleich eure Visionen nur seine Fußspitzen erreichen können, ist es uns doch nahe; und wenn auch nur der Hauch eures Atems sein Herz erreicht, so streift doch der Schatten eures Schattens sein Gesicht, und der Widerhall eures leisesten Rufens wird in seiner Brust zu Frühling und Herbst.

Und das Leben ist verhüllt wie euer größeres Selbst. Doch wenn das Leben zu sprechen beginnt, so werden alle Winde zu Worten, und wenn es weiter spricht, verwandelt es das Lächeln auf euren Lippen und die Tränen in euren Augen zu Worten. Und wenn das Leben singt, so hören es Taube und sind ergriffen; wenn es sich langsam nähert, so sehen es Blinde und folgen ihm voller Staunen.

Er beendete seine Rede, und Schweigen ergriff die Menge; und das Schweigen enthielt ein lautloses Lied und sie waren getröstet in ihrer Betrübnis.

Und er verließ sie und begab sich auf den Pfad zu seinem Garten; es war der Garten seiner Mutter und seines Vaters, in dem diese an der Seite ihrer Vorfahren ruhten.

Einige hatten ihm folgen wollen, als sie sahen, dass er alleine an seine Heimstatt zurückkehrte und dass niemand da war, um ihm ein Wiedersehensfest auszurichten, wie es im Lande Brauch war.

Doch der Kapitän des Schiffes hatte sie daran gehindert und gesagt: Lasst ihn alleine gehen, denn er nährt sich vom Brot der Einsamkeit und in seinem Becher ist der Wein der Erinnerung, den er alleine trinken möchte.

Die Seeleute blieben stehen, denn sie verstanden, dass der Kapitän Recht hatte und dass es sich so verhielt, wie er sagte. Und alle, die sich am Kai versammelt hatten, um ihn zu erwarten, nahmen Abstand davon, ihn zu begleiten.

Nur Karima folgte ihm eine kurze Wegstrecke, im Verlangen, seine Einsamkeit und seine Erinnerung zu teilen. Doch sie schwieg, und bald wandte sie sich ihrem eigenen Haus zu, und im Garten, unter dem Mandelbaum, begann sie zu weinen, ohne zu wissen warum.

Almustafa erreichte den Garten seiner Mutter und seines Vaters; er betrat ihn und schloss das Tor hinter sich, damit ihm keiner folgen konnte.

Vierzig Tage und vierzig Nächte blieb er allein in diesem Haus und in diesem Garten. Niemand kam zu dem Tor, das er geschlossen hatte; alle wussten, dass er allein sein wollte.

Und als die vierzig Tage und Nächte vorüber waren, öffnete Almustafa das Tor für diejenigen, die eintreten wollten.

Und es kamen neun Männer zu ihm in den Garten: drei Seeleute seines Schiffes, drei Tempeldiener und drei Kameraden, mit denen er in der Kindheit gespielt hatte. Diese wurden seine Schüler.

Eines Morgens saßen seine Schüler um ihn versammelt, während seine Blicke in die Ferne schweiften. Da sagte einer von ihnen, Hafiz mit Namen: Meister, erzähl uns von der Stadt Orphalese und von dem Land, in dem du zwölf Jahre lang weiltest!

Almustafa verharrte schweigend, während er zu den fernen Hügeln blickte und in den weiten Himmelsraum, und sein Schweigen verbarg eine innere Spannung.

Nach einer Weile sagte er: Meine Freunde und Weggefährten! Bedauernswert ist eine Nation, die voller Überzeugungen ist, aber ohne Religion.

Bedauernswert ist ein Volk, dessen Bewohner Kleider tragen, die sie nicht selber woben, die ein Brot essen, dessen Getreide sie nicht selber ernteten, und die einen Wein trinken, den sie nicht selber kelterten.
Bedauernswert ist ein Volk, das den Despoten zum Helden erklärt und den Eroberer für wohltätig hält.
Bedauernswert ist ein Volk, das im Traum eine Leidenschaft verschmäht, der es sich wachend ergibt.
Bedauernswert ist ein Volk, das seine Stimme nicht erhebt, es sei denn beim Begräbnis; das nichts außer seinen Ruinen rühmt und nicht rebelliert, es sei denn, sein Nacken liegt bereits zwischen Schwert und Richtblock.
Bedauernswert ist das Volk, dessen Staatsmann ein Fuchs ist, dessen Philosoph ein Schwindler und dessen Kunst aus Nachahmung besteht.
Bedauernswert ist ein Volk, das einen neuen Herrscher mit Trompetenklang empfängt und ihn mit Hohngelächter verabschiedet, um einen wiederum neuen Herrscher mit Trompetenklang zu empfangen.
Bedauernswert ist ein Volk, darin die Weisen im Alter verstummen, während seine starken Männer noch in der Wiege liegen.
Bedauernswert ist ein Volk, das gespalten ist, so dass sich jeder Teil für ein eigenes Volk hält.

Ein anderer Schüler sagte: Sprich zu uns über das, was dich im Augenblick bewegt!
Almustafa sah diesen Mann an, und seine Stimme hatte den Klang eines singenden Sterns, als er antwortete: Wenn ihr in euren Tagträumen schweigend eurem tieferen Ich lauscht, werden eure Gedanken wie Schneeflocken tanzen, und sie werden alle Geräusche eurer Umgebung mit einer weißen Schneedecke schmücken.

Und was sind Wachträume anderes als Wolken, die am Himmelsbaum eures Herzens knospen und blühen? Und eure Gedanken, sind sie nicht die Blütenblätter, die der Wind eures Herzens über Hügel und Felder verstreut?
Und wie ihr den Frieden erwartet, bis das Gestaltlose in euch Form annimmt, so werden sich die Wolken sammeln und zerstreuen, bis die heiligen Finger des Höchsten ihre grauen Wünsche in kristallene Sonnen, Monde und Sterne verwandeln.
Sarkis, der Schüler, den bisweilen Zweifel befielen, gab zu bedenken: Doch der Frühling wird kommen, der Schnee unserer Träume und Gedanken wird schmelzen, und sie werden aufhören zu sein.
Er entgegnete: Wenn der Frühling kommt, um seine Geliebte in den schlummernden Hainen und Weinlauben zu suchen, wird der Schnee gewiss schmelzen; er wird in Sturzbächen von den Hügeln fließen, um den Fluss im Tal zu erreichen, und er wird für Lorbeer- und Myrtenbäume ein Mundschenk sein.
Ebenso wird der Schnee eurer Herzen schmelzen, sobald euer Frühling kommt, und euer Geheimnis wird in den Lebensfluss im Tal strömen. Der Fluss wird euer Geheimnis aufnehmen und es dem grenzenlosen Meer übergeben.
Alle Dinge werden schmelzen, sich auflösen und zu Liedern werden, wenn der Frühling kommt. Sogar die Sterne, diese riesigen Schneeflocken, werden sanft auf die weiten Felder fallen und sich auflösen in der Musik der Flüsse. Und wenn die Sonne des göttlichen Angesichts am weiten Horizont erscheint, wird es dann etwas Erstarrtes geben, das sich weigert, in fließende Melodie verwandelt zu werden? Und wer von euch wäre nicht gerne ein Mundschenk für Myrte und Lorbeer?
Gestern noch wart ihr auf hoher See, weit entfernt von der Küste und auch von euch selbst. Dann wob euch der Wind,

der Atem des Lebens, dessen Gesicht ein Schleier aus Licht verhüllt, seine Hand ergriff euch und gab euch eine Form, und erhobenen Hauptes blicktet ihr zu den Höhen auf.
Doch das Meer folgte euch, und es singt immer noch sein Lied in euch. Obgleich ihr eure Herkunft vergessen habt, wird die große See für immer ihre Mutterschaft geltend machen, und immerfort wird sie euch zu sich rufen.
Auf euren Streifzügen durch Gebirge und Wüsten werdet ihr euch stets der Tiefe und Frische ihres Herzens erinnern. Und wenn ihr auch oft nicht wisst, wonach ihr euch sehnt, so ist es gewiss ihr tiefer, grenzenloser Friede, den ihr sucht. Und wie könnte es auch anders sein?
Wenn in den Hainen und Weingärten der Hügel der Regen auf den Blättern tanzt und wenn der Schnee fällt – als Segen und Zeichen eines Bundes – und wenn ihr im Tal eure Herden an den Fluss führt und wenn auf euren Feldern, wo die Bäche die grüne Fläche wie Silberfäden durchziehen, in euren Gärten, wo der Morgentau den Himmel spiegelt, und auf euren Wiesen abendlicher Nebel euren Weg halb verhüllt, dann ist überall die große See mit euch, als Zeuge eures Erbes und auf der Suche nach eurer Liebe.
Es ist die Schneeflocke in euch, die das Meer sucht.

An einem Morgen, als sie im Garten spazieren gingen, erschien eine Frau am Gartentor; es war Karima, die Almustafa, als er ein Kind war, wie eine Schwester geliebt hatte.
Sie blieb vor dem Tor stehen, ohne zu rufen oder ans Tor zu klopfen; sie schaute nur sehnsüchtig und betrübt in den Garten.
Almustafa bemerkte die Sehnsucht in ihrem Blick und kam mit eiligen Schritten ans Tor; er öffnete ihr und hieß sie willkommen, als sie eintrat.
Da sprach sie: Warum hast du dich von uns allen zurück-

gezogen und uns das Licht deines Angesichts entzogen? Sieh, wir haben dich all die vielen Jahre geliebt und sehnsüchtig deine glückliche Heimkehr erwartet. Nun rufen die Leute mit lauter Stimme nach dir, denn sie wollen mit dir sprechen. Ich komme als ihre Botin; sie wollen, dass du dich dem Volk zeigst, um ihm von deiner Weisheit mitzuteilen, die gebrochenen Herzen zu trösten und uns alle vor unserer Torheit zu warnen.

Almustafa sah sie an und sagte: Nenne mich nicht weise, es sei denn, du nennst alle Menschen weise. Ich bin nichts als eine junge Frucht, die noch am Zweig hängt, und gestern noch war ich eine Blüte.

Und nennt niemanden von euch töricht, denn in Wahrheit sind wir alle weder Toren noch Weise. Wir sind grüne Blätter am Baum des Lebens; und das Leben ist jenseits der Weisheit – und gewiss jenseits der Torheit.

Und habe ich mich denn wirklich von euch zurückgezogen? Weißt du nicht, dass es für die Seele keine Entfernung gibt außer der, welche die Phantasie nicht zu überwinden weiß? Wenn aber die Seele sie kraft ihrer Vorstellung aufhebt, so wird sie zu einer ihr innewohnenden Melodie.

Die Entfernung zwischen euch und euren Nachbarn, die ihr nicht liebt, ist größer als die zwischen euch und euren Geliebten, die hinter sieben Ländern und sieben Meeren wohnen.

Denn in der Erinnerung gibt es keine Entfernung; nur im Vergessen tut sich ein Abgrund auf, den weder eure Stimme noch euer Auge überbrücken kann.

Zwischen den Küsten der Ozeane und den Gipfeln der höchsten Berge gibt es einen geheimen Weg, den ihr gehen müsst, bevor ihr eins werdet mit den Söhnen und Töchtern der Erde.

Auch zwischen eurem Wissen und eurem Verstehen gibt es

einen geheimen Pfad, den ihr entdecken müsst, bevor ihr eins werdet mit den Menschen und mit euch selber.

Und zwischen eurer rechten Hand, die austeilt, und eurer Linken, die empfängt, besteht eine große Entfernung, die ihr nur verringern könnt, indem ihr beide Hände bereithaltet, zu geben und zu nehmen; und ihr könnt sie ganz überwinden, wenn ihr erkennt, dass ihr nichts zu geben und nichts zu empfangen habt.

Wahrlich, die größte Entfernung liegt zwischen den Bildern eures Schlafes und eurem Wachen, zwischen der Tat und dem Wunsch.

Und noch einen Weg gibt es, den ihr gehen müsst, bevor ihr eins werdet mit dem Leben. Doch darüber werde ich jetzt nicht sprechen, denn ich sehe, dass ihr schon des Reisens müde seid.

Dann ging er mit Karima und seinen neun Schülern auf den Marktplatz und sprach mit den Menschen, die dort versammelt waren: mit seinen Freunden und seinen Nachbarn, und Freude erfüllte ihre Herzen und ihre Blicke.

Und er sprach: Ihr wachst in eurem Schlaf, und reicher ist euer Leben, wenn ihr träumt. Denn alle Tage eures Lebens verbringt ihr mit Danksagung für das, was ihr in der Stille der Nacht erhalten habt.

Oft nennt ihr die Nacht eine Zeit der Ruhe; in Wirklichkeit ist sie die Zeit des Suchens und Findens.

Der Tag schenkt euch Wissen und lehrt eure Hände die Kunst des Empfangens; doch es ist die Nacht, die euch zur Schatzkammer des Lebens führt.

Die Sonne lehrt alle Lebewesen die Sehnsucht nach dem Licht. Doch es ist die Nacht, die uns alle zu den Sternen erhebt.

Wahrlich, es ist die Stille der Nacht, die einen Hochzeitsschleier webt, mit dem sie die Bäume der Wälder und die Blumen der Gärten schmückt; dann richtet sie ein verschwenderisches Fest aus und bereitet das Brautgemach, und in dieser heiligen Stille empfängt der Schoß der Zeit den neuen Tag.

So ist es auch mit euch; wenn ihr sucht, werdet ihr Nahrung und Erfüllung finden. Und wenn auch bei Tagesanbruch euer Erwachen die Erinnerung auslöscht, so ist der Tisch der Träume für immer gedeckt, und das Brautgemach erwartet euch.

Er schwieg, und seine Zuhörer warteten schweigend darauf, dass er fortfahre. Nach einer Weile sagte er: Ihr seid Geist, obgleich ihr euch in euren Körpern bewegt; wie das Öl, das im Dunkeln brennt, seid ihr Flammen, die in Lampen eingeschlossen sind.

Wäret ihr nur Körper, so wäre es nutzlos, vor euch zu stehen und zu euch zu sprechen – ebenso könnte ein Toter zu einem Toten reden. Doch so ist es nicht. Alles, was unsterblich in euch ist, ist frei bei Tag und bei Nacht, und es kann weder eingeschlossen noch gefesselt werden, denn dies ist der Wille des Höchsten. Ihr seid sein Atem, gleich dem Wind, den niemand einfangen noch einsperren kann. Und auch ich bin Atem von seinem Atem.

Nach diesen Worten verließ er sie mit schnellen Schritten und betrat wieder seinen Garten. Da wandte sich Sarkis, der Zweifler, an ihn und fragte: Und wie verhält es sich mit der Hässlichkeit, Meister? Du sprichst nie darüber.

Almustafa antwortete ihm mit Worten, die Peitschenhieben glichen: Mein Freund, wer würde dich ungastlich nennen, wenn er an deinem Haus vorbeigeht, ohne anzuklopfen?

Und wer sollte dich für taub oder unaufmerksam halten, wenn man in einer fremden Sprache mit dir redet, die du nicht verstehst?

Ist nicht das Hässlichkeit für dich, was du nie zu erreichen suchtest und dessen Inneres du nie erforschen wolltest? Wenn die Hässlichkeit existiert, dann nur als Schuppen auf unseren Augen und als Wachs, das unsere Ohren verstopft. Mein Freund, nenne nichts hässlich – außer der Furcht einer Seele angesichts ihrer eigenen Erinnerungen.

Und eines Tages, als sie im Schatten weißer Pappeln saßen, sagte einer seiner Schüler zu ihm: Meister, die Zeit bereitet mir Angst; sie geht über uns hinweg und beraubt uns unserer Jugend. Und was gibt sie uns stattdessen zurück?
Er antwortete: Nimm eine Hand voll guter Erde! Findest du darin ein Samenkorn oder einen Wurm? Wäre deine Hand groß genug und hättest du genug Ausdauer, so könnte der Samen zu einem Wald werden und der Wurm zu einer Engelschar. Vergiss nicht, dass die Jahre, welche die Samen in Wälder verwandeln und die Würmer in Engel, ein Teil des *Heute* sind wie alle Jahre.
Und was sind die Jahreszeiten anderes als eure wechselnden Gedanken: Der Frühling ist das Erwachen eures Herzens und der Sommer die Entdeckung eurer eigenen Fruchtbarkeit. Und ist nicht der Herbst eure Vergangenheit, die dem Kind in euch ein Wiegenlied singt? Und sagt mir, was ist der Winter anderes als ein Schlaf, reich an Träumen aller anderen Jahreszeiten!
Manus, der wissbegierige Schüler, hatte seine Blicke schweifen lassen und die blühenden Pflanzen gesehen, die sich an eine Platane klammerten, und er sagte: Sieh diese Parasiten, Meister! Was hältst du von ihnen? Sind sie nicht Diebe mit schweren Augenlidern, die den treuen Kindern der Sonne das Licht stehlen? Sie ziehen die Kraft aus dem Lebenssaft, der durch die Zweige und Blätter der Bäume fließt.

Almustafa entgegnete: Mein Freund, wir alle sind Parasiten. Wir, die wir arbeiten, um die Grassode in sattes Leben zu verwandeln, sind nicht mehr wert als diejenigen, die von diesem Stück Erde leben, von dem sie nichts wissen.

Oder tadelt der Sänger sein Lied: Kehre zurück in die Grotte des Echos, aus der du hervorgegangen bist, denn du raubst mir den Atem?

Und sagt der Hirte zum Lamm: Ich habe keine Weide mehr, auf die ich dich führen kann, darum lass dich schlachten und werde zu einer Opfergabe?

Nein, mein Freund, all diese Fragen sind schon beantwortet, bevor sie gestellt werden – ebenso wie eure Träume, die erfüllt werden, bevor ihr schlaft.

Wir leben einer durch den anderen, gemäß einem uralten, zeitlosen Gesetz. Leben wir also in gegenseitigem Wohlwollen! Wir suchen einander in unserer Einsamkeit, und wir irren umher, wenn wir keine Feuerstelle haben, an der wir sitzen können.

Meine Freunde und meine Brüder, der breite Weg ist euer Gefährte!

Diese Pflanzen, die sich am Baum festklammern, trinken die süße Milch der Erde in der Stille der Nacht; und die Erde in ihrem friedlichen Traum trinkt an den Brüsten der Sonne.

Und die Sonne sitzt, so wie du und ich und alle Lebewesen, gleich geachtet an der Tafel des Prinzen, dessen Tür allezeit geöffnet und dessen Tafel immer gedeckt ist.

Manus, mein Freund, alles lebt immer von allem und alles Lebendige lebt im Glauben, grenzenlos, von der Güte und Großmut des Höchsten.

Und eines Morgens, als es noch dämmerte, gingen sie zusammen durch den Garten; sie richteten ihre Blicke gen

Osten und schwiegen beim Anblick der aufgehenden Sonne.

Nach einer Weile deutete Almustafa in die Ferne und sprach: Der Widerschein der Morgensonne in einem Tautropfen ist nicht weniger schön als die Sonne selber, und die Spiegelung des Lebens in eurer Seele ist nicht weniger kostbar als das Leben selber.

Der Tautropfen spiegelt das Licht, denn er ist eins mit ihm. Und ihr spiegelt das Leben, denn ihr seid eins mit ihm.

Wenn euch Dunkelheit umgibt, sagt euch: Diese Dunkelheit ist der noch nicht geborene Morgen; wenn ich jetzt unter den Geburtswehen der Dunkelheit leide, so wird schon bald die Morgenröte über mir aufgehen wie über den Hügeln.

Und der Tautropfen in der tiefen Blüte der Lilie gleicht euch, deren Seelen im Herzen Gottes ruhen.

Wenn ein Tautropfen sagt: In Jahrtausenden werde ich nichts anderes sein als ein Tautropfen, so entgegnet ihm: Weißt du nicht, dass sich das Licht aller Jahre in deiner Oberfläche spiegelt?

Und eines Abends erhob sich ein heftiger Sturm. Almustafa und seine Schüler gingen ins Haus hinein und setzten sich schweigend um das Feuer.

Nach einer Weile sagte einer der Schüler: Ich bin allein, Meister, und die Schläge der Stunden klopfen unbarmherzig gegen meine Brust.

Almustafa erhob sich, trat in ihre Mitte und sprach mit einer Stimme, die einem starken Wind glich: Allein, sagst du? Was soll das heißen? Du kamst alleine in diese Welt, und du wirst alleine sein, wenn der Nebel dich wieder aufnimmt.

Darum trink deinen Becher allein und schweigend! Die

Herbsttage haben anderen Lippen andere Becher gegeben und sie mit bitterem und süßem Wein gefüllt, so wie sie deinen Becher füllten.

Trink deinen Becher allein – auch wenn er den Geschmack deines Blutes und deiner Tränen hat, und preise das Leben für die Gabe des Durstes! Denn ohne Durst ist dein Herz nichts anderes als das Ufer einer unfruchtbaren See – ohne Gezeiten und ohne Gesang.

Trink deinen Becher allein, und trink ihn fröhlich!

Erhebe ihn hoch über deinen Kopf, dann trinke ihn bis zur Neige auf das Wohl all derer, die ebenfalls alleine trinken.

Früher suchte ich die Gesellschaft der Menschen; ich setzte mich an ihre Festtafel und trank mit ihnen. Doch ihr Wein stieg mir weder zu Kopfe, noch drang er in mein Herz, er sickerte nur in meine Füße. Meine Weisheit blieb verdorrt und mein Herz verschlossen. Nur meine Füße waren bei ihnen in ihrem Dunst.

Da hörte ich auf, die Gesellschaft der Menschen zu suchen; und ich trank keinen Wein mehr an ihren Festtafeln.

Darum lass dir sagen: Wenn auch die Schläge der Stunden heftig gegen deine Brust klopfen, was kümmert es dich? Es ist gut für dich, den Becher des Kummers allein zu trinken ebenso wie den Becher der Freude.

Und eines Tages, als Phardrous, der Grieche, im Garten umherging, stieß er seinen Fuß an einem Stein. Ärgerlich ging er zurück, hob den Stein auf und sagte leise: Totes Ding auf meinem Weg! Und er warf den Stein weg.

Almustafa, der Erwählte und Geliebte, sagte darauf zu ihm: Warum nennst du den Stein ein totes Ding? Bist du so lange in diesem Garten gewesen und weißt immer noch nicht, dass es hier nichts Totes gibt? Alle Dinge hier leben, und sie glühen vom Wissen des Tages und von der Majestät der Nacht. Du und der Stein sind eins. Der einzige Unterschied besteht in eurem Herzschlag. Dein Herz klopft ein

wenig schneller, mein Freund. Es ist nicht so ruhig, nicht wahr?
Der Rhythmus des Steines ist sicher anders als der deines Herzens. Aber ich sage dir: Wenn du in die Tiefen deines Herzens hineinhorchst und die Höhen des Horizonts ermisst, so wirst du eine einzige Melodie vernehmen, und in diese Melodie stimmen der Stein und der Stern gleichermaßen ein.
Wenn du meine Worte jetzt noch nicht verstehst, so gedulde dich bis zu einem anderen Tag. Hast du den Stein beschimpft, weil du in deiner Blindheit darüber gestolpert bist, so würdest du auch einen Stern schelten, wenn dein Kopf bis zum Himmel reichte.
Doch ein Tag wird kommen, an dem du Steine und Sterne sammeln wirst, wie ein Kind die Lilien des Tales sammelt. Und dann wirst du wissen, dass all diese Dinge lebendig sind und Wohlgeruch verbreiten.

Und am ersten Tag der Woche, als sie den Klang der Tempelglocken vernahmen, fragte ihn einer seiner Schüler: Meister, wir hören hier viel von Gott. Was hast du über Gott zu sagen? Wer ist er wirklich?
Almustafa erhob sich, und er stand vor ihnen wie ein junger Baum, der weder Wind noch Sturm fürchtet, und sprach:
Meine Gefährten und meine Freunde, stellt euch ein Herz vor, das all eure Herzen enthält, eine Liebe, die all eure Liebe umfasst, einen Geist, in dem sich der Geist eines jeden von euch wiederfindet, eine Stimme, die all eure Stimmen in sich vereint, und ein Schweigen, das tiefer ist als das eure und zudem zeitlos und ewig.
Und nun stellt euch in eurem Innern eine Schönheit vor, die zauberhafter ist als alles Schöne zusammen, einen Cho-

ral, der mächtiger ist als die Lieder des Meeres und des Waldes, eine Majestät auf einem Thron, neben dem Orion nur ein Fußschemel ist; diese Majestät hält ein Zepter, das so sehr funkelt und glänzt, dass die Plejaden dagegen wie Tautropfen erscheinen.

Bisher habt ihr euch damit begnügt, Nahrung und Unterkunft zu suchen, ein Gewand und einen Stab. Sucht von nun an den Einen, der weder ein Ziel für eure Pfeile ist, noch eine Grotte, die euch vor den Elementen schützt.

Und erscheinen euch meine Worte hart wie Felsgestein und rätselhaft, so sucht dennoch, ihren Sinn zu ergründen, bis eure Herzen brechen und euer Suchen euch zur Liebe und zur Weisheit des Höchsten führt, den wir Gott nennen.

Sie schwiegen, und ihre Herzen waren verwirrt. Almustafa empfand Mitleid mit ihnen; er sah sie mitfühlend an und fuhr fort: Sprechen wir nicht mehr von Gott dem Vater! Sprechen wir vielmehr von göttlichen Naturen wie eure Nachbarn, eure Brüder und jene Kräfte der Natur, die eure Häuser und Felder umgeben.

Dank eurer Phantasie könnt ihr euch bis zu den Wolken erheben; und ihr haltet dies für hoch. Ihr könnt mit Hilfe eurer Phantasie das unermessliche Meer überqueren; und ihr haltet dies für eine große Entfernung.

Doch ich sage euch: Wenn ihr ein Samenkorn in die Erde legt, gelangt ihr höher hinaus; und wenn ihr mit eurem Nachbarn die Schönheit des Morgens bewundert, überquert ihr ein größeres Meer.

Zu oft besingt ihr Gott, den Unendlichen, doch in Wirklichkeit hört ihr das Lied nicht. Könntet ihr doch das Lied der Singvögel vernehmen und jenes der fallenden Blätter, wenn der Wind vorüberzieht; und vergesst nicht, meine Freunde, dass diese Blätter nur singen, wenn sie von den Zweigen getrennt werden.

Noch einmal bitte ich euch, nicht so leichthin von Gott zu reden, der unser Alles ist! Sprecht vielmehr über das, was ihr versteht, von Nachbar zu Nachbar, von göttlicher Natur zu göttlicher Natur.
Denn wer wollte das Vogeljunge im Nest füttern, wenn seine Mutter zum Himmel fliegt? Und welche Anemone auf dem Feld sollte Erfüllung finden, wenn sie nicht durch die Biene mit einer anderen Anemone vermählt wird?
Nur wenn ihr verloren seid in eurem schwächeren Selbst, blickt ihr zum Himmel empor, den ihr Gott nennt. Könntet ihr doch Wege zu eurem größeren Selbst finden! Wäret ihr doch weniger eitel und würdet diese Wege ebnen.
Meine Seeleute und meine Freunde, es wäre weiser, weniger von Gott zu reden, den wir nicht verstehen, und mehr voneinander, die wir uns verstehen können. Doch sollt ihr euch stets bewusst sein, dass wir der Atem und der Wohlgeruch Gottes sind. Wir sind Gott im Blatt, in der Blume und oft auch in der Frucht.

Und eines Morgens, als die Sonne hoch am Himmel stand, sagte einer der Schüler, die schon in seiner Kindheit mit ihm gespielt hatten: Meister, mein Gewand ist abgetragen und ich besitze kein anderes. Lass mich auf den Markt gehen um zu sehen, ob ich da etwas Passendes für mich finde!
Almustafa sah den jungen Mann an und sagte zu ihm: Gib mir dein Gewand! Der Schüler gehorchte und stand nackt in der Mittagssonne.
Da sprach Almustafa, und seine Stimme glich einem Ross auf der Rennbahn: Nur die Nackten leben in der Sonne. Nur der Einfältige reitet auf dem Wind. Und nur derjenige, der seinen Weg tausendmal verliert, wird heimkehren.
Die Engel sind des Schlauen überdrüssig. Erst gestern sagte

einer von ihnen zu mir: Wir schufen die Hölle für diejenigen, die glitzern und glänzen. Gibt es etwas anderes als das Feuer, das eine glänzende Oberfläche verdunkeln und ein Ding bis ins Innerste schmelzen kann?
Ich entgegnete dem Engel: Aber als ihr die Hölle schuft, habt ihr doch auch Teufel geschaffen, um sie zu beherrschen.
Nein, erwiderte der Engel, die Hölle wird von denjenigen regiert, die dem Feuer standhalten.
Ein weiser Engel! Er kennt die Wege der Menschen und derer, die nur zur Hälfte Menschen sind. Er ist einer der Seraphim, die den Propheten beistehen, wenn sie von schlauen Menschen in Versuchung geführt werden, und bestimmt lächelt er, wenn die Propheten lächeln, und er weint, wenn sie weinen.
Meine Freunde, meine Seeleute, nur die Nackten leben in der Sonne. Und das weite Meer kann nur der befahren, der kein Steuerruder hat. Nur wer dunkel ist mit der Nacht, wird mit dem Morgenrot erwachen; und nur derjenige, der mit den Wurzeln unter der Schneedecke schläft, wird den Frühling erleben.
Auch ihr seid wie Wurzeln, und wie sie seid ihr einfach; doch ihr besitzt die Weisheit der Erde; und ihr schweigt, doch in euren ungeborenen Zweigen schlummert der Chor der vier Winde.
Ihr seid verwundbar und ohne feste Form; doch seid ihr der Beginn mächtiger Eichen und das sich abzeichnende Muster riesiger Weiden gegen den Himmel.
Noch einmal sage ich euch: Ihr seid nur Wurzeln zwischen der dunklen Scholle und dem vorüberziehenden Himmel. Oft sah ich euch aufstehen, um mit dem Licht zu tanzen, und dann wieder sah ich euch scheu an eurem Platz verharren. Alle Wurzeln sind scheu. Sie haben ihr Herz so lange versteckt, dass sie jetzt nichts damit anzufangen wissen.

Aber der Mai wird kommen, und der Mai ist eine rastlose Jungfrau, welche den Hügeln und Tälern eine Mutter sein wird.

Und ein Mann, der im Tempel gedient hatte, bat ihn: Lehre uns, Meister, dass unsere Worte – ebenso wie die deinen – Lied und Weihrauch für das Volk seien!
Und Almustafa sprach: Ihr sollt über eure Worte hinauswachsen, aber euer Weg soll fortdauern, ein Rhythmus und Wohlgeruch. Ein Rhythmus für alle Liebenden und Geliebten, und ein Wohlgeruch für diejenigen, die davon träumen, in einem Garten zu leben. Ihr sollt über eure Worte hinausreichen bis zu einem Gipfel, auf den der Staub der Sterne fällt; und ihr sollt eure Hände öffnen, bis sie vom Sternenstaub gefüllt sind; dann legt euch hin und schlaft wie ein weißes Vogeljunges in einem weißen Nest. Und ihr werdet von eurer Zukunft träumen, wie weiße Veilchen vom Frühling träumen. Auch sollt ihr tiefer dringen als eure Worte! Ihr sollt die verlorenen Quellen der Ströme suchen; und ihr sollt eine verborgene Grotte sein, die das Echo gedämpfter Stimmen aus ihren Tiefen zurückwirft, Worte, die ihr jetzt nicht einmal hören könnt. Ihr sollt tiefer dringen als eure Worte, tiefer als alle Töne, bis zum wahren Herzen der Erde; und dort werdet ihr alleine sein mit Ihm, der auf der Milchstraße wandelt.
Dann stellte ihm einer seiner Schüler die Frage: Meister, sprich zu uns vom Sein! Was bedeutet es zu *sein*?
Almustafa sah diesen Schüler lange liebevoll an. Er erhob sich und entfernte sich ein wenig von ihnen. Dann kam er zurück und sagte: In diesem Garten ruhen mein Vater und meine Mutter, begraben von den Händen der Lebenden; und auch die Saaten vergangener Jahre, die der Wind hierhertrug, liegen in diesem Garten begraben.

Tausendmal werden meine Mutter und mein Vater hier begraben werden, und tausendmal wird der Wind den Samen begraben. In tausend Jahren werden wir, ihr und ich und diese Blumen, in diesem Garten zusammenkommen – so wie heute –, und wir werden *sein* durch die Liebe zum Leben, und wir werden *sein*, wenn wir vom Kosmos träumen, und wir werden *sein*, indem wir uns zur Sonne ausstrecken.

Aber heute und jetzt zu *sein*, bedeutet: weise zu sein, ohne sich dem Narren fremd zu fühlen; stark zu sein, doch nicht auf Kosten des Schwachen; mit kleinen Kindern zu spielen, doch nicht als ihr Vater, sondern als Spielkamerad, der ihre Spiele lernen will.

Es heißt: einfach und offen zu sein mit alten Männern und Frauen und mit ihnen im Schatten alter Eichen zu sitzen, obgleich ihr selber im Frühling eures Lebens steht. Es heißt: auf der Suche nach einem Dichter zu sein, selbst wenn er hinter sieben Flüssen lebt, und in seiner Gesellschaft Frieden zu finden, wunschlos, ohne Zweifel und ohne Frage auf den Lippen.

Es bedeutet: zu wissen, dass der Heilige und der Sünder Zwillingsbrüder sind, deren Vater unser barmherziger König ist, und dass der eine nur einen Augenblick vor dem anderen das Licht der Welt erblickte, weshalb wir ihn als Kronprinz betrachten.

Es bedeutet: der Schönheit zu folgen, auch wenn sie euch an den Rand des Abgrunds führt, und selbst wenn sie Flügel hat und ihr keine; ja, ihr sollt ihr sogar folgen, wenn sie über dem Abgrund schwebt, denn wo es keine Schönheit gibt, gibt es nichts.

Es bedeutet: ein Garten ohne Mauern zu sein, ein Weinberg ohne Wächter und eine Schatzkammer, die allen Vorübergehenden offen steht.

Es heißt: auch wenn man betrogen, bestohlen und ausgenutzt, ja, getäuscht, irregeführt und bespottet wird, trotz allem von der Höhe eures größeren Ichs herabzuschauen und zu lächeln in der festen Überzeugung, dass es einen Frühling für euren Garten geben wird, der in euren Blättern tanzen wird, sowie einen Herbst, der eure Reben reifen lässt.

Es heißt: zu wissen, dass ihr nur ein Fenster zum Osten hin öffnen müsst, um niemals allein zu sein; dass all jene, die man Übeltäter, Diebe und Betrüger nennt, eure Brüder in der Not sind, und dass ihr vielleicht all das selber seid in den Augen der seligen Bewohner der unsichtbaren Stadt, die jenseits dieser sichtbaren Stadt liegt.

Und nun sage ich euch, deren Hände all jene Dinge finden und formen, die nötig sind für unser Wohlergehen bei Tag und bei Nacht: Zu *sein* bedeutet, ein Weber zu sein mit sehenden Fingern, ein Baumeister, der Licht und Raum beachtet, ein Bauer, dem bewusst ist, dass er mit jedem Samenkorn einen Schatz vergräbt; ein Fischer und Jäger zu sein mit Mitgefühl für den Fisch und das Wild, aber mit noch größerem Erbarmen über den Hunger des Menschen.

Vor allem sage ich euch dies: Wie gerne sähe ich, dass ihr euch zusammenschließen und euch zu gemeinsamem Werk verbünden würdet, denn nur so könnt ihr hoffen, eure eigenen Ziele zu erreichen.

Meine Gefährten und meine Freunde, seid mutig und nicht zaghaft, großzügig und nicht kleinlich, und seid bis zu meiner und eurer letzten Stunde euer größeres Selbst!

Er schwieg, und Schwermut überfiel die neun; ihre Herzen wandten sich von ihm ab, denn sie verstanden seine Worte nicht.

Die drei Seeleute sehnten sich nach dem Meer und die Tempeldiener nach dem Trost, den sie im Heiligtum fanden, und seine ehemaligen Spielkameraden zog es auf den Marktplatz. Alle waren sie taub für seine Worte, so dass ihr

Klang zu ihm zurückkehrte wie heimatlose Vögel, die eine Zuflucht suchen.
Almustafa entfernte sich von ihnen und ging im Garten auf und ab, ohne etwas zu sagen und ohne sie anzusehen.
Die Schüler begannen, miteinander zu diskutieren, und sie suchten nach Vorwänden, um sich zu verabschieden.
Schließlich machten sie kehrt, und sie gingen ein jeder seines Weges, und Almustafa, der Erwählte und Geliebte, blieb allein zurück.

Und als es Nacht geworden war, ging er zum Grab seiner Mutter und setzte sich unter die Zeder, die dort gewachsen war. Da erschien am Himmel der Schatten eines großen Lichtes, und der ganze Garten glänzte wie ein kostbares Juwel am Busen der Erde.
Und Almustafa rief in der Einsamkeit seines Geistes:
Meine Seele trägt schwer an ihren reifen Früchten. Wer kommt, um sie zu pflücken und sich daran zu erfreuen? Gibt es nicht einen, der gefastet hat und dessen Herz so freundlich ist, sein Fasten zu brechen beim Anblick meiner Erstlingsfrüchte, und der mich befreit von meiner Überfülle?
Meine Seele fließt über vom Wein der Jahre. Gibt es keinen Durstigen, der zu mir kommt und trinkt?
Siehe, ein Mann stand an einer Kreuzung und streckte seine Hände den Vorübergehenden entgegen, und sie waren voller funkelnder Juwelen. Er rief: Habt Erbarmen mit mir und nehmt, was ich euch anbiete! In Gottes Namen, nehmt es an und tröstet mich!
Doch die Vorübergehenden begnügten sich damit, ihn anzusehen, und niemand nahm etwas von ihm an.
Es wäre besser für ihn gewesen, ein Bettler zu sein, der seine Hände ausstreckt, um etwas zu erhalten – eine

zitternde Hand, die er leer zurückzieht –, als Hände voll reicher Gaben auszustrecken, ohne jemanden zu finden, der sie annähme und sich daran erfreute.

Und siehe, ein Prinz schlug sein seidenes Zelt zwischen Gebirge und Wüste auf und forderte seine Diener auf, ein Feuer zu machen – Fremden und Wanderern zum Zeichen; und er sandte seine Sklaven aus in die Straße, dass sie einen Gast herbeibringen möchten. Doch die Wege der Wüste waren ohne Erbarmen, und sie fanden niemanden, den sie hätten bewirten können.

Es wäre besser für den Prinzen gewesen, ein Bedürftiger zu sein, der Nahrung und Unterkunft sucht, oder ein Wanderer, der nichts anderes besitzt als einen Stab und ein irdenes Gefäß. So hätte er bei Anbruch der Nacht Menschen seinesgleichen treffen können, vielleicht sogar einen Dichter; mit ihnen hätte er ihre Armut ebenso geteilt wie ihre Erinnerungen und ihre Träume.

Und siehe, die Tochter des großen Königs erwachte vom Schlaf, legte ihr seidenes Kleid an und schmückte sich mit Perlen und Rubinen. Sie streute Moschus auf ihre Haare und tauchte ihre Finger in Bernstein. Dann stieg sie von ihrem Turmzimmer in den Garten hinab, wo der Tau der Nacht ihre goldenen Sandalen befeuchtete.

In der Stille der Nacht suchte die Tochter des großen Königs im Garten nach einem Geliebten, doch im weiten Königreich ihres Vaters gab es keinen Liebhaber für sie.

Es wäre besser für sie gewesen, die Tochter eines Bauern oder eines Schäfers zu sein! Sie würde die Schafe weiden, und am Abend kehrte sie ins Haus ihres Vaters zurück, die Füße vom Staub der kurvenreichen Wege bedeckt und mit dem Duft der Weingärten in den Falten ihres Kleides. Und wenn die Nacht käme und der Engel der Nacht über der Erde schwebte, würde sie sich davonschleichen zum Fluss des Tales, wo ihr Liebster sie erwartete.

Auch wäre es besser für sie, eine Nonne zu sein, deren Herz wie Weihrauch brennt, den der Wind emporträgt. Ihr Geist würde sich wie eine Kerze verzehren, deren Licht zu einem größeren Licht aufsteigt, zusammen mit all denen, die anbeten, und mit jenen, die lieben und geliebt werden.
Ja, wäre sie doch eine alte Frau, die in der Sonne sitzt und sich an den erinnert, der ihre Jugend geteilt hat.
Die Nacht wurde immer dunkler, und Almustafas Stimmung war düster wie diese Nacht. Sein Geist glich einer dichten Wolke, und er rief erneut:

Meine Seele trägt schwer an ihren reifen Früchten;
ja, schwer trägt sie an ihren Früchten.
Wer wird kommen und sich daran sättigen?
Meine Seele fließt über von ihrem Wein.
Wer wird kommen und davon trinken,
um sich in der Wüstenhitze zu erfrischen?

Wäre ich doch ein Baum ohne Blüten und Frucht,
denn der Kummer ungenutzter Fülle ist bitterer
als der Schmerz der Unfruchtbarkeit.
Und die Qual des Reichen,
von dem niemand etwas annehmen will,
ist größer als die des Bettlers,
dem niemand etwas gibt.

Wäre ich doch eine versiegte Quelle,
in welche die Menschen Steine werfen;
es wäre leichter zu ertragen,
als ein Quell lebendigen Wassers zu sein,
an der niemand der Vorübergehenden
seinen Durst stillt.

Wäre ich doch ein zertretenes Schilfrohr!
Es wäre besser, als eine Lyra zu sein
mit silbernen Saiten
in einem Haus,
dessen Besitzer keine Finger hat
und dessen Kinder taub sind.

Sieben Tage und sieben Nächte lang kam niemand zum Garten, und Almustafa blieb mit seinem Kummer allein. Selbst jene, die seinen Worten mit Liebe und Geduld gelauscht hatten, hatten sich abgewandt zu den Wünschen anderer Tage.
Nur Karima kam; Schweigen verhüllte ihr Gesicht wie ein Schleier, und in ihren Händen hielt sie einen Becher und eine Schüssel, Trunk und Nahrung für sein Alleinsein und seinen Hunger. Und als sie beides vor ihn hingestellt hatte, zog sie sich schweigend zurück.
Almustafa setzte sich bei den weißen Pappeln am Eingang des Gartens nieder und schaute auf die Straße. Bald darauf erblickte er dort eine Staubwolke, die näher kam. Und aus der Staubwolke traten die neun Schüler hervor und Karima, die sie führte.
Almustafa ging ihnen entgegen; gemeinsam betraten sie den Garten; und alles war wieder gut, als hätten sie ihn erst vor einer Stunde verlassen. Sie gingen ins Haus und aßen mit ihm zu Abend – ein einfaches Mahl aus Brot, Fisch und Wein, das Karima besorgt hatte. Als sie den letzten Wein in die Becher gefüllt hatte, bat sie den Meister: Lass mich in die Stadt gehen und neuen Wein holen, denn es ist nichts mehr übrig.
Er sah sie an mit Blicken, die in fernen Ländern zu weilen schienen, und sagte: Nein, es genügt für den Augenblick. Sie aßen und tranken und waren satt. Nach dem Mahl

sprach Almustafa zu ihnen mit getragener Stimme, die so tief war wie das Meer und so mächtig wie eine gewaltige Flut unter dem Mond: Meine Freunde und meine Weggefährten, wir müssen uns heute trennen! Eine lange Strecke haben wir auf der gefahrvollen See gemeinsam zurückgelegt; wir haben die höchsten Gipfel errungen und mit heftigen Stürmen gekämpft. Bald hungerten wir, bald saßen wir an Hochzeitstafeln; manchmal waren wir nackt, manchmal trugen wir königliche Gewänder. Wir sind wirklich weit gereist; doch nun schlägt die Stunde der Trennung. Ihr werdet euren Weg gemeinsam gehen, ich aber muss meinen Weg alleine beschreiten.

Und wenn uns auch weite Meere und Länder trennen werden, so bleiben wir dennoch Weggefährten auf unserer Pilgerreise zum Heiligen Berg.

Doch bevor wir den mühsamen Weg beschreiten, möchte ich die Ährenlese und Ernte meiner Seele mit euch teilen:

Geht eure Wege singend! Und mögen eure Lieder kurz sein, denn nur die Lieder, die jung auf euren Lippen sterben, leben ewig weiter in den Herzen der Menschen.

Sagt aufbauende Wahrheiten mit wenigen Worten, aber für hässliche Wahrheiten gebraucht gar keine Worte! Dem jungen Mädchen, dessen Haare in der Sonne glänzen, sagt, sie sei die Tochter des Morgens! Doch wenn ihr auf eurem Weg einem Blinden begegnet, sagt nicht, dass er der Sohn der Nacht sei!

Lauscht dem Flötenspieler, wie ihr dem Lied des Aprils lauscht! Doch hört ihr den Nörgler und Lästerer reden, bleibt taub wie eure Knochen und fern wie eure Wunschträume!

Meine Freunde und Weggefährten, auf eurer Reise werdet ihr Menschen mit Hufen treffen; gebt ihnen eure Flügel! Und ihr werdet Menschen mit Hörnern treffen; setzt ihnen einen Lorbeerkranz auf! Und begegnet ihr Menschen mit

Klauen, so schmückt ihre Finger mit Blütenblättern! Den Menschen mit gespaltener Zunge gebt Honig für ihre Reden.
All diesen Menschen werdet ihr auf eurem Weg begegnen. Mehr noch: Ihr werdet Lahme treffen, die Krücken verkaufen; Blinde, die Spiegel feilbieten; und Reiche werdet ihr am Tempel betteln sehen.
Gebt dem Lahmen von eurer Beweglichkeit, dem Blinden von eurer Sehkraft und dem reichen Bettler von euch selbst! Sie sind die Bedürftigsten von allen, denn gewiss würde niemand seine Hand für ein Almosen ausstrecken, wenn er nicht wirklich arm wäre, selbst wenn er große Güter besitzt.
Meine Begleiter und Freunde, im Namen unserer Liebe ersuche ich euch: Seid zahllose Pfade, die sich in der Wüste kreuzen und auf denen Löwen und Hasen, Füchse und Schafe gehen.
Und erinnert euch: Ich lehre euch nicht zu geben, sondern zu empfangen, nicht Verzicht, sondern Erfüllung, nicht Nachgeben, sondern Verstehen, mit einem Lächeln auf den Lippen.
Ich lehre euch nicht das Schweigen, sondern ein verhaltenes Lied.
Ich lehre euch euer größeres Selbst, das alle Menschen einschließt.
Dann erhob er sich vom Tisch und ging in den Garten, wo er im Schatten der Zypressen wandelte, während der Tag sich neigte. Die neun folgten ihm mit einigem Abstand, denn ihr Herz war schwer, und ihre Zunge klebte ihnen am Gaumen.
Nur Karima näherte sich ihm, nachdem sie die Reste des Mahles fortgeräumt hatte, und sie sagte: Meister, erlaube mir, dir für deine Reise morgen eine Wegzehrung zu bereiten.

Er sah sie an mit Augen, die eine andere Welt sahen als diese, und er erwiderte: Meine Schwester und meine Geliebte, von Beginn der Zeit an ist alles bereitet; Nahrung und Getränke sind bereit für morgen – so wie sie es für gestern und heute waren.
Ich gehe jetzt. Doch wenn ich im Besitz einer Wahrheit bin, die noch nicht ausgesprochen wurde, so wird diese Wahrheit mich suchen und mich ergreifen, auch dann noch, wenn die Teile meines Seins bereits im Schweigen der Ewigkeit verstreut sind; und ich werde zu euch zurückkehren, um mit einer Stimme zu euch zu sprechen, die mitten aus diesem unendlichen Schweigen neu geboren wird.
Und wenn es etwas über Schönheit zu sagen gibt, von dem ich nicht zu euch gesprochen habe, so werde ich nochmals gerufen werden, ja, bei meinem Namen Almustafa; und ich werde euch ein Zeichen geben, damit ihr wisst, dass ich zurückgekommen bin, um von allem zu sprechen, was ich euch zu sagen versäumte; denn Gott wird weder dulden, dass er einem einzigen Menschen verborgen bleibt, noch, dass sein Wort im Abgrund eines menschlichen Herzens begraben ist.

Jenseits des Todes werde ich weiterleben und euren Ohren
   singen,
auch nachdem mich die Wellen in die Tiefen des Meeres
   zurückgetragen haben.
Körperlos werde ich an eurem Tisch sitzen
und euch als unsichtbarer Geist auf die Felder begleiten.
Ich werde mit euch am Feuer sitzen als unbemerkter Gast.
Der Tod ändert nichts außer den Masken, die unsere
   Gesichter verhüllen.
Der Förster bleibt ein Förster, der Bauer ein Bauer.
Und wer sein Lied dem Wind sang,
wird es auch den Sphären singen.

Die Schüler verharrten regungslos wie Steine, und ihre Herzen waren schwermütig, weil er gesagt hatte: Ich gehe. Doch keiner von ihnen streckte seine Hand aus, um ihn zurückzuhalten, und niemand wollte ihm folgen.
Almustafa verließ den Garten seiner Mutter mit schnellen und lautlosen Schritten; und im nächsten Augenblick hatte er sich schon weit entfernt von ihnen wie ein Blatt, das ein heftiger Wind abgelöst hat, und sie sahen nur noch ein schwaches Licht, das in die Höhe stieg. Die neun Schüler machten sich auf den Weg; nur Karima stand in der anbrechenden Nacht und blickte dem Licht nach, bis die Dämmerung es aufgenommen hatte. Und in ihrer Einsamkeit tröstete sie sich mit seinen Worten: Ich gehe jetzt. Doch wenn ich im Besitz einer Wahrheit bin, die noch nicht ausgesprochen wurde, so wird diese Wahrheit mich suchen und mich ergreifen, und ich werde zu euch zurückkehren.

Nun war es Abend geworden. Almustafa hatte die Hügel erreicht. Seine Schritte hatten ihn in den Nebel geführt, und er stand zwischen den Felsen und den weißen Zypressen, weit entrückt von allen Dingen, und er sprach:

Nebel, meine Schwester, weißer Atem, der
    noch keine Form annahm,
ich kehre zu dir zurück als weißer, lautloser Atem,
als unausgesprochenes Wort.

Nebel, meine beflügelte Schwester Nebel,
    wir sind nun vereint,
und wir werden vereint bleiben bis zum
    zweiten Tag des Lebens;
seine Morgendämmerung wird dich
    als Tautropfen in einen Garten legen

und mich als Säugling an die Brust einer Frau,
und wir werden uns erinnern.

Nebel, meine Schwester, ich kehre zurück,
ein Herz, das seinen Tiefen lauscht, ebenso wie dein Herz,
ein Wunsch, der pochend und ziellos ist wie der deine,
ein Gedanke ohne Kontur und Form wie der deine.

Nebel, meine Schwester, Erstgeborene meiner Mutter,
meine Hände halten noch die grünen Samen,
die du mich ausstreuen hießest,
und meine Lippen sind noch versiegelt von dem Lied,
das du mich batest zu singen.
Ich bringe dir weder Frucht noch Echo mit,
denn meine Hände waren blind
und meine Lippen unnachgiebig.

Nebel, meine Schwester, wie sehr liebte ich die Welt,
und die Welt liebte mich.
All mein Lächeln schmückte ihre Lippen,
und all ihre Tränen füllten meine Augen.
Doch ein Abgrund des Schweigens lag zwischen uns,
den sie nicht verringern wollte
und den ich nicht überwinden konnte.

Nebel, meine Schwester, meine unsterbliche Schwester,
ich sang die alten Lieder meinen kleinen Kindern vor;
sie lauschten, und Staunen war in ihren Gesichtern;
doch morgen werden sie das Lied vielleicht vergessen.
Ich weiß nicht, wem der Wind es zutragen wird.
Und war es auch nicht mein eigenes Lied,
es fand den Weg in mein Herz
und wohnte eine Weile auf meinen Lippen.

Nebel, meine Schwester, wenn auch all dies geschehen ist,
so habe ich doch Frieden geschlossen.
Es genügte mir, für die zu singen,
die schon geboren waren.
Und wenn der Gesang auch nicht der meine ist,
so spricht er doch von meinem sehnlichsten Verlangen.

Nebel, meine Schwester! Meine Schwester Nebel,
ich bin nun eins mit dir.
Nicht länger bin ich mein eigenes Ich.
Die Mauern sind gefallen,
und die Ketten sind zerbrochen;
ich steige zu dir auf als Nebel,
und zusammen werden wir über dem Meer schweben
bis zum zweiten Tag des Lebens,
wenn die Morgendämmerung dich als Tautropfen
in einen Garten legt
und mich als Säugling an die Brust einer Frau.

Nachwort

Die Prophetenbücher hatte Gibran eigentlich als Trilogie konzipiert. Das erste Buch *Der Prophet* beginnt mit Almustaphas Abschiedsrede vor den Bürgern von Orphalese. Bevor sein Schiff in See sticht, beantwortet er die Fragen, die ihm die Bewohner von Orphalese stellen. Es sind Fragen praktisch-moralischer Natur, die beispielsweise die Arbeit, die Kleider, die Häuser, aber auch die Liebe, die Ehe und die Kinder betreffen.
Der zweite Teil der Trilogie trägt den Titel *Der Garten des Propheten* (dt. *Die Rückkehr des Propheten*). Er berichtet von der Rückkehr des Propheten auf die Insel seiner Geburt und in den Garten mit den Gräbern seiner Eltern, die in seiner Abwesenheit gestorben sind.
Vom dritten Teil der Trilogie, der den Titel *Der Tod des Propheten* tragen sollte, existiert nur der folgende Satz: »Er wird in die Stadt Orphalese zurückkehren, und sie werden ihn auf dem Marktplatz zu Tode steinigen, und er wird jeden Stein segnen.« (Karam 173f)
Auch im zweiten Teil *Die Rückkehr des Propheten* geht es wieder um Fragen der Inselbewohner und der Seeleute, die Almustapha ihnen beantwortet. Aber diese Fragen sind metaphysischer Art, die nach dem Sinn des Leidens, nach der Einsamkeit und nach dem Leid, nach dem Tod und nach Gott fragen. Auf die Frage nach dem Sein antwortet er seinem Schüler: »*Es bedeutet: der Schönheit zu folgen, auch wenn sie euch an den Rand des Abgrunds führt, und selbst wenn sie Flügel hat und ihr keine; ja, ihr sollt ihr sogar folgen, wenn sie über den Abgrund schwebt, denn wo es keine Schönheit gibt, gibt es nichts.*« (368) Und auf die Frage »*Was hast*

du über Gott zu sagen?«, antwortet er: »*Stellt euch ein Herz vor, das all eure Herzen enthält, eine Liebe, die all eure Liebe umfasst, einen Geist, in dem sich der Geist eines jeden von euch wiederfindet.*« (363)

Mit Karima, der Nachfolgerin Al-Mitras, aus dem ersten Band sowie neun Jüngern, in denen man unschwer die neun Mitglieder der von ihm gegründeten Schriftstellervereinigung Al-Rabita erkennen kann (Karam 193), geht er auf den Marktplatz und predigt den dort Versammelten: »*Ihr seid Geist, obgleich ihr euch in euren Körpern bewegt; wie das Öl, das im Dunkeln brennt, seid ihr Flammen, die in Lampen eingeschlossen sind.*« (358) Dieses Buch schließt mit der großartigen Hymne an den Nebel, in der auch Gibrans Überzeugung der Wiedergeburt anklingt, wenn er schreibt: »*Zusammen werden wir über dem Meer schweben / bis zum zweiten Tag des Lebens / wenn die Morgendämmerung dich als Tautropfen / in einen Garten legt / und mich als Säugling an die Brust einer Frau.*« (379)

Karima, seine Spielgefährtin aus Kindertagen, hatte seiner Mutter nach ihrem Tod die Augen geschlossen. Ihr Name ist nicht von ungefähr gleichlautend mit dem seiner Mutter Kamila, und er erinnert auch an Mary Haskell, die ihn so großzügig unterstützt hat, denn die Bedeutung von Karima ist »großzügig«. (Dahdah 482)

Im Oktober 1924 hatte Gibran Mary geschrieben: »*Das Buch des Propheten wächst in der Stille.*« Parallel dazu hatte er eine Arbeit über Shakespeare begonnen, die aber nie vollendet wurde. »*Ich sollte vielleicht lieber zuerst den Propheten fertig stellen, bevor ich an Shakespeare weiterarbeite*«, heißt es in einem anderen Schreiben an Mary. (Geliebte Mary 117)

Und dennoch waren bei seinem frühen Tod am 10. April 1931 die Arbeiten an diesem Band noch nicht abgeschlossen. Nach Angaben seiner Sekretärin und Biografin Barba-

ra Young existierten wohl die Texte, aber es fehlte der rote Faden, um sie daran aufzureihen, was sie dann selber vor der Drucklegung besorgte. (Young 131f)
Es bleibt offen, ob sie vielleicht auch Texte hinzufügte, die anderweitig bestimmt waren und wie groß ihr Anteil an diesem Werk tatsächlich ist, das zwei Jahre nach Gibrans Tod erschien.

Bibliografie

Ursula Assaf-Nowak (Hg.): Khalil Gibran: Es sprach der Prophet. Von der Freiheit der Seele. Freiburg i. Br. 2004

Suheil B. Bushrui, Joe Jenkins: Khalil Gibran: Man and Poet. A New Biography. Oxford 1998

Jean-Pierre Dahdah: Khalil Gibran. Eine Biographie. Zürich 1997

Antoine Gattas Karam: La Vie et l'Oeuvre Littéraire de Gibran Halil Gibran. Beirut 1981

Khalil Gibran: Geliebte Mary. Briefe von Khalil Gibran an Mary Elizabeth Haskell. Zürich-Düsseldorf 2001

Khalil Gibran: Liebesbriefe an May Ziadeh. Zürich-Düsseldorf 2000

Khalil Gibran: Sämtliche Werke in 5 Bänden. Übersetzt, mit Nachwort versehen und herausgegeben von Ursula und S. Yussuf Assaf. Band 1 und 3. Ostfildern 2011 und 2012

Mary Haskell: Tagebuch, hrsg. von Anni Salem Otto. Houston, Texas 1967 (T. M. H.)

Alexandre Najjar: Khalil Gibran. Oeuvres Completès. Paris 2006

Barbara Young: Khalil Gibran. Die Biografie. Grafing 1994

Gesamtverzeichnis *Sämtliche Werke*

Band 1
Die Musik
Gebrochene Flügel
Eine Träne und ein Lächeln
Lazarus und seine Geliebte
Der Blinde

Band 2
Rebellische Geister
Der Narr
Die Stürme
Zwischen Nacht und Morgen
Beginn der Revolution
Bunte Gesichter

Band 3
Die Nymphen der Täler
Der Reigen
Erde und Seele
Sand und Schaum
Der Wanderer
Der König und der Hirte

Band 4
Der Vorbote
Der Prophet
Jesus Menschensohn
Die Götter der Erde
Der Unsichtbare
Die Rückkehr des Propheten

Band 5
Briefe